Leo Tolstoi

Das Reich Gottes ist in euch

AF628976

Leo Tolstoi

Das Reich Gottes ist in euch

Übersetzung von Raphael Löwenfeld

Mit einer editorischen Bemerkung
und einem Nachwort von Ulrich Klemm

Alibri Verlag
Aschaffenburg

2023

Der Text folgt der ersten Auflage der 1903 im Verlag Eugen Diederichs erschienenen Ausgabe: Leo N. Tolstoj: Das Reich Gottes ist inwendig in Euch oder das Christentum als neue Lebensauffassung, nicht als eine mystische Lehre. 2 Bände (1. und 2. Band), Band 6 und 7 der Ausgabe L. N. Tolstoj: Sämtliche Werke, I. Serie: Sozialethische Schriften. Leipzig: Eugen Diederichs 1903.

Die hier vorliegende Ausgabe enthält nicht die Kapitel I-VI des ersten Bandes (Bd. 6 der I. Serie), die vor allem zeitgeschichtliche Betrachtungen enthalten und für die hier vorgenommene Kontextualisierung der Rezeption von Tolstois Reich-Gottes-Idee ohne Relevanz sind.

Die Schreibweise wurde beibehalten, nur offensichtliche Satzfehler wurden korrigiert.

Alibri Verlag
www.alibri.de
Aschaffenburg
Mitglied in der Assoziation Linker Verlage (aLiVe)

Copyright 2023 by Alibri Verlag, Aschaffenburg

Alle Rechte, auch die des auszugsweisen Nachdruckes, der photomechanischen Wiedergabe, der Herstellung von Mikrofilmen, der Einspeicherung in elektronische Systeme sowie der Übersetzung vorbehalten.

Umschlaggestaltung: Claus Sterneck
unter Verwendung von © Craig A. Mullenbach / Adobe Stock
Druck und Verarbeitung: Dardedze Holografija, Riga

ISBN 978-3-86569-161-3

Inhalt

Editorische Vorbemerkung des Herausgebers 9

Leo Tolstoi
Das Reich Gottes ist in euch 17

Kommentiertes Inhaltsverzeichnis 185

Ulrich Klemm: Nachwort:
Leo Tolstoi und das Reich Gottes 197

Literaturverzeichnis 215

Expressionistischer Porträtholzschnitt, vom Stock gedruckt, von Marcel Slodki; aus: Die Aktion. Wochenschrift für Politik, Literatur, Kunst. Hrsg. von Franz Pfemfert, Nr. 43/44, Jg. 1915, Titelseite.
Marcel Slodki, 1892 (Lodz) – 1943 (Auschwitz), polnischer Maler, Grafiker und Illustrator, studierte vor dem Ersten Weltkrieg in München und lebte nach 1918 in Berlin, wo er das Kabarett „Die wilde Bühne" leitete; später emigrierte er nach Frankreich, wo er verhaftet und 1943 nach Auschwitz deportiert und ermordet wurde.

Editorische Vorbemerkung des Herausgebers

I.

Die hier vorliegende Neuausgabe folgt der Übersetzung von Raphael Löwenfeld aus: *Tolstoj, Leo N.: Das Reich Gottes ist inwendig in Euch oder das Christentum als neue Lebensauffassung, nicht als eine mystische Lehre. 2 Bände. Band 6 und 7 der Ausgabe: Leo N. Tolstoj: Sämtliche Werke. I. Serie: Sozial-ethische Schriften. Leipzig: Eugen Diederichs 1903.*

Diese Werkausgabe Tolstois ist die bis heute umfangreichste in deutscher Sprache und wurde von 1901–1911 in 33 Bänden in drei Serien im *Eugen Diederichs Verlag* (bis Frühjahr 1904 ist der Verlagsort Leipzig, danach Jena) publiziert: *Serie I: Sozialethische Schriften, Band 1–12; Serie II: Theologische Schriften, Band 13 und 14; Serie III: Dichterische Schriften, Band 15–33*. Eine Neuausgabe in 35 Bänden erschien als *Gesammelte Werke* von 1910–1911 bei *Eugen Diederichs* in Jena.[1]

Tolstois Text *Das Reich Gottes ist inwendig in Euch* entstand 1893, wurde in Russland jedoch auf Grund der Zensur zunächst dort nicht publiziert. Die erste (deutsche) Ausgabe erschien 1894 bei der *Deutschen Verlagsanstalt* in Stuttgart in der Übersetzung von Raphael Löwenfeld. Diese Übersetzung ist auch die Grundlage für die Neuausgabe von 1903 im *Eugen Diederichs Verlag*.

---

1 Tolstoj, L.: Sämtliche Werke. Serie I: Bd. 1-12 (Sozial-ethische Schriften); Serie II: Bd. 1-2 (Theologische Schriften); Serie III: Bd. 1-19 (Dichterische Schriften). Ausgabe von Raphael Löwenfeld. Jena 1901-1911; Neuausgabe in 35 Bänden Jena 1910-1912.

Editionsgeschichtlich zählt diese Werkausgabe zu Lebzeiten Tolstois zur ersten und umfangreichsten weltweit und ist das Verdienst seines Biographen, Herausgebers und Übersetzers Raphael Löwenfeld und des Verlegers Eugen Diederichs, der in einer frühen Phase der Verlagsgeschichte dieses hohe Risiko einer so umfangreichen Werkedition einging. Obgleich die Planung und das Erscheinen der Werkausgabe zu einer Zeit der höchsten Popularität Tolstois erfolgte, blieb der wirtschaftliche Erfolg bescheiden.[2]

Beachtenswert ist der Umstand, dass die beiden Bände der *Reich Gottes*-Ausgabe (Band 6 und 7) von 1903 mit zu den ersten der 33-bändigen Ausgabe zählen und die hohe Bedeutung für den Herausgeber und den Autor vermuten lässt. Tolstoi hat, wie alle anderen Bände der Werkausgabe auch, die deutsche Übersetzung der *Reich Gottes*-Ausgabe persönlich autorisiert.

Eine Neuausgabe erlebten die religions- und gesellschaftskritischen Schriften in Anlehnung an die Löwenfeld-Edition ab 1990 nochmals im *Eugen Diederichs Verlag* in einer auf 14 Bände angelegten Reihe: *Leo N. Tolstoi: Religions- und gesellschaftskritische Schriften. Aus d. Russ. von R. Löwenfeld. 8 Bände. München: Eugen Diederichs 1990–1994.* Die Herausgeberschaft erfolgte durch Evelies Schmidt und Paul H. Dörr. Die Reihe wurde nicht zu Ende geführt und nach acht Bänden 1994 eingestellt. Zu der dabei für Herbst 1992 vorgesehenen Veröffentlichung der beiden Bände *Das Reich Gottes ist inwendig in Euch* kam es nicht. Es erschien: *Meine Beichte* (1990), *Mein Glaube* (1990), *Was sollen wir denn tun?* (2 Bände 1991), *Das Leben* (1992), *Was ist Kunst?* (1993), *Pädagogische Schriften* (2 Bände 1994).

2 Hanke, E.: „Wo ist der Ausweg?“ – Die Tolstoi-Gesamtausgabe im Eugen Diederichs Verlag. In: Ulbricht, J. H. / Werner, M. G. (Hrsg.): Romantik, Revolution und Reform. Der Eugen Diederichs Verlag im Epochenkontext 1900-1949. Göttingen 1999, S. 135-155; Diederichs, U.: Eugen Diederichs und sein Verlag. Göttingen 2014

II.

Im Rahmen dieser editorischen Vorbemerkung sei es an dieser Stelle gestattet, kurz auf den Herausgeber und Übersetzer der Schrift, Raphael Löwenfeld einzugehen.

Der am 11. Februar 1854 in Posen geborene, aus einer bürgerlich-jüdischen Familie stammende, in Berlin promovierte und in Breslau habilitierte Philologe und Slawist Raphael Löwenfeld, lebte in jungen Jahren in mehr oder weniger ungesicherten finanziellen Verhältnissen.[3] Er arbeitete als Lehrer in Warschau und Berlin, lehrte als Privatdozent in Breslau und war für mehrere Zeitschriften als Redakteur tätig. 1890 ging er als politischer Korrespondent und Theaterkritiker nach St. Petersburg, wo er 1891 wegen angeblicher regierungsfeindlicher Aktivitäten des Landes verwiesen wurde. In diesem Zeitraum machte er auch erstmals persönlich die Bekanntschaft mit Leo Tolstoi, mit dem ihn bis zu seinem Tod – Löwenfeld starb wenige Wochen nach Tolstoi am 28. Dezember 1910 – eine Freundschaft verband. Ein zweiter Besuch Löwenfelds in Jasnaja Poljana erfolgte 1898 im Zuge der Recherchen zum zweiten Teil seiner Tolstoi-Biografie, die jedoch nie erschien.

Nach seiner Ausweisung aus Russland widmete sich Löwenfeld der deutschen Übersetzung russischer Autoren – allen voran Leo Tolstoi.

1891 erschien von Löwenfeld eine erste biografische Skizze über Tolstoi: *Gespräche über und mit Tolstoi*,[4] der bereits ein Jahr später, 1892, die weltweit erste Biografie über den zu diesem Zeitpunkt bereits international bekannten russischen Grafen folgte.[5] 1891 bis 1893 brachte Löwenfeld eine erste deutsche Werkausgabe literarischer Arbeiten Tolstois im Verlag *Richard Wilhelmi* in Berlin, heraus. Von 1901 bis 1911 edierte Löwenfeld im *Eugen Diederichs Verlag* die bereits oben erwähnte Werkausgabe mit 33 (Tolstoj 1901–1911) bzw. 35 Bänden (Tolstoj 1910–1911). Löwenfeld wurde damit zum wichtigsten deutschen Tolstoi-Rezensenten

---

3 Zu den biografischen Daten vgl. Hanke, E.: „Wo ist der Ausweg?“ Göttingen 1999, S. 135-155; Publig, E.: Das Schiller-Theater zu Berlin und seine Gründung durch Raphael Löwenfeld. Dissertation zur Erlangung des Doktorgrades an der Grund- und Integrativ-wissenschaftlichen Fakultät der Universität Wien, November 2000

4 Löwenfeld, R.: Gespräche über und mit Tolstoj. Berlin (Richard Wilhelmi) 1891; 3. Aufl., Leipzig Eugen Diederichs 1901

5 Löwenfeld, R.: Leo N. Tolstoj - Sein Leben, seine Werke, seine Weltanschauung, 1. Teil. Berlin 1892

und Herausgeber Ende des 19. Jahrhunderts und begründete die biografische, literaturwissenschaftliche und ideengeschichtliche Tolstoi-Forschung in Deutschland.

Seine Werkeinleitungen, Analysen und Übersetzungen geben Impulse für weiterführende Studien und stellen bis heute eine wichtige Quelle der Tolstoi-Forschung dar.

Mit der Gründung der *Aktiengesellschaft Schiller-Theater* am 5. Dezember 1893 begann für Löwenfeld ein weiterer und erfolgreicher Lebensabschnitt. Dieses Datum ist gleichzeitig auch der Beginn einer neuen Volkstheaterkultur und -bewegung in Berlin, die mit der Eröffnung eines Theaterhauses 1907 in Charlottenburg über eine eigene Bühne verfügte. Als Begründer, Direktor und Manager des Berliner *Schiller-Theaters* gilt Löwenfeld als einflussreicher Erneuerer der Theaterkultur in Deutschland. Ein wichtiges Medium zur Diskussion der von Löwenfeld angestrebten Volkstheaterbewegung wird die von ihm ab 1897 monatlich herausgegebene Zeitschrift *Volksbildung und Volksunterhaltung*.

Mit 56 Jahren starb Löwenfeld 1910 an den Folgen einer verschleppten Nierenentzündung.

Löwenfelds Leben und Werk ist, wie Elisabeth Publig schreibt, durch eine nicht nachvollziehbare „Damnatio memoriae“[6] gekennzeichnet. Obwohl Löwenfeld als bedeutender deutscher Slawist Ende des 19. Jahrhunderts große Verdienste bei der Rezeption der russischen Literatur hatte und er mit der Gründung des Berliner Schiller-Theaters Theatergeschichte in Deutschland schrieb, bleibt er bis heute in weiten Teilen vergessen bzw. ohne Reflexion. Sein Engagement und seine Bedeutung für ein „Theater des Volkes“ verbindet ihn auch mit einem weiteren Tolstoi-Rezensenten und -Biografen, dem französischen Literaturnobelpreisträger Romain Rolland. Ähnlich wie Löwenfeld war Rolland Ende des 19. Jahrhunderts mit Tolstoi in Kontakt gekommen und ähnlich wie Löwenfeld gilt Rolland in Frankreich als ein Theatererneuerer im Sinne einer Öffnung und Popularisierung für breite Bevölkerungskreise. Rolland schrieb 1911 die in Europa in der ersten Hälfte des 20. Jahrhunderts bekannteste Biografie über Tolstoi.[7]

6 Publig, E.: Das Schiller-Theater zu Berlin und seine Gründung durch Raphael Löwenfeld. Diss., Wien 2000, S. 5

7 Rolland, R.: Vie de Tolstoi. Paris 1911; dt. erstmals Leipzig 1922, Zürich 1994

III.

Die Publikations- und Verlagsgeschichte der Werke Tolstois in Deutschland ist nur in Ansätzen aufgearbeitet.[8] Sie ist deshalb von Interesse, da sich hier sehr gut die Wirkung und Rezeption der literarischen und vor allem auch der gesellschaftskritischen und religiösen Schriften Tolstois in Deutschland verfolgen lässt. An erster Stelle hinsichtlich der Bedeutung ist der *Eugen Diederichs Verlag* zu nennen. Der vielleicht bedeutsamste deutsche „Kulturverlag" zu Beginn des 20. Jahrhunderts wurde 1896 in Florenz und Leipzig von Eugen Diederichs gegründet und siedelte im Frühjahr 1904 nach Jena um. Er ist der Verlag mit den beiden bislang immer noch umfangreichsten deutschen Werkausgaben der Arbeiten Tolstois (1. Aufl. 1901–1911 in 33 Bänden; 2. Aufl. 1910–1912 in 35 Bänden) und stellt nicht nur der Tolstoi-Forschung wertvolle Quellen zur Verfügung, sondern trug in besonderem Maße auch zur Popularisierung Tolstois in Deutschland bei.[9]

Ein weiterer Verlag, bei dem ebenfalls deutsche Erstübersetzungen in großen Auflagen erschienen, ist der *Reclam Verlag* (Leipzig), der jedoch bis heute ausschließlich literarische Arbeiten Tolstois veröffentlicht; u.a. die deutschen Erstausgaben (für *Reclam* der erste Tolstoi-Titel) der *Volkserzählungen* (1889), von *Anna Karenina* (1891) und von *Krieg und Frieden* (1892). Die Gesamtauflage der im Reclam Verlag publizierten Tolstoi-Werke im Zeitraum von 1889 bis 1917 beträgt über 1 Million Exemplare.[10]

---

8 Vgl. Sandfuchs, W.: Dichter - Moralist - Anarchist. Die deutsche Tolstojkritik 1880-1900. Stuttgart 1995; Hanke, E.: Prophet des Unmodernen. Leo N. Tolstoi als Kulturkritiker in der deutschen Diskussion der Jahrhundertwende. Tübingen 1993; Hanke, E.: „Wo ist der Ausweg?" Göttingen 1999, S. 135-155

9 Der Verlag wurde nach 1945 mit Sitz in Düsseldorf und Köln neu gegründet. Er gehörte seit den späten 1980er Jahren zur *Hugendubel-Gruppe* (München) und ist seit 2008 Teil der *Penguin Random House Verlagsgruppe München*. Zur Verlagsgeschichte vgl. Diederichs, U.: Eugen Diederichs und sein Verlag. Göttingen 2014; Hanke, E.: Prophet des Unmodernen, Tübingen 1993; Städtische Museen Jena (Hrsg.): Versammlungsort modernen Geister. Der Kulturverleger Eugen Diederichs und seine Anfänge in Jena 1904-1914. Buch zur Ausstellung im Romantikerhaus Jena 15. September bis 8. Dezember 1996. München 1996; Ulbricht, J. H. / Werner, M. G. (Hrsg.): Romantik, Revolution und Reform. Göttingen 1999; Eugen Diederichs Verlag (Hrsg.): 60 Jahre Eugen Diederichs Verlag. Ein Almanach. Düsseldorf/Köln 1956

10 Bode, D.: Reclam. Daten, Bilder und Dokumente zur Verlagsgeschichte. Stuttgart 2003, S. 81

Neben dem Verlag *Richard Wilhelmi* (Berlin), in dem Löwenfeld seine ersten Tolstoi-Bücher herausbrachte (der Verlag wurde später vom *Eugen Diederichs Verlag* übernommen), waren es auch die Berliner Verlage *Otto Janke* und *Hugo Steinitz*, die ab den 1880er Jahren nicht nur das literarische Werk Tolstois in Übersetzungen präsentierten, sondern auch seine sozialkritischen und religiösen Schriften. Zu den Verlagen, die bereits Ende des 19. Jahrhunderts ebenfalls Werke Tolstois publizierten, zählt auch der *Verlag Duncker & Humblot* (Leipzig), der Tolstois *Bekenntnisse* (später bekannt als *Meine Beichte*) 1886 erstmals in deutscher Sprache veröffentlichte. Interessant in diesem Zusammenhang sind auch die unterschiedlichen Herausgeber und Übersetzer, die oftmals verschiedenen politisch-weltanschaulichen Milieus zuzuordnen sind und Hinweise auf eine breite Rezeptionskultur geben. Zu nennen ist z. B. der ungarische Arzt und Pazifist Dr. Albert Skarvan, der den Militärdienst Ende des 19. Jahrhunderts verweigerte und Kontakte zu den Lebensreformern auf dem Monte Verità zu Beginn des 20. Jahrhunderts hatte.[11] Ein weiterer und ebenfalls leidenschaftlicher Tolstoianer ist der Ungar Eugen Heinrich Schmitt, von dem eine rege Herausgeber- und Übersetzer-Tätigkeit von Werken Tolstois bekannt ist und der ebenfalls Verbindungen zum Monte Verità hatte.[12] Eine weitere Übersetzung, ebenfalls von Tolstoi autorisiert, liegt in einer gekürzten Fassung als einbändige Ausgabe vor: *Tolstoi, Graf Leo N.: Gottes Reich ist in Euch oder das Christentum nicht als eine mystische Lehre, sondern als neue Lebensanschauung. Vollständige, vom Verfasser genehmigte Übersetzung des russischen Original-Manuskriptes von L. A. Hauff. Berlin: Verlag von Otto Janke o. J. (ca. 1900).*

Auf ausführliche biografische und bibliografische Anmerkungen zu Tolstoi wird in dieser Ausgabe verzichtet, da diese bereits vom Herausgeber in einem früheren Sammelband zu Tolstois religionskritischen Schriften aus dem Alibri Verlag erfolgten: *Leo Tolstoi: Kirche und Gesellschaft. Religionskritische Schriften, Briefe und Tagebuchaufzeichnungen. Herausgegeben von Ulrich Klemm, Aschaffenburg 2012.*

Weiterführende Angaben zum Werk und Wirken Tolstois erfolgten vom Herausgeber außerdem in: *Tolstoi, Leo: Libertäre Volksbildung. Pädagogische Schriften und Dokumente. Neu herausgegeben und kommentiert*

11 Green, M.: Eine neue Ära. New Age und „Neue Lebenszentren" 1890-1920. In: Schwab, A. / Lafranchi C. (Hrsg.): Sinnsuche und Sonnenbad. Experimente in Kunst und Leben auf dem Monte Verità. Zürich 2001, S. 212 f.

12 Green, M.: Eine neue Ära, 2001, S. 212 f.

von Ulrich Klemm. Frankfurt/M., Edition AV 2004 sowie in *Tolstoi, Leo: Die Sklaverei unserer Zeit. Ausgewählte Texte. Herausgegeben von Ulrich Klemm. Frankfurt/M., Trotzdem Verlagsgenossenschaft 2007*.

Die Neuausgabe folgt der Edition von Richard Löwenfeld von 1903 aus dem *Eugen Diederichs Verlag* textidentisch und in einer gekürzten Fassung, die im Original von 1903 die Seiten 2 bis 350 des Zweiten Bandes der 1. Serie, Sozial-ethische Schriften (Band 7) umfassen.

Januar 2022 Ulrich Klemm

Leo Tolstoi

Das Reich Gottes ist in euch

Kapitel I-VI (= 1. Band der zweibändigen Löwenfeld-Ausgabe und zugleich Band 6 in der Gesamtausgabe der Werke Tolstois) sind in dieser Ausgabe nicht abgedruckt

VII

Die gebildeten Menschen der höheren Gesellschaftsklassen bemühen sich, die immer mehr und mehr erwachende Erkenntnis der Notwendigkeit der Veränderung der gegenwärtigen Lebensordnung zu unterdrücken. Das Leben aber, das sich fortgesetzt in der früheren Richtung entwickelt und verwickelt und die Widersprüche und die Leiden der Menschen steigert, führt sie bis zu der äußersten Grenze, über die es nicht hinausgeht. Eine solche äußerste Grenze des Widerspruchs, über die es nicht hinausgeht, ist die allgemeine Wehrpflicht.

Man glaubt gewöhnlich, die allgemeine Wehrpflicht und die mit ihr verbundenen, immer wachsenden Rüstungen und infolge dessen immer wachsenden Steuern und Staatsschulden bei allen Völkern sei eine zufällige Erscheinung, die aus einer bestimmten politischen Lage Europas hervorgegangen ist und die vielleicht durch gewisse politische Gestaltungen beseitigt werden kann ohne Veränderung der inneren Lebensordnung.

Das ist aber vollständig falsch. Die allgemeine Wehrpflicht ist nur der bis zur äußersten Grenze geführte, und bei einem gewissen Grade materieller Entwickelung bis zur Evidenz klar gewordene innere Widerspruch, der sich in die gesellschaftliche Lebensauffassung eingeschlichen hat. Die gesellschaftliche Lebensauffassung besteht jedoch darin, daß der Sinn des Lebens von der Person auf die Gemeinschaft und ihre Nachfolge übertragen wird, auf den Stamm, die Familie, das Geschlecht oder den Staat.

Nach der gesellschaftlichen Lebensauffassung wird angenommen, da der Sinn des Lebens in der Gemeinschaft der Persönlichkeiten besteht, opfern die Persönlichkeiten selbst freiwillig ihre Interessen den Interessen der Gemeinschaft. So war es auch, und so ist es in Wirklichkeit bei gewissen Formen der Gemeinschaft: in der Familie oder im Stamme, gleichviel, was vorher gewesen ist, aber auch im Geschlecht und sogar im patriarchalischen Staate. Infolge der Gewohnheit, die durch die Erziehung überliefert und durch die Einprägung religiöser Grundsätze befestigt wird, haben die

Personen ohne Zwang ihre Interessen mit den Interessen der Gemeinschaft vereinigt und haben die ihrigen für die Allgemeinheit geopfert.

Je komplizierter aber die Gesellschaften wurden, je größer sie wurden, je häufiger besonders Eroberungen die Ursachen der Vereinigung von Menschen zu Gesellschaften wurden, desto häufiger strebten die Personen, zum Schaden des Allgemeinen, nach der Erreichung ihrer eigenen Ziele, und desto häufiger wurde zur Einschränkung dieser unfügsamen Personen die Anwendung der Macht, d. h. die Gewalt, notwendig. Die Verteidiger der gesellschaftlichen Lebensauffassung bemühen sich gewöhnlich, den Begriff der Macht, das heißt der Gewalt, mit dem Begriff des geistigen Einflusses zu vermischen, aber diese Vermischung ist durchaus unmöglich.

Geistiger Einfluß ist eine solche Einwirkung auf den Menschen, infolge deren sich die Wünsche des Menschen verändern und mit dem zusammenfallen, was man von ihm verlangt. Ein Mensch, der sich einem geistigen Einflusse fügt, handelt seinen eigenen Wünschen entsprechend. Macht aber, wie man gewöhnlich dieses Wort auffasst, ist ein Mittel, den Menschen zu zwingen, gegen seine Wünsche zu handeln. Ein Mensch, der sich der Macht fügt, handelt nicht, wie er will, sondern wie ihn die Macht zu handeln zwingt. Einen Menschen aber zu zwingen, nicht das zu thun, was er will, sondern das, was er nicht will, vermag nur physische Gewalt oder die Androhung solcher, das heißt Freiheitsberaubung, Prügel, Verstümmelung oder eine leicht ausführbare Drohung, solche Handlungen zu vollziehen. Darin besteht und darin bestand immer die Macht.

Trotz der unaufhörlichen Bemühungen der in der Macht befindlichen Menschen, dies zu verbergen und der Macht eine andere Bedeutung beizulegen, ist die Macht nichts als ein den Menschen angelegter Strick, eine Kette, mit der man ihn bindet und schleppt, oder eine Knute, mit der man ihn peitscht, oder Messer und Aexte, mit denen man ihm Arme, Beine, Nase, Ohren, Kopf abhaut, die Anwendung dieser Mittel oder die Androhung ihrer Anwendung. Und so war es zur Zeit Neros und Dschingis-Khans, und so ist es jetzt bei der liberalsten Regierung, in der amerikanischen und französischen Republik. Wenn sich die Menschen der Macht fügen, so geschieht es nur, weil für den Fall des Nichtfügens diese Handlungen gegen sie angewendet werden. Alle Forderungen der Regierung, Steuerzahlen, die Erfüllung der Gemeinschaftsangelegenheiten, die Unterordnung unter die verhängten Strafen, Ausweisungen und so weiter, denen die Menschen sich, wie es heißt, freiwillig fügen, beruhen stets auf körperlicher Gewalt oder die Androhung dieser.

Die Grundlage der Macht ist die körperliche Gewalt.

Die Möglichkeit aber, eine körperliche Gewalt über die Menschen auszuüben, gibt vor allem eine solche Organisation bewaffneter Menschen, bei der alle bewaffneten Menschen einmütig handeln und sich einem Willen fügen. Eine solche Vereinigung bewaffneter Menschen, die sich einem Willen fügen, bildet das Heer. Das Heer war immer und ist auch jetzt die Grundlage der Macht. Stets befindet sich die Macht in der Hand derer, die das Heer befehlen. Und stets sind alle Machthaber von den römischen Cäsaren bis zu den russischen und deutschen Kaisern vor allem anderen um ihr Heer besorgt gewesen und begünstigen das Heer, denn sie wissen, solange das Heer mit ihnen ist, ist die Macht in ihren Händen.

Und eben die Bildung und Vergrößerung des Heeres, das zur Befestigung der Macht notwendig ist, war es, die in die gesellschaftliche Lebensauffassung den Keim der Auflösung gebracht hat.

Das Ziel der Macht und ihrer Berechtigung besteht in der Beschränkung der Menschen, die gern ihre eigenen Interessen, zum Schaden der Interessen der Gemeinschaft, durchführen möchten. Ob aber die Macht durch die Bildung eines neuen Heeres, durch Erbschaft oder Wahl erworben worden – die Menschen, die durch die Heere Macht innehaben, haben sich durch nichts von den anderen Menschen unterschieden und waren ebensowenig wie die anderen Menschen geneigt, ihre eignen Interessen den Interessen der Gemeinschaft unterzuordnen, ja, im Gegenteil – da sie die Möglichkeit hatten, es zu thun, waren sie mehr als andere geneigt, die allgemeinen Interessen ihren eignen unterzuordnen. So viel Mittel die Menschen auch ersannen, um den Menschen, die in der Macht waren, die Möglichkeit zu nehmen, die allgemeinen Interessen ihren eigenen unterzuordnen oder auch nur die Macht nur makellosen Menschen zu übergeben, hat man doch bis zum heutigen Tage kein Mittel gefunden, das eine oder andere zu erreichen.

Alle Methoden, die man angewandt hat: des göttlichen Segens und der Wahl, der Erbschaft, der Abstimmung, der Wahlen, der Versammlungen, der Parlamente, der Senate, alle diese Maßregeln erwiesen sich und erweisen sich noch als unwirksam. Jedermann weiß, daß auch nicht eine dieser Methoden das Ziel erreicht, weder das Ziel, die Macht nur in die Hände Makelloser zu geben, noch das, ihren Missbrauch zu verhüten. Jedermann weiß, daß vielmehr die Menschen, die sich in der Macht befinden, sie seien Kaiser, Minister, Polizeimeister, Schutzleute, stets eben darum, weil sie Macht haben, mehr geneigt werden zur Unsittlichkeit, das heißt zur Unterordnung der allgemeinen Interessen unter ihre persönlichen, als die Menschen, die keine Macht haben; und es kann auch nicht anders sein.

Die gesellschaftliche Lebensauffassung war nur so lange gerechtfertigt, als alle Menschen freiwillig ihre Interessen den Interessen der Allgemeinheit unterordneten; sobald aber Menschen auftraten, die ihre Interessen nicht freiwillig opferten und die Macht notwendig wurde, das heißt, die Gewalt zur Einschränkung dieser Personen, kam in die gesellschaftliche Lebensauffassung und die auf ihr beruhende Ordnung, der zersetzende Keim der Macht, das heißt die Gewalt der einen Menschen über die anderen.

Damit die Macht der einen Menschen über die anderen ihr Ziel der Einschränkung der Menschen erreiche, die, zum Schaden der Allgemeinheit, persönlichen Zwecken nachstreben, war es nötig, daß sich die Macht in den Händen Makelloser befand, wie das bei den Chinesen angenommen wird, oder wie man im Mittelalter annahm, oder wie es jetzt noch der Fall ist bei Menschen, die an die Heiligkeit der Salbung glauben. Nur unter dieser Voraussetzung hat die gesellschaftliche Ordnung ihre Berechtigung gehabt.

Da aber das fehlt, und da vielmehr die Menschen, die die Macht innehaben, eben infolge des Besitzes der Macht, stets nicht-heilig sind, kann die gesellschaftliche Ordnung, die auf der Macht beruht, keine Berechtigung mehr haben.

Wenn es eine Zeit gab, in der bei einem gewissen niedrigen Grade von Sittlichkeit und bei der allgemeinen Geneigtheit der Menschen zur Gewalt über den Nebenmenschen, das Vorhandensein der Macht, die diese Gewalt beschränkt, vorteilhaft war, das heißt, in der die staatliche Gewalt geringer war als die Gewalt der Personen übereinander, so muß man doch einsehen, daß eine solche Höherwertung der Staatsherrschaft über ihr Nichtvorhandensein nicht dauernd sein konnte. Je mehr bei den Personen das Streben nach Gewalt abnahm, je mehr die Sitten milder wurden und je mehr die Macht infolge ihrer Schrankenlosigkeit sich lockerte, desto geringer wurde die Höherwertung. In dieser Veränderung des Verhältnisses zwischen der sittlichen Entwicklung der Massen und der Ausartung der Regierung besteht die ganze Geschichte der letzten zwei Jahrtausende.

In ganz einfacher Form hat sich die Sache vollzogen: die Menschen lebten in Stämmen, Familien und Geschlechtern, feindeten sich an, übten Gewalt übereinander, vernichteten, töteten sich. Diese Gewaltthaten vollzogen sich in geringerem und größerem Maßstabe: Personen kämpften mit Personen, Stamm mit Stamm, Familie mit Familie, Geschlecht mit Geschlecht, Volk mit Volk. Die größere, stärkere Gemeinschaft der Menschen unterjochte die schwächeren, und je größer und stärker die Gemeinschaft der Menschen wurde, desto weniger innere Gewalt kam in ihnen vor und desto gesicherter schien die Dauer des Lebens der Gemeinschaft.

Glieder eines Stammes oder einer Familie, die sich zu einer Gemeinschaft verbanden, befehden sich weniger untereinander, und ein Stamm und eine Familie stirbt nicht wie ein Mensch, sie setzen ihre Existenz fort; zwischen den Gliedern eines Staates, die einer Macht unterworfen sind, erscheint der Kampf noch schwächer, und das Leben des Staates erscheint noch gesicherter.

Diese Vereinigungen zu immer größeren und größeren Gemeinschaften vollzogen sich nicht, weil die Menschen mit Bewußtsein solche Verbindungen als vorteilhafter für sich anerkannten, wie es in dem Märchen von der Herbeirufung der Waräger erzählt wird, sondern einerseits infolge des natürlichen Zuwachses, andererseits des Kampfes und der Eroberungen.

Wenn die Eroberung vollzogen ist, macht die Macht des Eroberers wirklich den inneren Kämpfen ein Ende, und die gesellschaftliche Lebensauffassung erhält ihre feste Begründung. Aber diese Begründung ist nur eine zeitweilige. Die inneren Bürgerkämpfe hören nur in dem Grade auf, in dem der Druck der Macht auf die vorher sich befehdenden Persönlichkeiten sich vergrößert. Die Gewalt der inneren Kämpfe, die die Macht vernichtet, nistet sich in der Macht selbst ein. Die Macht befindet sich in der Hand von Menschen, die wie alle anderen sind, das heißt, solcher Menschen, die stets oder oft bereit sind, ihrer Persönlichkeit das allgemeine Wohl zu opfern, nur mit dem Unterschiede, daß diese Menschen nicht die ihre Kräfte mäßigende Gegenwirkung der Vergewaltigten haben und ganz dem entartenden Einfluß der Macht unterliegen. Darum vergrößert sich das Uebel der Gewalt, wenn es in die Hände der Macht gelangt, immer mehr und mehr und wird mit der Zeit größer als das Uebel, das es zu zerstören scheint, während in den Mitgliedern der Gesellschaft die Neigung zur Gewalt immer schwächer und die Gewalt der Macht immer weniger nötig wird.

Die staatliche Macht vernichtet zwar die innere Gewalt, trägt aber stets in das Leben der Menschen neue Gewaltthaten hinein, die nach dem Maße ihrer Dauer und ihrer Steigerung immer größer und größer werden. Wenn daher auch im Staate die Gewalt der Macht weniger merklich ist, als die Gewalt der Mitglieder der Gesellschaft gegeneinander, weil sie sich nicht im Kampf ausdrückt, sondern im Gehorsam, so ist doch die Gewalt darum nicht weniger vorhanden, meist sogar im höheren Grade als früher.

Und das kann nicht anders sein; denn außerdem, daß der Besitz der Macht die Menschen entartet, wird die Erregung oder sogar das unbewußte Streben der Gewalthaber stets darin bestehen, die Vergewaltigten zur größten Schwächung zu bringen, denn je schwächer der Vergewaltigte ist, desto weniger Anstrengung bedarf es, um ihn niederzuhalten.

Darum wächst die Gewalt über den Vergewaltigten stets bis zu der äußersten Grenze, die sie erreichen kann, ohne die Henne zu töten, die die goldenen Eier legt. Wenn aber die Henne sie nicht legt, wie die amerikanischen Indianer, die Fidschiinsulaner, die Neger, so wird sie getötet trotz der aufrichtigsten Proteste der Philanthropen gegen eine solche Handlungsweise.

Der beste Beweis dafür ist die Lage der arbeitenden Klassen unserer Zeit, die eigentlich nichts anderes sind, als unterworfene Menschen. Trotz aller erheuchelten Bemühungen der höheren Gesellschaftsklassen, die Lage der Arbeiter zu erleichtern, sind alle Arbeiter unserer Zeit einem ehernen Gesetz unterworfen, da sie nur so viel haben, als sie brauchen, um stets von der Not zur Arbeit gezwungen zu sein und die Kraft zu haben, für ihre Herren, das heißt für ihre Unterwerfer, zu arbeiten.

So war es immer. Immer gingen nach dem Maße der Dauer und der Steigerung der Macht, ihre Vorteile für die verloren, die sich ihr fügten, und wurden ihre Nachteile größer.

So war es und ist es, unabhängig von den Regierungsformen, in welchen die Völker leben. Der Unterschied liegt nur darin, daß bei der despotischen Regierungsform die Macht auf eine kleine Zahl von Gewalthabern beschränkt und die Form der Gewalt eine schärfere ist. In konstitutionellen Monarchien, in Republiken, wie Frankreich und Amerika, verteilt sich die Macht unter eine größere Anzahl von Gewalthabern, und die Formen, in denen sie sich ausdrückt, sind weniger scharf, aber die Gewalt selbst, bei der die Nachteile der Macht größer sind, als ihre Vorteile, und ihre Weiterentwicklung, die die Vergewaltigten bis an die äußerste Grenze der Erschöpfung bringt, bis zu der sie zum Vorteil der Gewalthaber gebracht werden können – ist stets ein und dieselbe.

So war und so ist die Lage aller Vergewaltigten. Bis heute aber haben sie das nicht gewußt und haben in den meisten Fällen naiv geglaubt, die Regierungen seien zu ihrem Wohle da, ohne Regierung würden sie zu Grunde gehen; der Gedanke, die Menschen könnten ohne Regierung leben, sei eine Lästerung, die man gar nicht aussprechen dürfe; es sei etwas Entsetzliches – die Lehre des Anarchismus, mit dem die Vorstellung aller Greuel verbunden ist.

Die Menschen glaubten wie an etwas vollständig Bewiesenes und daher des Beweises nicht Bedürfendes daran: wie sich alle Völker bis zum heutigen Tage in staatlicher Form entwickelt hätten, sei diese Form für alle Zeiten eine notwendige Vorbedingung der Menschheit.

So währte es Hunderte, Tausende von Jahren, und die Regierung, das heißt die Menschen, die sich in der Macht befanden, bemühten sich stets und bemühen sich heute mehr als je, die Völker in diesem Irrtum zu erhalten.

So war es zur Zeit der römischen Kaiser, so ist es jetzt. Obgleich der Gedanke von der Unnützlichkeit, ja sogar von dem Schaden staatlicher Gewalt immer mehr und mehr in das Bewußtsein der Menschen eindringt, würde die staatliche Gewalt ewig dauern, wenn die Regierung zur Erhaltung ihrer Macht nicht in die Notwendigkeit versetzt wäre, ihre Heere zu verstärken.

Man glaubt gewöhnlich, die Heere würden von den Regierungen nur zur Verteidigung des Staats gegen andere Staaten verstärkt, und vergißt, daß die Regierungen die Heere vor allem dazu brauchen, um sich gegen ihre Unterdrückten und geknechteten Unterthanen zu schützen.

Das war stets notwendig und wurde immer notwendiger, je mehr die Bildung bei den Völkern zunahm, je mehr der Verkehr zwischen den Menschen einer und verschiedener Nationalitäten wuchs, und wurde besonders notwendig bei den kommunistischen, sozialistischen, anarchistischen und allgemeinen Arbeiterbewegungen der Gegenwart. Und die Regierungen empfinden das und verstärken ihre Hauptkraft, die des disziplinierten Heeres.[1]

In jüngerer Zeit hat im deutschen Reichstag der Reichskanzler auf die Frage, wozu man Geld brauche, um den Unteroffizieren das Gehalt zu erhöhen, gerade heraus erklärt, man brauche zuverlässige Unteroffiziere, um gegen den Sozialismus zu kämpfen. Caprivi hat nur laut ausgesprochen,

1 Daß in Amerika, trotz der geringen Zahl des Heeres, Missbräuche der Macht vorkommen, ist nicht nur keine Widerlegung, sondern eine Bestätigung dieses Satzes. In Amerika giebt es weniger Militär als in anderen Staaten, und darum giebt es nirgends eine geringere Bedrückung der geknechteten Klassen, sieht man nirgends die Vernichtung der Missbräuche der Regierung und der Regierung selbst so nahe voraus. Man hört auch in Amerika in der letzten Zeit nach dem Maße, in dem die Einigung unter den Arbeitern wächst, immer häufiger und häufiger Stimmen, die eine Vergrößerung des Heeres fordern, obgleich Amerika kein Ueberfall von außen droht. Die höheren, herrschenden Klassen wissen, daß 50.000 Mann Soldaten bald nicht mehr hinreichen werden. Sie vertrauen der Armee Pinkertons nicht mehr und fühlen, daß eine Sicherung ihrer Lage nur auf der Verstärkung des Heeres beruht.

was jedermann weiß, wenn es auch den Völkern verborgen wird; er hat ausgesprochen, weshalb die Schweizer und Schottischen Garden von den französischen Königen und den Päpsten gemietet wurden, weshalb man in Rußland eifrig die Rekruten umquartiert, so daß Regimenter, die in den Zentren stehen durch Rekruten aus den Grenzländern, und die Regimenter in den Grenzländern durch Mannschaften aus dem Zentrum Rußlands ergänzt werden. Der Sinn von Caprivis Rede ist, ins Gewöhnliche übertragen, der: Man braucht das Geld nicht, um äußeren Feinden entgegen zu wirken, sondern zur Bestechung der Unteroffiziere, damit sie bereit seien, gegen das geknechtete arbeitende Volk zu wirken.

Caprivi hat von ungefähr ausgesprochen, was jedermann sehr wohl weiß, und wenn er es nicht weiß, fühlt, daß nämlich die bestehende Ordnung des Lebens ist, wie sie ist, nicht weil sie so sein muß, nicht, weil das Volk will, daß sie so sei, sondern weil die Gewalt der Regierung, das Heer mit seinen bestochenen Unteroffizieren, Offizieren und Generälen sie so aufrecht erhält.

Wenn der Arbeiter keinen Boden hat, wenn er nicht die Möglichkeit hat, das natürlichste Recht jedes Menschen zu genießen, aus dem Boden für sich und seine Familie die Mittel seiner Ernährung zu ziehen, so ist das nicht deshalb so, weil das Volk es will, sondern weil einigen Menschen, den Grundbesitzern, das Recht zuerkannt ist, die Arbeitenden zuzulassen oder nicht zuzulassen. Und diese widernatürliche Ordnung wird durch das Heer aufrecht erhalten. Wenn die ungeheuren Reichtümer, die die Arbeiter aufgehäuft haben, nicht als allen, sondern nur ausgesuchten Personen gehörig betrachtet werden, wenn die Macht, Steuern von der Arbeit einzusammeln und diese Gelder auf das verwenden, was sie für nötig finden, einigen Menschen vorbehalten ist; wenn den Ausständen der Arbeiter entgegengewirkt wird und die Ausstände der Kapitalisten begünstigt werden; wenn man einigen Menschen vorbehält, die Art des religiösen und bürgerlichen Unterrichts und der Erziehung ihrer Kinder zu wählen, und einigen Personen das Recht vorbehalten bleibt, Gesetze zu machen, denen sich alle fügen müssen, und Bestimmungen zu treffen über das Vermögen und das Leben der Menschen, so geschieht das alles nicht, weil das Volk dies will und weil es natürlich so sein muß, sondern weil dies zum eignen Vorteil die Regierungen und die herrschenden Klassen wollen und vermöge der physischen Gewalt über die Körper der Menschen es so bestimmen.

Wer das noch nicht weiß, erkennt es sofort bei jedem Versuch, den es machen wird, sich nicht zu fügen oder diese Ordnung der Dinge zu verändern. Daher sind die Heere jeder Regierung und den herrschenden Klassen vor allem dazu nötig, die Ordnung der Dinge aufrecht zu erhalten, die nicht nur nicht den Bedürfnissen des Volks entspringt, sondern ihnen oft geradezu widerspricht und nur für die Regierungen und die herrschenden Klassen vorteilhaft ist.

Das Heer braucht jede Regierung vor allem dazu, ihre Unterthanen im Gehorsam zu erhalten und ihre Arbeit auszunützen. Aber die Regierung ist nicht allein: neben ihr ist eine zweite Regierung, die ebenso mit Gewalt ihre Unterthanen ausnützt, und die stets bereit ist, der anderen Regierung die Arbeit ihrer schon zur Knechtschaft gebrachten Unterthanen zu rauben. Darum braucht jede Regierung ein Heer nicht nur zu inneren Zwecken, sondern auch zum Schutze ihrer Beute vor raublustigen Nachbarn. Jeder Staat ist infolgedessen unwillkürlich dazu genötigt, dem andern gegenüber seine Heere zu vergrößern. Die Vergrößerung seiner Heere aber wirkt ansteckend, wie dies schon vor hundertundfünfzig Jahren Montesquieu bemerkt hat.

Jede Vergrößerung der Heere in einem Staate, die gegen die eignen Unterthanen gerichtet ist, wird auch für den Nachbar gefährlich und ruft eine Vergrößerung in den Nachbarstaaten hervor. Die Heere sind nicht bloß dadurch zu den Millionen angewachsen, zu welchen sie gegenwärtig angewachsen sind, daß die Staaten von den Nachbarn bedroht waren; es kam vor allen daher, daß man die Empörungsversuche der Unterthanen unterdrücken mußte. Die Vergrößerung der Heere entspringt gleichzeitig zwei Ursachen, von denen die eine die andere hervorruft. Die Heere sind notwendig sowohl gegen die inneren Feinde, als auch dazu, das eigene Land gegen die Nachbarn zu verteidigen. Das eine bedingt das andere. Der Despotismus der Regierung wächst stets nach dem Maße der Vergrößerung und Verstärkung der Heere, und der Angriff der Regierungen vergrößert sich nach dem Maße der Verstärkung des inneren Despotismus.

Infolgedessen sind die europäischen Regierungen, eine immer früher als die andere, bei der stetigen Vermehrung ihrer Heere zu der unausbleiblichen Notwendigkeit der allgemeinen Wehrpflicht gelangt, denn die allgemeine Wehrpflicht war das beste Mittel, für die Zeit des Krieges die größte Zahl von Soldaten bei den geringsten Ausgaben zu erhalten. Deutschland war das erste Land, das auf diesen Ausweg verfiel. Und sobald dies ein Staat gemacht hatte, mußten es die anderen auch thun, und sobald das geschah, geschah es, daß alle Bürger unter die Waffen traten, um all die Ungerechtigkeiten zu stützen, die gegen sie verübt wurden, daß alle Bürger die Bedrücker ihrer selbst wurden.

Die allgemeine Wehrpflicht war die unausbleibliche logische Notwendigkeit, zu der man durchaus kommen mußte; zugleich aber ist sie der letzte Ausdruck des inneren Widerspruchs der gesellschaftlichen Lebensauffassung, der zu der Zeit auftrat, als zu seiner Aufrechterhaltung die Gewalt nötig wurde. In der allgemeinen Wehrpflicht ist dieser Widerspruch offenkundig geworden. In der That: der Sinn der gesellschaftlichen Lebensauffassung besteht doch darin, daß der Mensch, der die Grausamkeit des Kampfes der Personen untereinander und der Vergänglichkeit der Person selbst erkannt hat, den Sinn seines Lebens in die Gemeinschaften der Personen überträgt. Bei der allgemeinen Wehrpflicht dagegen ergibt sich, daß die Menschen, die alle Opfer gebracht haben, die man von ihnen verlangt, damit sie sich von der Grausamkeit des Kampfes und von der Unzuverlässigkeit des Lebens befreien, nach allen Opfern, die sie gebracht haben, wieder zu all den Gefahren aufgerufen werden, von denen sie sich glaubten befreit zu haben, und außerdem wird die Gemeinschaft der Staaten, um derentwillen die Personen auf ihre eigene verzichtet haben, wieder der Gefahr der Vernichtung ausgesetzt, der vorher die Person unterlag.

Die Regierungen hätten die Menschen von der Grausamkeit des Kampfes der Personen befreien und ihnen die Zuversicht auf die Unverletzbarkeit der staatlichen Lebensordnung geben sollen. Statt dessen bürden sie den Personen die Notwendigkeit desselben Kampfes auf und verwandeln sie nur aus dem Kampfe mit den nächsten Personen zu dem Kampfe mit Personen anderer Staaten, lassen aber die gleiche Gefahr der Vernichtung der Personen sowohl wie des Staates bestehen.

Die Einrichtung der allgemeinen Wehrpflicht gleicht dem, was mit einem Menschen geschähe, der ein einstürzendes Haus stützen wollte: die Wände haben sich nach innen geneigt – man hat Stützen darunter gesetzt; die Diele hat sich geneigt – man hat eine andere darunter gelegt; zwischen den Stützen hängen Bretter hinab, man stellt wieder Stützen auf; es kommt endlich so weit, daß die Stützen zwar das Haus aufrecht erhalten, daß man aber in dem Hause vor lauter Stützen nicht mehr wohnen kann.

So steht es mit der allgemeinen Wehrpflicht. Die allgemeine Wehrpflicht zerstört alle die Vorteile des gesellschaftlichen Lebens, die sie zu schützen berufen ist. Die Vorteile des gesellschaftlichen Lebens bestehen in dem Schutze des Eigentums, der Arbeit, in der Mitwirkung an der gemeinsamen Vervollkommnung des Lebens – die allgemeine Wehrpflicht vernichtet all dies.

Die Steuern, die man von dem Volke eintreibt, um den Krieg vorzubereiten, verschlingen den größten Teil der Erzeugnisse der Arbeit, die das Heer beschützen soll.

Das Herausreißen aller Männer aus dem gewohnten Lebensgang zerstört die Möglichkeit der Arbeit selbst. Die drohende Gefahr eines Krieges, der jeden Augenblick beginnen kann, macht alle Vervollkommnung des gesellschaftlichen Lebens unnütz und überflüssig.

Wenn man früher dem Menschen sagte, er würde, wenn er sich der Macht des Staates nicht fügte, den Ueberfällen böser Menschen ausgesetzt sein, innerer und äußerer Feinde, er würde genötigt sein, selbst mit ihnen zu kämpfen, sich dem Totschlag aussetzen, es sei darum vorteilhaft für ihn, gewisse Entbehrungen zu ertragen, um sich von diesen Nöten zu befreien, so konnte der Mensch das glauben, da die Opfer, die er dem Staate brachte, nur einzelne Opfer waren und ihm die Hoffnung auf ein ruhiges Leben in einem unvernichtbaren Staate gaben, um dessentwillen er seine Opfer brachte. Jetzt aber, wo diese Opfer nicht nur um das Zehnfache gewachsen sind und die versprochenen Vorteile fehlen, muß jedem natürlich der Gedanke kommen, daß sein Gehorsam gegen die Macht vollständig unnütz ist.

Aber nicht darin allein besteht die verhängnisvolle Bedeutung der allgemeinen Wehrpflicht als einer Erscheinungsform des Widerspruchs, der in der gesellschaftlichen Lebensauffassung liegt. Die Haupterscheinung dieses Widerspruchs besteht darin, daß bei der allgemeinen Wehrpflicht jeder Bürger, indem er Soldat wird, eine Stütze der staatlichen Ordnung wird und ein Teilnehmer alles dessen, was der Staat thut und dessen Gesetzmäßigkeit er nicht anerkennt.

Die Regierung behauptet, die Heere seien hauptsächlich des äußeren Schutzes wegen notwendig, aber das ist falsch, sie sind vor allem gegen die eigenen Unterthanen nötig, und jeder Mensch, der seine Heerespflicht ableistet, wird unwillkürlich Teilnehmer der ganzen Gewalt des Staates über seine Unterthanen.

Um sich davon zu überzeugen daß jeder Mensch, der seine Militärpflicht erfüllt, Teilnehmer solcher staatlichen Dinge wird, die er nicht anerkennt und nicht anerkennen kann, denke jeder bloß an das, was in jedem Staate im Namen der Ordnung und des Wohles der Völker geschieht, und dessen Vollstrecker stets das Heer ist. Alle inneren Kämpfe der Dynastie und der verschiedenen Parteien, alle Hinrichtungen, die mit diesen Wirren verbunden sind, alle Unterdrückungen von Empörungen, jede Anwendung der Kriegsmacht, um Volksaufläufe auseinander zu treiben, die

Unterdrückung von Arbeitsaufständen, alle Eintreibungen von Steuern, alle Ungerechtigkeiten in der Verteilung des Bodenbesitzes, alle Unterdrückungen der Arbeit – alles das geschieht, wenn nicht unmittelbar durch das Heer, so durch die Polizei, die von dem Heer unterstützt wird. Wer seine Militärpflicht ableistet, wirkt mit an allen diesen Dingen, an Dingen, die in manchen Fällen für ihn zweifelhaft, in den meisten aber geradezu gegen sein Gewissen sind. Die Menschen wollen nicht den Boden verlassen, den sie Geschlechter hindurch bearbeitet haben. Die Menschen wollen nicht auseinander gehen, wie die Regierung das will, die Menschen wollen nicht die Steuern zahlen, die man von ihnen fordert; die Menschen wollen nicht die Gesetze als verbindlich anerkennen, die sie nicht gemacht haben, die Menschen wollen nicht auf ihre Nationalität verzichten – und ich muß, wenn ich meine Militärpflicht ableiste, hingehen und diese Menschen schlagen. Muß ich, wenn ich an diesen Dingen mitwirke, mir nicht die Frage vorlegen, ob diese Dinge gut sind, ob ich ein Recht habe, an ihrer Ausführung mitzuwirken?

Die allgemeine Wehrpflicht ist für die Regierung der äußerste Grad der Gewalt, der zur Aufrechterhaltung des ganzen Gebäudes nötig ist; für die Unterthanen aber ist sie die letzte Grenze der Möglichkeit des Gehorsams. Das ist der Stein im Gewölbe, der die Mauern hält und dessen Loslösung das ganze Gebäude ins Wanken bringt.

Die Zeit ist vorüber, wo der stets wachsende Gebrauch der Regierungen und ihre Kämpfe untereinander es dahin gebracht haben, daß von jedem Unterthanen so große, nicht nur materielle Opfer gefordert wurden, bei denen jeder nachdenklich wurde und sich fragte: kann ich diese Opfer bringen? und wofür muß ich diese Opfer bringen? Diese Opfer wurden um des Staates willen gebracht. Um des Staates willen fordert man von mir, daß ich auf alles verzichte, was den Menschen teuer ist: auf Frieden, Familie, Sicherheit, Menschenwürde. Was ist denn nun dieser Staat, für den so schreckliche Opfer gefordert werden, und warum ist er so unbedingt nötig?

„Der Staat“, sagt man uns, „ist unbedingt nötig, ohne den Staat wären erstens ich und wir alle nicht vor der Gewalt und den Angriffen böser Menschen bewahrt; ohne den Staat wären wir zweitens Wilde und hätten weder Einrichtungen zu Religions-, zu Bildungs-, Erziehungs-, Handelsverkehrs- oder anderen gesellschaftlichen Zwecken, drittens wären wir ohne Staat der Knechtung durch Nachbarvölker ausgesetzt.“

„Ohne den Staat,“ sagt man uns, „wären wir der Gewalt und den Angriffen böser Menschen in unserem eigenen Vaterlande ausgesetzt.“

Wer aber sind in unserer Mitte die bösen Menschen, vor deren Gewalt und Ueberfall uns der Staat und sein Heer schützt? Wenn es vor drei, vier Jahrhunderten, da die Menschen sich mit ihrer Kriegskunst, ihren Rüstungen brüsteten, da man die Tötung von Menschen als eine glänzende That ansah, solche Menschen gab, so gibt es doch heute solche Menschen nicht, kein Mensch unserer Zeit gebraucht und trägt Waffen. Alle erkennen die Gebote der Menschenliebe, des Mitleids mit dem Nächsten an und verlangen das, was wir verlangen – nur die Möglichkeit ruhigen und friedlichen Lebens; und so gibt es jetzt nicht mehr jene besonderen Gewaltthäter, vor denen uns der Staat schützen könnte. Versteht man aber unter den Menschen, vor deren Angriffen uns der Staat schützt, die Menschen, die Verbrechen begehen, so wissen wir, sie sind nicht besondere Wesen wie Raubtiere unter Schafen, sondern ebensolche Menschen wie wir alle, die ebenso ungern Verbrechen begehen wie die, gegen die sie sie begehen. Wir wissen jetzt, daß Drohungen und Strafen die Zahl solcher Menschen nicht vermindern können, sondern daß nur die Veränderung der Gewalt und die sittliche Einwirkung auf die Menschen sie vermindert. Und so hat die Erklärung der Notwendigkeit der staatlichen Gewalt durch den Schutz der Menschen vor den Gewaltthätern, wenn sie auch vor drei, vier Jahrhunderten ihre Begründung hatte, jetzt keine mehr. Jetzt kann man eher das Gegenteil sagen, daß nämlich die Tätigkeit der Regierungen mit ihren grausamen Strafmethoden, die hinter dem allgemeinen Stand der Sittlichkeit zurückgeblieben sind, – den Gefängnissen, den Foltern, den Galgen, den Guillotinen – eher die Verrohung der Nation als ihre Verfeinerung, und somit mehr die Zunahme als die Abnahme der Anzahl der Gewaltthäter fördert.

„Ohne den Staat“, sagt man auch, „hätten wir alle die Erziehungs-, Bildungs-, Religions-, Verkehrs- und weiteren Einrichtungen nicht. Ohne den Staat hätten die Menschen die gesellschaftlichen, für Alle notwendigen Dinge nicht durchführen können.“ Aber diese Begründung konnte auch nur vor einigen Jahrhunderten berechtigt sein.

Wenn es eine Zeit gab, wo die Menschen so getrennt von einander lebten, wo die Mittel der Annäherung und der Gedankenvermittlung so wenig entwickelt waren, daß sie sich in keiner allgemeinen Angelegenheit, weder in einer Handels- und Wirtschafts- noch in einer Bildungsangelegenheit, ohne ein staatliches Zentrum beraten und einigen konnten, so ist jetzt diese Trennung nicht mehr vorhanden. Die hochentwickelten Mittel des Verkehrs haben es mit sich gebracht, daß die Menschen unserer Zeit zur Bildung von Gesellschaften, Vereinigungen, Korporationen, Kongressen, gelehrten, wirtschaftlichen, politischen Institutionen nicht nur vollständig ohne Regierungen fertig werden können, sondern daß die Regierungen in den meisten Fällen der Erreichung dieser Zwecke mehr hinderlich als förderlich sind.

Seit dem Ende des vorigen Jahrhunderts ist von der Regierung beinahe jeder Fortschritt der Menschheit nicht nur nicht gefördert, sondern stets aufgehalten worden. So war es mit der Aufhebung der körperlichen Strafen, der Folter, der Leibeigenschaft, mit der Schaffung der Preß- und Vereinsfreiheit. In unserer Zeit aber ist die Staatsgewalt und die Regierung jeder Thätigkeit, durch die die Menschen sich neue Lebensformen schaffen, nicht nur nicht förderlich, sondern geradezu hinderlich.

Die Lösung der Arbeiter-, der Bodenbesitzfragen, der politischen, der religiösen Fragen, wird von der Staatsgewalt nicht nur nicht gefördert, sondern geradezu aufgehalten.

„Ohne Staat und Regierung würden die Völker von den Nachbarn geknechtet werden.“

Man braucht diesen letzten Hinweis kaum zu widerlegen; die Widerlegung liegt in ihm selbst.

„Die Regierung“, so sagt man uns, „ist samt ihrem Heere notwendig, um uns gegen die Nachbarstaaten zu schützen, die uns knechten könnten.“ Aber das sagen doch alle Regierungen, eine von der anderen, während wir wissen, daß die europäischen Völker die Grundsätze der Freiheit und Brüderlichkeit bekennen, und daher des Schutzes eines gegen das andere nicht bedürfen. Wollte man aber an einen Schutz gegen die Barbaren denken, so genügte 0,001 von den Heeren, die jetzt unter Waffen stehen. Und so ergiebt sich das Gegenteil von dem, was behauptet wird: die Staatsgewalt bietet nicht nur keinen Schutz gegen die Gefahr des Ueberfalls der Nachbarn, sie ruft vielmehr die Gefahr des Ueberfalls hervor.

So muß es jedem Menschen, der durch die allgemeine Wehrpflicht in die Notwendigkeit versetzt ist, über die Bedeutung des Staates nachzudenken, um dessentwillen das Opfer seiner Ruhe, seiner Sicherheit und seines Lebens gefordert wird, klar sein, daß diese Opfer in unserer Zeit keinerlei Berechtigung mehr haben.

Aber nicht bloß bei theoretischer Betrachtung muß jeder Mensch einsehen, daß die Opfer, die der Staat von ihm fordert, keine Berechtigung haben; auch bei praktischer Betrachtung, das heißt, bei der Erwägung all der drückenden Bedingungen, in die der Mensch durch den Staat gebracht wird, muß jeder sehen, daß für ihn persönlich die Erfüllung der Forderung des Staates und seine Unterwerfung unter das Gesetz der allgemeinen Wehrpflicht in den meisten Fällen unvorteilhafter ist als die Verweigerung des Dienstes. Wenn die Mehrzahl der Menschen die Unterwerfung der Nichtunterwerfung vorzieht, so geschieht das nicht infolge einer nüchternen Abwägung der Vorteile und Nachteile; sondern zu der Unterwerfung zieht die Menschen die Hypnotisierung, der sie dabei unterliegen. Indem sie sich fügen, gehorchen die Menschen nur den Forderungen, die man an sie stellt, ohne nachzudenken und ohne eine Willensanstrengung zu machen; zur Nichtunterwerfung bedarf es eines selbstständigen Urteils und einer Anstrengung, zu der nicht jeder fähig ist.

Wenn man aber von der sittlichen Bedeutung, der Unterwerfung und der Nichtunterwerfung absieht und nur die Vorteile in Betracht zieht, so wird im allgemeinen die Nichtunterwerfung stets vorteilhafter sein als die Unterwerfung. Wer ich auch bin, ob ich zu den wohlhabenden, bedrückenden Klassen gehöre oder zu der arbeitenden, bedrückten, in beiden Fällen sind die Nachteile der Nichtunterwerfung geringer als die Nachteile der Unterwerfung, und die Vorteile der Nichtunterwerfung größer als die Vorteile der Unterwerfung.

Wenn ich zu der Minderheit der Bedrücker gehöre, werden die Nachteile der Nichtunterwerfung unter die Forderung der Regierung darin bestehen, daß man mich als einen Menschen, der sich weigert, die Forderungen der Regierung zu erfüllen, vor Gericht stellt und im besten Falle freispricht, oder, wie man bei uns mit den Mennoniten verfährt, zwingt, die Dienstzeit in unkriegerischer Arbeit abzuleisten, im schlimmsten Falle zur Verbannung oder zu Gefängnis auf zwei, drei Jahre verurteilt (ich spreche von Fällen, die in Rußland vorgekommen sind) oder vielleicht zu längerer Gefängnisdauer, vielleicht auch zum Tode, obwohl die Wahrscheinlichkeit einer solchen Strafe sehr gering ist.

Dies sind die Nachteile der Nichtunterwerfung. Die Nachteile der Unterwerfung werden in folgendem bestehen: Im besten Falle schickt man mich nicht aus, um die Menschen zu töten, und setzt mich selbst nicht der größten Wahrscheinlichkeit der Verstümmelung und des Todes aus, sondern zählt mich nur zu der Kriegsknechtschaft: ich werde in ein närrisches Kleid gesteckt, jeder Mensch, der höher im Range ist als ich, vom Gefreiten bis zum Feldmarschall, wird mich hänseln. Man zwingt mich, mit meinem Körper Verrenkungen zu machen, ganz nach Belieben, man hält mich bis fünf Jahre fest, dann zehn Jahre in dem Zustand der Bereitschaft, jeden Moment wieder alle diese Dinge zu erfüllen. Im schlimmeren Falle kann es kommen, daß man mich unter all den aufgeführten Bedingungen der

Knechtschaft noch in den Krieg schickt, wo ich gezwungen werde, Menschen fremder Nationalität, die mir nichts gethan haben, zu töten, wo ich verstümmelt und getötet werden kann, wo ich an einen Ort kommen kann, wie das in Sewastopol war, und wie es in jedem Kriege vorkommt, wo Leute in den Tod geschickt werden, und was das Qualvollste von allem ist, ich kann gegen meine eigenen Landsleute geschickt werden und werde meinen Bruder töten müssen um dynastischer oder mir ganz fremder Regierungsinteressen willen. – Das sind die verhältnismäßigen Nachteile.

Die verhältnismäßigen Vorteile der Unterwerfung und der Nichtunterwerfung sind folgende:

Für den, der sich nicht weigert, werden die Vorteile darin bestehen, daß er, nachdem er sich allen Erniedrigungen gefügt, alle Grausamkeiten, die man von ihm verlangt, ausgeübt und vielleicht nicht getötet worden ist, roten, goldenen und Flitterschmuck an seinem närrischen Kleide haben wird, daß er vielleicht im besten Falle über Hunderttausende, ganz wie er, vertierter Menschen den Befehl haben, Feldmarschall heißen oder viel Geld bekommen wird. Die Vorteile dessen, daß er sich weigert, werden darin bestehen, daß er seine Menschenwürde bewahrt, die Achtung der guten Menschen erlangt und vor allem unzweifelhaft wissen wird, daß er ein Gotteswerk und darum eine unzweifelhafte Gutthat gegen die Menschen übt.

Dies sind die beiderseitigen Vorteile und Nachteile für den Menschen aus den reichen Gesellschaftsklassen, für den Bedrücker. Für den Armen der arbeitenden Klasse werden Vorteile und Nachteile dieselben sein, jedoch mit einem gewichtigen Plus von Nachteilen. Die Nachteile werden für den Mann aus der arbeitenden Klasse, der den Kriegsdienst nicht verweigert, noch darin bestehen, daß er durch seinen Eintritt in den Kriegsdienst, durch seine Teilnahme und gewissermaßen durch seine Zustimmung die Bedrückung, in der er sich selbst befindet, noch verstärkt.

Aber nicht die Betrachtung darüber, inwieweit für die Menschen dieser Staat, den sie durch ihre Teilnahme an dem Kriegsdienst zu stützen berufen sind, nötig und nützlich ist; noch weniger die Betrachtung über die Vorteile und Nachteile, die der einzelne durch Unterwerfung und Nichtunterwerfung unter die Forderung der Regierung hat, löst die Frage von der Notwendigkeit der Erhaltung oder Vernichtung des Staates. Gelöst wird diese Frage unwiderleglich und unwiderruflich durch das religiöse Bewußtsein oder Gewissen jedes einzelnen Menschen, an den unwillkürlich mit der allgemeinen Wehrpflicht die Frage über Sein oder Nichtsein des Staates herantritt.

VIII

Man hört oft sagen, wenn das Christentum die Wahrheit ist, so hätte es damals, da es auftrat, von allen Menschen angenommen werden, das Leben der Menschen verändern und es besser machen müssen. Aber so etwas sagen, heißt behaupten, wenn ein Korn keimfähig sei, müsste es sofort auch Wurzel, Blüte und Frucht geben.

Die christliche Lehre ist keine Gesetzgebung, die, mit Gewalt eingeführt, sofort das Leben der Menschen verändern könnte; das Christentum ist eine von der früheren abweichende, neue, höhere Auffassung des Lebens. Eine neue Auffassung des Lebens kann aber nicht vorgeschrieben werden, sie kann nur freiwillig angenommen werden. Freiwillig aber kann die neue Lebensauffassung nur auf zwei Arten angenommen werden; in geistiger, innerer und in erfahrungsmäßiger, äußerer Weise.

Die einen, die Minderzahl der Menschen, erraten sofort durch ein prophetisches Vorgefühl die Wahrheit der Lehre, geben sich ihr hin und erfüllen sie; die anderen, die Mehrzahl, werden erst auf einem langen Umwege von Irrtümern, Erfahrungen und Leiden zur Erkenntnis der Wahrheit der Lehre gebracht und zu der Notwendigkeit, sie sich anzueignen.

Und zu dieser Notwendigkeit, sich die Lehre auf die erfahrungsmäßige äußere Art anzueignen, ist auch jetzt die große Mehrzahl der Menschen der christlichen Welt gebracht worden.

Man denkt wohl manchmal: Wozu war diese Verstümmelung des Christentums nötig, die auch jetzt noch mehr als alles andere seine Annahme in seiner wahren Bedeutung verhindert? Diese Verstümmelung des Christentums aber, die die Menschen in die Lage gebracht hat, in der sie sich jetzt befinden, war eben eine notwendige Vorbedingung dazu, daß die Mehrzahl der Menschen es in seiner wahren Bedeutung annehmen konnten.

Wäre das Christentum den Menschen in seiner wahren und nicht in seiner verstümmelten Gestalt vorgelegt worden, dann wäre es nicht von der Mehrzahl der Menschen angenommen worden, und diese Mehrzahl wäre ihm fremd geblieben, wie es jetzt die Völker Asiens sind. Nachdem die Völker es aber in verstümmelter Gestalt angenommen, haben sie sich durch diese Annahme seiner zwar langsamen, aber sicheren Einwirkung ausgesetzt und sind jetzt auf einem langsamen Erfahrungswege von Irrtümern und daraus entspringen Leiden zu der Notwendigkeit gebracht, es in seiner wahren Bedeutung sich anzueignen.

Die Verstümmelung des Christentums und seine Annahme in dieser verstümmelten Gestalt durch die Mehrzahl der Menschen war ebenso notwendig, wie es zu dem Aufgehen eines ausgesäten Körnchens ist, daß es eine Zeit lang in der Erde verborgen liege.

Die christliche Lehre ist eine Lehre der Wahrheit und gleichzeitig eine Prophezeiung.

Vor eintausendachthundert Jahren hat die christliche Lehre den Menschen die Wahrheit enthüllt, wie sie zu leben hätten, und hat zugleich vorhergesagt, was das menschliche Leben sein wird, wenn die Menschen nicht so leben werden, sondern fortfahren werden, in derselben Weise zu leben, wie sie bis zu seinem Auftreten gelebt haben, und was es sein wird, wenn sie die christliche Lehre annehmen und sie im Leben erfüllen werden.

Nachdem Christus in der Bergpredigt die Lehre verkündet, die das Leben der Menschen bestimmen soll, hat er gesagt: „Darum, wer diese meine Rede höret und thut sie, den vergleiche ich einem klugen Manne, der sein Haus auf einen Felsen baute. Da nun ein Platzregen fiel und ein Gewässer kam und wehten die Winde und stießen an das Haus, fiel es doch nicht, denn es war auf einen Felsen gegründet. Und wer diese meine Rede hört und thut sie nicht, der ist einem thörichten Manne gleich, der sein Haus auf den Sand baute. Da nun ein Platzregen fiel und kam ein Gewässer und weheten die Winde und stießen an das Haus, da fiel es und that einen großen Fall." (Matthäus 7,24–27.)

Und nun, achtzehn Jahrhunderte später, hat sich diese Prophezeiung erfüllt. Da die Menschen die Lehre Christi im allgemeinen und ihre Verkörperung im gesellschaftlichen Leben durch das Nichtwiderstreben nicht befolgen, sind sie in die Lage des unvermeidlichen Untergangs gekommen, die Christus denen verheißen hat, die seine Lehre nicht befolgen werden.

Die Menschen denken oft, die Frage vom Widerstreben oder Nichtwiderstreben mit Gewalt, sei eine erdichtete Frage, eine Frage, die man umgehen kann. Und doch ist dies eine Frage, die vom Leben selbst vor alle Welt und vor jeden denkenden Menschen hingestellt ist und unbedingt ihre Lösung fordert.

Diese Frage ist für die Menschen in ihrem gesellschaftlichen Leben von der Stunde, in der die christliche Lehre gepredigt wurde, dasselbe, wie für den Reisenden die Frage, welchen von zwei Wegen er gehen soll, wenn er an einen Kreuzweg kommt. Gehen muß er, und er kann nicht sagen: „Ich werde nicht überlegen; ich werde gehen, wie ich bisher gegangen bin." Bisher hat es nur einen Weg gegeben, jetzt sind es zwei geworden. Er kann nicht gehen, wie er bisher gegangen ist; er muß unbedingt einen der beiden Wege wählen.

Ganz ebenso kann man seit der Zeit, wo die Lehre Christi den Menschen bekannt wurde, nicht sagen, ich werde leben, wie ich bisher gelebt habe, ohne die Frage über das Widerstreben oder Nichtwiderstreben mit Gewalt zu lösen. Man muß unbedingt bei dem Ausbruche jedes Kampfes sich entschließen, ob man mit Gewalt widerstreben oder nicht widerstreben will dem, was man das Uebel nennt.

Die Frage über das Widerstreben oder Nichtwiderstreben ist damals entstanden, als der erste Kampf zwischen den Menschen eintrat. Jeder Kampf ist nichts anderes, als ein gewaltsames Widerstreben gegen das, was jeder von den Kämpfenden für ein Uebel hält. Nur haben die Menschen vor Christo nicht gesehen, daß das gewaltsame Widerstreben gegen das, was jeder ein Uebel nennt, nur deshalb, weil er ein Uebel nennt, was der andere für gut hält, nur eines von den Mitteln zur Lösung des Kampfes ist, und daß ein zweites Mittel darin besteht, überhaupt dem Uebel nicht mit Gewalt zu widerstreben.

Vor Christi Lehre glaubten die Menschen, es gäbe nur ein Mittel der Lösung des Kampfes, indem man dem Uebel mit Gewalt widerstrebt, und so handelten sie auch und gaben sich Mühe, jeder einzelne der Streitenden, sich und die anderen davon zu überzeugen, daß das, was er für ein Uebel hält, ein wirkliches, absolutes Uebel sei.

Daher haben auch von den ältesten Zeiten an die Menschen solche Begriffsbestimmungen des Uebels gesucht, die für alle verbindlich wären. Und für solche Begriffsbestimmungen des Uebels, die für alle verbindlich sein sollten, gab man bald die Bestimmungen der Gesetze aus, die, wie man annahm, auf übernatürliche Weise empfangen waren, bald die Befehle von Menschen oder von Vereinigungen von Menschen, denen man den Vorzug der Unfehlbarkeit zuschrieb. Die Menschen gebrauchten die Gewalt gegen die anderen Menschen und redeten sich und anderen ein, sie gebrauchten diese Gewalt gegen das von allen anerkannte Uebel.

Dieses Mittel wurde von den ältesten Zeiten an besonders von den Menschen angewendet, die die Macht ergriffen hatten, und die Menschen erkannten lange Zeit die Unvernunft dieses Mittels nicht.

Aber je länger die Menschen lebten, je komplizierter ihre Beziehungen wurden, desto augenscheinlicher wurde es, daß es unvernünftig ist, mit Gewalt dem zu widerstreben, was jeder für ein Uebel hält, daß der Kampf dadurch nicht vermindert wird und daß keinerlei menschliche

Bestimmungen bewirken können, daß das, was von den einen für ein Uebel gehalten wird, auch von den anderen dafür gehalten werde.

Schon zur Zeit des Auftretens des Christentums an dem Orte, wo es auftrat, im römischen Reich, war es für die Mehrzahl der Menschen klar, daß das, was Nero oder Caligula für ein Uebel hielten, dem man mit Gewalt widerstreben müßte, von den anderen Menschen nicht für ein Uebel gehalten werden kann. Schon damals begannen die Menschen zu begreifen, daß die menschlichen Gesetze, die man für göttliche Gesetze ausgab, von Menschen geschrieben sind, daß Menschen nicht unfehlbar sein können, mit welchem äußeren Glanz sie auch bekleidet seien, und daß irrende Menschen nicht unfehlbar werden können dadurch, daß sie sich zusammenthun und sich Senat oder sonstwie nennen. Damals schon empfanden und begriffen das viele, und damals predigte Christus seine Lehre, die nicht nur darin bestand, daß man dem Uebel nicht mit Gewalt widerstreben dürfe, sondern die Lehre von einer neuen Lebensauffassung, von der ein Teil oder, besser gesagt, deren Anwendung im gesellschaftlichen Leben, zugleich die Lehre von dem Mittel der Vernichtung des Kampfes unter allen Menschen war, nicht dadurch, daß man nur einen Teil der Menschen verpflichtete, ohne Kampf sich dem zu fügen, was ihnen von gewissen Autoritäten vorgeschrieben wird, sondern dadurch, daß es niemand, also auch denen nicht und ganz besonders denen nicht, die die Macht inne haben, gestattet sei, Gewalt zu gebrauchen gegen irgend jemand in irgend einem Falle.

Diese Lehre ward damals nur von einer ganz kleinen Zahl von Jüngern angenommen. Die Mehrzahl der Menschen aber, besonders die, die über die Menschen herrschten, fuhren auch nach der nominellen Annahme des Christentums fort, sich an die Regel des Widerstrebens gegen *das* zu halten, was ihnen ein Uebel zu sein schien. So ging es zu den Zeiten der römischen und byzantinischen Kaiser, und so währte es fort in späterer Zeit.

Die Unhaltbarkeit des Grundsatzes von der autoritativen Bestimmung dessen, was ein Uebel ist, und dem Widerstreben mit Gewalt, die schon in den ersten Jahrhunderten des Christentums klar war, wurde noch klarer, als das römische Kaiserreich in viele gleichberechtigte Staaten zerfiel, die sich untereinander anfeindeten und innere Kämpfe durchmachten.

Die Menschen aber waren nicht reif zur Annahme dieser Lösung, die Christus gegeben hatte, und das frühere Mittel der Bestimmung des Uebels, dem man widerstreben müsse, durch die Schaffung von Gesetzen, die für alle verbindlich seien und die man durch Gewalt vollstreckt, wurde fortdauernd angewandt. Die Bestimmung dessen, was man für ein Uebel halten und durch gewaltsames Widerstreben bekämpfen soll, hatte bald der

Papst, bald der Kaiser, bald der König, bald eine Versammlung Gewählter, bald das ganze Volk. Aber innerhalb wie außerhalb des Staates, gab es stets Menschen, die weder die Bestimmungen, die man für göttliche Befehle ausgab, noch die Bestimmungen der Menschen, die mit Heiligkeit bekleidet waren, noch die Institutionen, die den Willen des Volkes repräsentieren sollten, als für sich verbindlich anerkannten, und Menschen, die für gut hielten, was die bestehenden Mächte für ein Uebel hielten, und die mit eben der Gewalt, die man gegen sie anwandte, gegen die Mächte kämpften.

Die Menschen, die mit Heiligkeit bekleidet waren, hielten für ein Uebel, was die Menschen und Institutionen, die mit weltlicher Macht bekleidet waren, für gut hielten, und umgekehrt, und der Kampf wurde immer schärfer und schärfer. Und je länger sich die Menschen an eine solche Methode der Lösung des Kampfes hielten, desto klarer wurde es, daß diese Methode nichts tauge, da es eine äußere Autorität für eine Definition des Uebels, die von allen anerkannt wurde, nicht gibt und nicht geben kann.

So ging es achtzehn Jahrhunderte und so kam es, wohin es heute gekommen ist, zur vollständigen Augenscheinlichkeit dessen, daß es eine äußere, für alle verbindliche Definition des Uebels nicht gibt und nicht geben kann. Es kam dahin, daß die Menschen aufhörten, nicht nur an die Möglichkeit der Auffindung dieser gemeinsamen, für alle verbindlichen Definition zu glauben; sie hörten sogar auf, zu glauben an die Notwendigkeit, eine solche Definition aufzustellen. Es kam dahin, daß die Menschen, die die Macht inne hatten, schon aufhörten, zu beweisen, daß das, was sie für ein Uebel hielten, auch ein Uebel sei, sondern einfach sagten, sie hielten für ein Uebel, was ihnen nicht gefällt; und die Menschen, die der Macht gehorchten, gehorchten nun nicht mehr, weil sie glaubten, daß die Definition des Uebels, wie sie diese Macht gibt, richtig ist, sondern weil sie nicht anders können als gehorchen. Nicht darum ist Nizza mit Frankreich, Lothringen mit Deutschland, Böhmen mit Oesterreich vereinigt worden, nicht darum ist Polen geteilt worden, nicht darum ist Irland und Indien der englischen Herrschaft unterworfen worden, nicht darum wird der Krieg mit China geführt, nicht darum werden die Afrikaner getötet, nicht darum weisen die Amerikaner die Chinesen aus ihrem Lande und bedrücken die Russen die Juden, nicht darum nutzen die Grundbesitzer den Boden aus, den sie nicht bearbeiten, und die Kapitalisten die Erzeugnisse der Arbeit anderer, weil das für die Menschen gut, nötig und nützlich, und weil das Gegenteil davon ein Uebel ist, sondern nur, weil die Menschen, die die Macht inne haben, wollen, daß es so sei. Es entwickelte sich das, was jetzt besteht: die einen Menschen üben Gewalt aus, nicht mehr, um dem Uebel entgegenzuwirken, sondern um ihres Vorteils oder ihrer Laune willen, und die anderen Menschen fügen sich der Gewalt, nicht weil sie glauben, wie man das früher annahm, daß die Gewalt über sie ausgeübt wird, um sie von dem Uebel zu befreien und zu ihrem Besten, sondern nur, weil sie sich von der Gewalt nicht freimachen können.

Wenn der Römer, der Mensch des Mittelalters, unser Russe, wie ich ihn vor fünfzig Jahren kannte, unzweifelhaft davon überzeugt war, daß die Gewalt der Macht, die über ihn ausgeübt wird, unbedingt notwendig sei, um ihn gegen Uebel zu schützen, daß Steuern, Zölle, Leibeigenschaft, Gefängnisse, Peitsche, Knute, Folter, Hinrichtung, Soldatentum, Krieg sein müssen – so findet man doch heute schon selten einen Menschen, der nicht nur nicht glaubt, daß all die Gewaltthaten irgend jemand von irgend einem Uebel befreien, sondern der nicht deutlich einsähe, daß die Mehrzahl dieser Gewaltthaten, denen er unterliegt, und an denen er zum Teil mitwirkt, an sich das größte und schlimmste Uebel sind.

Es gibt heute keinen Menschen, der nicht nur das Unnützliche, sondern auch das Thörichte der Eintreibung von Steuern von dem arbeitenden Volke zur Bereicherung müßiger Beamten einsehen oder die Sinnlosigkeit der Verhängung von Strafen über entartete und schwache Menschen in der Gestalt der Einschließung ins Gefängnis, wo sie in Sicherheit und Müßigkeit leben und nur immer mehr entarten und schwach werden. Oder nicht nur die Unnützlichkeit und Thorheit, sondern geradezu die Vernunftlosigkeit der Kriegsvorbereitungen und der Kriege, die ein Volk zerrütten und zu Grunde richten, und die sich durch nichts erklären lassen; und doch dauern diese Gewaltthaten fort und werden sogar von eben den Menschen aufrecht erhalten, die ihre Unnützlichkeit, ihre Thorheit, ihre Grausamkeit sehen und unter ihnen leiden.

Wenn vor fünfzig Jahren der reiche und müßige und der arbeitende, unwissende Mensch beide gleich überzeugt waren, daß ihre Lage des ewigen Feiertags für die einen und der ewigen Arbeit für die anderen von Gott selbst bestimmt war, so findet man heute nicht nur in Europa, sondern auch in Rußland, dank der Hinundherbewegung der Bevölkerung, der Ausbreitung der Bildung, unter Reichen und Armen kaum einen Menschen, in den nicht von einer oder anderer Seite der Zweifel an der Gerechtigkeit einer solchen Ordnung hineingetragen worden wäre. Nicht nur die Reichen wissen, daß sie allein dadurch, daß sie reich sind, eine Schuld tragen, und bemühen sich, wie sie früher ihre Sünde durch Opfer für die Kirche sühnten, sie durch Opfer für die Wissenschaft und Kunst zu sühnen, sondern auch die größere Hälfte des arbeitenden Volkes erkennt heute die bestehende

Ordnung geradezu für lügenhaft und der Vernichtung oder Veränderung bedürftig an. Die einen, die religiösen Menschen, von denen es bei uns in Rußland Millionen gibt, die sogenannten Sektierer, erkennen sie für lügenhaft an auf Grund sozialistischer, kommunistischer, anarchistischer Theorien, die heute schon in die tiefsten Schichten des arbeitenden Volkes eingedrungen sind.

Die Gewalt hält sich heute nicht mehr dadurch, daß sie für notwendig angesehen wird, sondern nur dadurch, daß sie von alters her besteht und von den Leuten, denen sie Vorteil bringt, das heißt von den Regierungen und den herrschenden Klassen, so organisiert ist, daß die Menschen, die sich unter ihrer Macht befinden, sich ihr nicht entwinden können.

Die Regierungen – alle Regierungen, die despotischen wie die liberalen – sind in unserer Zeit zu dem geworden, was Herzen so treffend einen Dschingis-Khan mit Telegraphen nennt, das heißt Organisationen der Gewalt, die lediglich auf der gröbsten Willkür beruhen und gleichzeitig sich all der Mittel bedienen, die die Wissenschaft zu einer gemeinsamen, gesellschaftlichen, friedlichen Thätigkeit freier und gleichberechtigter Menschen hervorgebracht hat, und die sie zur Knechtung und Bedrückung der Menschen anwenden.

Die Regierungen und die herrschenden Klassen stützen sich jetzt nicht auf das Recht, ja nicht einmal auf den Schein der Gerechtigkeit, sondern auf eine mit Hilfe der wissenschaftlichen Fortschritte geschaffene, höchst künstliche Organisation, bei der alle Menschen in einen Kreis von Gewalt gebannt sind, aus dem sie sich nicht befreien können. Dieser Kreis besteht gegenwärtig aus vier Mitteln der Einwirkungen auf den Menschen. Diese Mittel sind miteinander eng verbunden und stützen eines das andere wie die Glieder einer Kette.

Das erste, älteste Mittel ist das Mittel der Einschüchterung. Das Mittel besteht darin, die bestehende Staatsordnung (wie sie auch immer sei, eine freie republikanische oder auch die gröbste despotische) als etwas Heiliges und Unveränderliches hinzustellen und daher jeden Versuch, sie zu verändern, mit den furchtbarsten Strafen zu belegen.

Dieses Mittel ist früher angewendet worden und wird auch heute noch unverändert überall da angewendet, wo es Regierungen gibt: in Rußland gegen die sogenannten Nihilisten, in Amerika gegen die Anarchisten, in Frankreich gegen die Imperialisten, Monarchisten, Communards und Anarchisten.

Eisenbahnen, Telegraphen, Telephone, die Photographie und die vervollkommnete Methode, Menschen zu töten, auf immer in die Einsamkeit des Gefängnisses zu verstoßen, wo sie vor Menschen verborgen zu Grunde gehen und vergessen werden, und viele andere neue Erfindungen, die mehr als alle anderen von den Regierungen ausgenützt werden, geben ihnen eine solche Kraft, daß – ist erst einmal die Macht in bestimmte Hände gekommen und arbeiten die offene und geheime Polizei, die Verwaltung und aller Art Staatsanwälte, Gefängniswärter und Henker pflichteifrig – keine Möglichkeit vorhanden ist, die Regierung zu stürzen, sei sie auch noch so unvernünftig und grausam.

Das zweite Mittel ist das Mittel der Bestechung. Es besteht darin, dem arbeitenden Volke durch Geldsteuern seine Reichtümer zu nehmen und diese Reichtümer unter die Beamten zu verteilen, die für diese Entschädigung verpflichtet sind, die Knechtung des Volkes aufrecht zu erhalten und zu verstärken.

Diese bestochenen Beamten, von den höchsten Ministern bis herab zu den niedrigsten Schreibern, bilden ein unzerreißbares Netz von Menschen, die durch ein und dasselbe Interesse verbunden sind, durch das Interesse, von der Arbeit des Volkes zu leben und sie bereichern sich um so mehr, je gehorsamer sie den Willen der Regierungen erfüllen, stets und überall, vor keinem Mittel zurückscheuen, in allen Zweigen der Thätigkeit durch Wort und That die Regierungsgewalt ausüben, auf der auch ihr Wohlstand beruht.

Das dritte Mittel ist, was ich am besten durch Hypnotisierung des Volkes bezeichne. Das Mittel besteht darin, die geistige Entwicklung der Menschen zu hemmen und durch verschiedene Suggestionen, sie in der von der Menschheit bereits durchlebten Lebensauffassung zu erhalten, auf der die Macht der Regierungen sich aufbaut. Diese Hypnotisierung ist im gegenwärtigen Augenblick auf die komplizierteste Weise organisiert; sie beginnt ihre Einwirkung im Kindesalter und läßt sie fortdauern bis an den Tod. Diese Hypnotisierung beginnt von der frühesten Jugend in den absichtlich dazu eingerichteten Pflichtschulen, wo man den Kindern Weltanschauungen beibringt, die ihren Vorfahren eigen waren und die der gegenwärtigen Erkenntnis der Menschheit schnurstracks widersprechen. In Ländern, die eine Staatsreligion haben, bringt man den Kindern die unsinnigen Lästerungen der kirchlichen Katechismen bei und zeigt ihnen die Notwendigkeit, den Behörden zu gehorchen. In den republikanischen Staaten lehrt man sie den groben Aberglauben des Patriotismus und dieselbe vermeintliche Verpflichtung zum Gehorsam gegen die Regierung.

In den späteren Jahren dauert die Einwirkung der Hypnose auf die Menschen fort durch die Beförderung des Aberglaubens der Religion und des Patriotismus.

Der Aberglaube der Religionen wird gefördert durch den Bau von Kirchen, durch die Abhaltung von Prozessionen, durch die Aufrichtung von Denkmälern, durch die Feier von Festen für die von dem Volk gesammelten Mittel mit Hilfe der Malerei, der Baukunst, der Musik, mit Hilfe von Wohlgerüchen, die das Volk betäuben, und ganz besonders durch die Unterhaltung der sogenannten Geistlichkeit, deren Pflicht darin besteht, durch ihre Ermahnungen, durch das Pathos der Liturgie, der Predigten, durch ihre Einmischung in das Privatleben der Menschen – bei Geburten, Eheschließungen, Todesfällen – die Menschen zu benebeln und sie in einem ununterbrochenen Zustand der Betäubung zu erhalten. Der Aberglaube des Patriotismus wird dadurch gefördert, daß die Regierungen und die herrschenden Klassen für die von dem Volke gesammelten Mittel allerlei Festlichkeiten, Schauspiele, Denkmäler, Feiern schaffen, die das Volk zur Anerkennung der ausschließlichen Bedeutung ihres Volkes, zu der Größe ihres Staates und seiner Herrscher und zum Mißwollen, ja zum Haß gegen andere Völker geneigt machen. Dabei wird von despotischen Regierungen der Druck und die Verbreitung von Büchern und die Abhaltung von Reden, die das Volk aufklären könnten, geradezu verboten, und alle Menschen, die das Volk aus seinem Schlaf erwecken könnten, werden in die Verbannung geschickt oder in das Gefängnis geworfen; außerdem wird von allen Regierungen ohne Ausnahme, vor dem Volke alles verborgen, was es befreien könnte, und alles gefördert, was zu seiner Entartung beiträgt, wie: das Schrifttum, das die Nation in der Rohheit eines religiösen und patriotischen Aberglaubens erhält, jegliche sinnliche Unterhaltung, Schaustellungen, Zirkusspiele, Theater, ja sogar alle physischen Mittel der Betäubung wie: Tabak, Branntwein, die die Haupteinnahme der Staaten bilden. Auch die Prostitution wird gefördert, die von der Mehrzahl der Regierungen nicht nur anerkannt, sondern organisiert ist. Das ist das dritte Mittel.

Das vierte Mittel besteht darin, mit Hilfe der drei vorher genannten Mittel aus der Zahl aller auf diese Weise in einen bestimmten Kreis gebannten und betäubten Menschen noch einen gewissen Teil auszuscheiden, um diese Menschen besonderen, gesteigerten Methoden der Betäubung und Vertierung zu unterwerfen, aus ihnen willenlose Werkzeuge aller der Grausamkeiten und Rohheiten zu machen, die der Regierung belieben. Diese Betäubung und Vertierung wird dadurch erreicht, daß man diese Menschen in dem jugendlichen Alter, in dem noch keine klaren Begriffe von Sittlichkeit sich in ihnen ausgebildet haben, von allen natürlichen menschlichen Vorbedingungen des Lebens: dem Hause, der Familie, der Heimat, der vernünftigen Arbeit loslöst, sie in Kasernen zusammenpfercht, sie in eine besondere Kleidung steckt und sie unter dem Eindruck von Rufen, Trommeln, Musik, glänzenden Gegenständen täglich zwingt, bestimmte zu diesem Zweck ersonnene Bewegungen zu machen und sie durch diese Mittel in einen solchen Zustand der Hypnose bringt, daß sie aufhören, Menschen zu sein, und gedankenlose, gehorsame Werkzeuge in der Hand des Hypnotiseurs werden. Diese Hypnotisierung physisch kräftiger junger Männer (jetzt, bei der allgemeinen Wehrpflicht, aller jungen Männer), ausgerüstet mit Mordwerkzeugen, stets gehorsam der Macht der Regierungen und auf ihren Befehl zu jeder Gewaltthat bereit, bilden das vierte und wesentlichste Mittel der Knechtung der Menschen.

Mit diesem Mittel ist der Kreis der Gewalt abgeschlossen.

Einschüchterung, Bestechung, Hypnose bringen die Menschen dazu, daß sie zu den Soldaten gehen. Die Soldaten wiederum geben die Macht und die Möglichkeit, über die Menschen Strafen zu verhängen, sie auszubeuten (indem man zugleich für ihr Geld die Beamten besticht), sie zu hypnotisieren und sie zu eben den Soldaten anzuwerben, welche die Macht geben, all dies zu thun.

Der Kreis ist geschlossen, und es giebt keine Möglichkeit, sich mit Gewalt aus ihm herauszureißen.

Wenn Menschen behaupten, die Befreiung von der Gewalt oder wenigstens ihre Abschwächung könne sich dadurch vollziehen, daß die bedrückten Menschen durch Kraft die bedrückende Regierung abschütteln, sie durch eine neue ersetzen, durch eine solche, bei der eine derartige Vergewaltigung und Knechtung der Menschen nicht mehr nötig sein wird, und manche Menschen dies zu thun versuchen, so täuschen diese Menschen nur sich und andere; damit verbessern sie nicht, damit verschlechtern sie die Lage der Menschen. Die Thätigkeit dieser Menschen steigert nur den Despotismus der Regierungen. Die Versuche, diese Menschen zu befreien, geben den Regierungen nur den willkommenen Vorwand zur Verstärkung ihrer Macht und rufen ihre Verstärkung hervor.

Wollte man selbst zugeben, daß infolge besonderer für die Regierungen ungünstiger Umstände, wie zum Beispiel in Frankreich im Jahre 1870, irgend eine Regierung gewaltsam gestürzt wäre und die Macht in andere Hände überginge, so wäre doch diese neue Macht in keinem Falle weniger bedrückend als die frühere; sie wird vielmehr stets, um sich gegen alle wütenden, gestürzten Feinde zu verteidigen, noch despotischer und grausamer sein als die frühere, wie es auch wirklich bei allen Revolutionen gewesen ist.

Halten die Sozialisten und Kommunisten die individuelle kapitalistische Ordnung der Gesellschaft für ein Uebel, so halten die Anarchisten die Regierungen selbst für ein Uebel, das heißt, die Monarchisten, Konservativen, Kapitalisten, die die sozialistische Ordnung und die Anarchie für ein Uebel halten; und alle diese Parteien haben kein anderes Mittel, die Menschen zu einigen, als die Gewalt. Welche von diesen Parteien auch siegte, um ihre Ordnung in das Leben einzuführen und um ihre Macht zu erhalten, müßte sie nicht nur alle bestehenden Mittel der Gewalt anwenden, sondern noch neue finden.

Geknechtet werden andere Menschen sein, und man wird die Menschen zu anderen Dingen zwingen, aber es wird nicht bloß dieselbe, es wird eine grausamere Gewalt und Knechtung sein, denn infolge des Kampfes wird der Hass der Menschen gegen einander wachsen, mit ihm werden die Mittel der Knechtung stärker werden und sich neue entwickeln. So war es auch nach allen Revolutionen, nach allen Versuchen zu einer Empörung, nach allen Verschwörungen, nach allen gewaltsamen Veränderungen der Regierungen. Jeder Kampf verstärkt die Mittel der Knechtung *der* Menschen, die sich im gegebenen Augenblick in der Macht befinden.

Die Lage der Menschen unserer christlichen Welt und besonders ihre verbreitetsten Ideale beweisen dies mit überraschender Ueberzeugungskraft.

Es ist jetzt nur ein Gebiet menschlicher Wirksamkeit übrig, das nicht von der Regierungsgewalt erobert ist – das Gebiet der Familie, der Wirtschaft, das Gebiet des Privatlebens und der Arbeit. Und dieses Gebiet wird jetzt, dank den Kämpfen der Kommunisten und Sozialisten, allmählich schon von den Regierungen verändert, so daß Arbeit und Ruhe, Wohnung, Kleidung und Speise der Menschen, wenn nur die Wünsche der Reformatoren in Erfüllung gehen, allmählich von den Regierungen bestimmt und geordnet werden wird.

Der ganz lange achtzehnhundertjährige Lebensgang der christlichen Völker hat sie unvermeidlich wieder zu der von ihnen umgangenen Notwendigkeit der Lösung der Frage geführt, ob sie die Lehre Christi und die aus ihr für das Gemeinschaftsleben entspringende Lösung der Frage über das Widerstreben und Nicht-Widerstreben annehmen wollen oder nicht; mit dem Unterschied jedoch, daß die Menschen früher die vom Christentum gegebene Lösung annehmen oder nicht annehmen konnten, diese Lösung jetzt aber unvermeidlich geworden ist, weil sie allein sie aus der

Knechtschaft befreit, in der sie sich selbst wie in einem Netz verstrickt haben.

Aber nicht bloß die Notlage der Menschen bringt sie zu dieser Notwendigkeit.

Neben dem negativen Beweis der Lügenhaftigkeit der heidnischen Ordnung ging auch der positive Beweis der Wahrhaftigkeit der christlichen Lehre einher.

Nicht umsonst haben im Verlaufe von achtzehn Jahrhunderten, die besten Männer der gesamten christlichen Menschheit, nachdem sie auf dem inneren geistigen Wege die Wahrheiten der Lehre erkannt haben, vor den Menschen Zeugnis für sie abgelegt, ungeachtet aller Drohungen, Freiheitsberaubungen, aller Not und Qual. Die besten Menschen haben durch ihr Martyrium die Wahrheit der Lehre besiegelt und sie den Massen überliefert.

Das Christentum ist in das Bewußtsein der Menschen nicht bloß auf dem negativen Wege des Beweises der Unmöglichkeit einer Fortführung des heidnischen Lebens eingedrungen, sondern auch durch seine Vereinfachung, Klärung und Befreiung von dem Aberglauben, der sich ihm beigemengt hatte, und durch die Verbreitung unter allen Schichten des Volkes.

Die achtzehn Jahrhunderte der Bekennung des Christentums sind nicht vergeblich für die Menschen vorübergegangen, die es, wenn auch nur auf äußere Weise, angenommen hatten. Diese achtzehn Jahrhunderte haben dahin geführt, daß die Menschen, während sie fortfahren, ihr heidnisches Leben zu leben, das dem Lebensalter der Menschheit nicht entspricht, nicht nur die ganze Notlage des Zustandes schon deutlich sehen, in dem sie sich befinden, sondern im tiefsten Herzen glauben (sie leben auch nur, weil sie das glauben), daß die Erlösung aus diesem Zustande nur in der Erfüllung der christlichen Lehre in ihrer wahren Bedeutung liegt. Wie und wann diese Erlösung sich vollziehen wird, darüber denken alle Menschen verschieden, je nach ihrer geistigen Entwicklung und nach dem gewohnten Vorurteil ihres Kreises. Aber jeder Mensch unserer Sphäre erkennt an, daß unsere Erlösung in der Erfüllung der christlichen Lehre liegt. Die einen, die Gläubigen, die die christliche Lehre als göttlich anerkennen, meinen, diese Erlösung würde erfolgen, wenn alle Menschen an Christum glauben werden und seine zweite Ankunft herannaht. Andere, die ebenfalls die Göttlichkeit der Lehre Christi anerkennen, meinen, diese Erlösung würde durch die Kirche kommen, die alle Menschen gewonnen, die in ihnen die christlichen Tugenden erzogen hat und die ihr Leben umgestalten wird. Die dritten, die Christus nicht als Gott anerkennen, meinen, die Erlösung der Menschen würde durch einen langsamen, allmählichen Fortschritt vor sich gehen, bei dem die Grundlagen des heidnischen Lebens allmählich den Grundlagen der Freiheit, der Gleichheit, der Brüderlichkeit, das heißt, den christlichen Grundlagen weichen werden. Die vierten, die eine gesellschaftliche Umgestaltung prophezeien, meinen, diese Erlösung würde dann erfolgen, wenn mit Hilfe eines gewaltsamen Umsturzes die Menschen zur Gemeinsamkeit des Eigentums, zur Abschaffung der Regierungen, zur kollektivistischen nicht individuellen Arbeit gezwungen sein würden, das heißt zur Verwirklichung einer Seite der christlichen Lehre. So oder so leugnen alle Menschen unserer Zeit in ihrem Bewußtsein nicht nur die bestehende, überlebte heidnische Ordnung unseres Lebens, sondern erkennen auch an, oft ohne es selbst zu wissen, und in dem Glauben, Feinde des Christentums zu sein, daß unsere Erlösung nur in der Anwendung der christlichen Lehre oder eines ihrer Teile in ihrer wahren Bedeutung auf das Leben liege.

Das Christentum konnte, wie auch sein Meister gesagt hat, für die Mehrzahl der Menschen, sich nicht sofort verwirklichen, es mußte wie ein ungeheurer Baum aus einem kleinen Keim hervorwachsen, und so wuchs es und steht, wenn auch nicht in der Wirklichkeit, so doch in dem Bewußtsein der Menschen unserer Zeit da.

Heute erkennt nicht bloß die Minderheit der Menschen, die stets das Christentum auf innerliche Weise aufgefaßt hat, es in seiner wahren Bedeutung an, sondern jene ganze große Mehrzahl der Menschen, die nach ihrem gesellschaftlichen Leben dem Christentum so fern zu stehen scheinen.

Betrachtet das Privatleben der einzelnen Menschen, lauschet auf die Beurteilung von Handlungen, die die Menschen über einander fällen, höret nicht nur die öffentlichen Predigten und Reden an, sondern die Unterweisungen, die Eltern und Erzieher ihren Zöglingen geben, und ihr werdet sehen, – soweit auch das staatliche, gesellschaftliche, an die Gewalt geknüpfte Leben der Menschen von der Verwirklichung der christlichen Lehren im Privatleben entfernt ist, – als gut werden von allen und für alle ohne Ausnahme und unstreitig nur die christlichen Tugenden angesehen, als schlecht von allen und für alle ohne Ausnahme und unstreitig die christlichen Laster. Als die besten Menschen werden die angesehen, die voll Entsagung ihr Leben dem Dienste der Menschheit weihen und sich für andere opfern; als die schlechtesten werden die angesehen, die voll Ichsucht zu ihrem persönlichen Vorteile die Not der Menschen ausbeuten.

Wenn noch einige vom Christentum unberührte Menschen unchristliche Ideale anerkennen: Kraft, Tapferkeit, Reichtum, so sind das Ideale, die ableben und nicht von allen geteilt werden, und die von den Menschen nicht für die besseren gehalten werden. Ideale, die von allen geteilt werden, die stets für alle als verbindlich anerkannt werden, giebt es außer den christlichen nicht.

Die Lage unserer christlichen Menschheit ist, wenn man sie von außen betrachtet, mit ihrer Grausamkeit und ihrer Knechtung der Menschen wirklich entsetzlich. Wenn man sie aber von der Seite der inneren Ueberzeugung betrachtet, bietet sie ein durchaus anderes Schauspiel.

Alles Uebel unseres Lebens besteht gleichsam nur, weil es von alters her geübt wurde, und die Menschen, die es üben, noch nicht Zeit gefunden haben, noch nicht gelernt haben, anders zu handeln. Sie alle aber haben den Wunsch, anders zu handeln.

Alles Uebel besteht aus einer anderen, gewissermaßen von dem Bewußtsein der Menschen unabhängigen Ursache.

So seltsam und so widerspruchsvoll es erscheinen mag, alle Menschen unserer Zeit hassen die Ordnung der Dinge, die sie selbst aufrecht erhalten.

Max Müller, glaube ich, erzählt von der Verwunderung eines zum Christentum übergetretenen Indiers. Er hatte sich den wesentlichen Inhalt der christlichen Lehre angeeignet, kam nach Europa und sah das Leben der Christen. Dieser Mensch konnte gar nicht zur Ruhe kommen vor Verwunderung über die Wirklichkeit, die durchaus im Widerspruch war mit der, die er unter den christlichen Völkern zu finden erwartet hatte. Wenn wir uns nicht verwundern über den Widerspruch zwischen unserem Glauben, unseren Ueberzeugungen und unseren Handlungen, so kommt das nur daher, daß die Einflüsse, die diesen Widerspruch den Menschen verbergen, auch auf uns einwirken. Man braucht nur unser Leben von dem Gesichtspunkt dieses Indiers zu betrachten, der das Christentum in seinem wahren Sinne aufgefasst hatte ohne alle Zugeständnisse, ohne Anpassung, ohne die rohen Grausamkeiten, von denen unser Leben voll ist, um vor den Widersprüchen zu schaudern, die uns rings umgeben, oft ohne daß wir sie bemerken.

Man braucht nur an die Kriegsvorbereitungen, an die Kartätschen, an die Kanonenkugeln, an die Torpedos und an – das Rote Kreuz zu denken, an den Bau von Gefängnissen mit Einzelzellen, an die Erfahrungen der elektrischen Hinrichtungen und – die Bemühungen der Wohlfahrt der Gefangenen; an die philanthropische Thätigkeit der Reichen und an ihr Leben, das die Armen erzeugt, denen sie ihre Wohlthaten angedeihen lassen.

Und diese Widersprüche kommen nicht, wie es scheinen könnte, daher, daß die Menschen Christen zu sein heucheln, während sie Heiden sind, sondern im Gegenteil daher, daß den Menschen etwas fehlt, oder daß es eine Kraft giebt, die sie verhindert, das zu sein, was sie in ihrem Bewußtsein zu sein glauben und was sie wirklich sein wollen. Die Menschen unserer Zeit heucheln nicht, wenn sie sagen, sie hassen die Bedrückung, die Ungleichheit, die Klasseneinteilung der Menschen und jegliche Grausamkeit nicht nur gegen Menschen, sondern auch gegen Tiere, sie hassen wirklich all dies, sie wissen bloß nicht, wie sie es aus der Welt schaffen können, oder sie können sich nicht entschließen, sich von dem zu trennen, was all dies aufrecht erhält und ihnen unentbehrlich erscheint.

In der That, fraget jeden Menschen unserer Zeit einzeln, ob er es nicht etwa als lobenswert, sondern nur eines Menschen unserer Zeit für würdig hält, sich damit zu beschäftigen, gegen Empfang eines für seine Mühe unverhältnismäßigen Gehalts von dem Volk, von dem häufig bettelarmen Volk, Steuern zu erheben, um für dieses Geld Kanonen, Torpedos und Mordwerkzeuge für die Menschen herzustellen, mit denen wir in Frieden zu leben wünschen und die dasselbe wollen in Bezug auf uns; oder sich damit zu beschäftigen, wiederum für Gehalt sein ganzes Leben der Herstellung dieser Mordwerkzeuge zu widmen oder sich selbst auf diesen Mord vorzubereiten und andere Menschen darauf vorzubereiten. Und fraget, ob es löblich, ob es eines Menschen würdig ist, ob es eines Christen angemessen ist, sich damit zu beschäftigen, um wiederum unglückliche, verirrte, meist gänzlich unwissende, betrunkene Menschen einzufangen, weil sie sich fremdes Eigentum in viel geringerem Maße aneignen, als wir uns aneignen, und Menschen töten, nicht wie wir gewohnt sind, das zu thun, und sie dafür ins Gefängnis zu werfen, zu quälen und zu töten? Und ist es löblich, ist es eines Menschen und Christen würdig, wiederum für Geld, dem Volke anstatt des Christentums mit Bewußtsein törichten und schädlichen Aberglauben zu predigen? Und ist es löblich, ist es eines Menschen würdig, dem Nächsten zu eigener Lust zu nehmen, was ihm zur Befriedigung der notwendigsten Bedürfnisse unentbehrlich ist, wie dies die großen Grundbesitzer thun, oder ihn, zur Vergrößerung der eigenen Reichtümer zu zwingen, eine seine Kräfte übersteigende, sein Leben vernichtende Arbeit zu leisten, wie dies die Unternehmer, die Fabrikanten thun; oder die Not der Menschen auszunützen zur Vergrößerung der eigenen Reichtümer, wie es die Kaufleute thun? Und jeder einzelne, besonders wenn der eine vom anderen sprechen wird, wird die Antwort geben – nein; und doch geht derselbe Mensch, der die ganze Scheußlichkeit dieser Handlungen einsieht, von niemandem gezwungen, bisweilen sogar ohne den Geldvorteil des Gehalts, aus kindischer Eitelkeit, gelockt von einem Firlefanz, von einem Bändchen, von einem Hosenstreifen, den man ihm zu tragen gestattet, von selbst und freiwillig in den Kriegsdienst, wird Untersuchungsrichter, Friedensrichter, Minister, Kommissar, Erzpriester, Diakon, übernimmt Aemter, die ihn nötigen, all die Dinge zu thun, deren Erbärmlichkeit und Scheußlichkeit er kennen muß.

Ich weiß, viele von diesen Menschen werden mit Stolz behaupten, sie halten ihre Stellung nicht nur für berechtigt, sondern für nötig; sie werden zu ihrer Verteidigung anführen, die Gewalt sei von Gott, die Staatsämter seien für das Wohl der Menschheit notwendig, der Reichtum widerspreche nicht dem Christentum, der reiche Jüngling solle, nach dem Evangelium, seinen Besitz nur abgeben, wenn er vollkommen sein wolle; die jetzige Verteilung der Reichtümer und der Handel müßten so sein wie sie sind, und seien für alle vorteilhaft und so weiter. Aber so sehr sich auch alle diese Menschen Mühe geben, sich und andere zu täuschen, sie wissen, das, was sie thun, steht in vollstem Gegensatz zu dem, was sie glauben, um dessentwillen sie leben; und in der Tiefe ihres Herzens, wenn sie mit ihrem Gewissen allein sind, bereitet es ihnen Scham und Schmerz, an das zu denken, was sie thun, besonders, wenn ihnen die Scheußlichkeit ihrer Handlungen gezeigt worden ist. Der Mensch unserer Zeit, er bekenne die Göttlichkeit Christi oder nicht, muß wissen, daß, wenn er in seiner Eigenschaft als Fürst, als Minister, als Statthalter, als Aufseher daran teilnimmt, die letzte Kuh einer armen Familie zu verkaufen, um die Steuer zu erhalten, die für Kanonen oder Gehälter oder Pensionen an die schwelgenden Müßiggänger und schädlichen Beamten gezahlt wird; oder wenn er daran teilnimmt, den Ernährer einer Familie ins Gefängnis zu werfen, weil wir selbst ihn zur Entartung geführt haben, und seine Familie betteln gehen zu lassen.; oder wenn er teilnimmt an den Räubereien und Mordthaten der Kriege oder an der Ausbreitung von götzendienerischem Aberglauben anstatt des Gesetzes Christi; oder daran, eine auf sein Grundstück verirrte Kuh eines Menschen, der kein Grundstück hat, fortzujagen; oder von einem Menschen, der in einer Fabrik arbeitet, für einen zufällig zerstörten Gegenstand Bezahlung zu nehmen; oder das Doppelte zu nehmen für einem Gegenstand von einem armen Menschen, nur weil er in äußerster Not ist; jeder Mensch unserer Zeit muß wissen, daß alle diese Dinge – scheußlich, schmachvoll sind, und daß er sie nicht thun darf. Und alle wissen das. Alle wissen, daß das, was sie tun, schlecht ist, und um nichts in der Welt würden sie es thun, wenn sie den Kräften widerstehen könnten, die ihre Augen für das Verbrecherische ihrer Thaten blind machen und sie zu ihrer Ausübung zwingen.

An nichts ist der Grad des Widerspruchs, den das Leben der Menschen unserer Zeit erreicht hat, so überraschend sichtbar wie an der Erscheinung, die das Aeußerste und das Mittel und den Ausdruck der Gewalt bildet, wie an der allgemeinen Wehrpflicht.

Wir sehen doch nur deshalb, weil der Zustand der allgemeinen Bewaffnung und Wehrpflicht so unmerklich Schritt für Schritt vorwärts gedrungen ist, und weil zu seiner Aufrechterhaltung die Regierungen alle Mittel der Einschüchterung, der Bestechung, der Betäubung, der Vergewaltigung anwenden, die in ihrer Macht sind – wir sehen doch nur deshalb den schreienden Widerspruch dieses Zustandes mit den christlichen Empfindungen und Gedanken nicht, von denen wirklich alle Menschen unserer Zeit durchdrungen sind.

Dieser Widerspruch ist uns so zur Gewohnheit geworden, daß wir die ganze entsetzliche Sinnlosigkeit und Unsittlichkeit der Handlungen, nicht bloß der Menschen, die aus eigenem Antriebe den Beruf des Totschlages wählen, wie etwas Ehernvolles, sondern auch der Unglücklichen, die sich bereit finden, die Wehrpflicht zu erfüllen, oder auch nur der, die in Ländern, wo die Wehrpflicht nicht eingeführt ist, freiwillig ihre Mühen zur Anwerbung von Soldaten und zu Vorbereitungen zum Morde hingeben, gar nicht mehr sehen. Alle diese Menschen sind ja doch Christen oder Menschen, die sich zur Humanität und zum Liberalismus bekennen, sie wissen doch, wenn sie diese Handlungen begehen, daß sie Teilnehmer an der persönlichen Wehrpflicht, Vollzieher der sinnlosesten, zwecklosesten, grausamsten Mordthaten werden, und trotz alledem vollziehen sie sie.

Aber mehr noch! In Deutschland, in dem Lande, daß die allgemeine Wehrpflicht geschaffen hat, hat Caprivi ausgesprochen, was man bis dahin sorgfältig verschwiegen hatte, daß die Menschen, die zu töten sein werden, nicht bloß Ausländer, sondern Einheimische sind, eben die Arbeiter, aus denen die Mehrzahl der Soldaten genommen wird. Und selbst dieses Geständnis hat den Menschen die Augen nicht geöffnet, hat nicht ihr Entsetzen hervorgerufen. Und sie gehen nach wie vor zur Gestellung und unterwerfen sich alledem, was von ihnen gefordert wird.

Ja, mehr noch: jüngst hat der deutsche Kaiser noch genauer die Bedeutung und den Beruf des Kriegers erläutert, nachdem er einen Soldaten ausgezeichnet und belohnt, und nachdem er ihm den Dank dafür ausgesprochen hat, daß er einen wehrlosen Gefangenen niedergeschossen hat, der einen Fluchtversuch gemacht hatte.[2] –

Alle jungen Männer von ganz Europa werden Jahr für Jahr dieser Prüfung unterworfen, und mit wenigen Ausnahmen sagen sich alle von allem los, was für den Menschen heilig ist und sein kann. Alle erklären sich bereit, ihre Brüder, ja ihre Väter auf Befehl des ersten verirrten Menschen zu töten, der in einer bunten Uniform steckt, und fragen nur, wie und wann sie ihn töten sollen. Aber sie sind bereit dazu .

Jeder Wilde hat etwas Heiliges, für das er zu leiden bereit ist, für das er sich opfert. Wo aber ist dieses Heilige bei den Menschen unserer Zeit?

Man sagt zu ihm: „Komm zu mir in die Knechtschaft, in eine Knechtschaft, in der du vielleicht sogar deinen leiblichen Vater töten mußt", und er, oft ein sehr gelehrter Mann, der alle Wissenschaften an der Universität durchgemacht hat, beugt stumm seinen Nacken unter das Joch. Man steckt ihn in ein Narrenkleid, man heißt ihn springen, den Körper verrenken, grüßen, töten – er thut gehorsam alles. Und wenn man ihn freiläßt, kehrt er munter in das frühere Leben zurück und hält weiter Reden über Menschenwürde, Freiheit, Gleichheit und Brüderlichkeit.

„Ja, was sollen wir aber thun?" fragen oft mit aufrichtiger Verwunderung die Menschen, „wenn alle sich weigerten, dann ginge es. Aber ich allein würde nur leiden und niemand den geringsten Nutzen bringen."

Gewiß, der Mensch der gesellschaftlichen Lebensauffassung kann sich nicht weigern. Der Sinn seines Lebens ist die Wohlfahrt seiner Persönlichkeit. Für seine Person ist es ihm besser, sich zu fügen, und er fügt sich.

Was man auch mit ihm vornähme, wie man ihn auch peinigte, wie man ihn auch erniedrigte, er wird sich demütigen, weil er allein nichts erreichen kann. Er hat nicht die Grundlage, die ihm die Kraft giebt, allein der Gewalt Widerstand zu leisten, und sich mit anderen zu vereinigen gestatten ihm die, die ihn lenken, nie. Man sagt oft, die Erfindung der schrecklichen Kriegs- und Mordwerkzeuge wird dem Kriege das Ende bereiten. Der Krieg wird sich selbst vernichten. Das ist nicht wahr. Wie man die Mittel, die Menschen auszurotten, vergrößern kann, so kann man auch die Mittel vergrößern, die die Menschen der gesellschaftlichen Lebensauffassung zum Gehorsam zwingen. Man schlage sie zu Tausenden, Millionen, man zerreiße sie in Stücke, sie werden doch wie vernunftloses Vieh zur Schlachtbank gehen.

2 Hier ist ein Stück des Textes fortgelassen. Wir würden, wenn wir es wiedergeben wollten, in Widerstreit geraten mit dem herrschenden Gesetz. Anm. d. Uebers.

Die einen, weil man sie mit Peitschen treibt, die anderen, weil man ihnen dafür gestattet, Bändchen und Hosenstreifen zu tragen, und werden sich damit sogar noch brüsten. Und mit dieser Gesellschaft von Menschen, die so betäubt sind, daß sie versprechen, ihre eigenen Eltern zu töten, schwatzen die Männer der Oeffentlichkeit: die Konservativen, die Liberalen, die Sozialisten, die Anarchisten darüber, wie man eine vernünftige und sittliche Gesellschaft herstellt. Wie kann man eine vernünftige und sittliche Gesellschaft herstellen aus solchen Menschen? Wie man aus faulen und verkrüppelten Bäumen, man mag sie legen, wie man will, kein Haus bauen kann, so kann man auch aus solchen Menschen keine vernünftige und sittliche Gesellschaft aufrichten. Aus solchen Menschen kann nur eine Herde von Tieren gebildet werden, die regiert wird von den Rufen und Knuten der Hirten. Und so ist es auch.

Von der einen Seite sind die Menschen, die sich Christen nennen, die Freiheit, Gleichheit und Brüderlichkeit bekennen, zugleich bereit, im Namen der Freiheit zu dem äußersten, knechtischsten, niedrigsten Gehorsam, im Namen der Gleichheit zu den schärfsten, sinnlosesten Scheidungen der Menschen nach äußeren Merkmalen, in Höhere und Niedere, in Verbündete und Feinde, und im Namen der Brüderlichkeit – sind sie bereit, diese Brüder zu töten.[3] Der Widerspruch in unserem Bewußtsein und infolgedessen die Not des Lebens haben den äußersten Grad erreicht, über den hinaus es keine Steigerung giebt. Das Leben baut sich auf dem Urgrund der Gewalt auf und ist zur Leugnung der Grundlagen gekommen, auf denen es aufgebaut ist. Die Aufrichtung der Gesellschaft auf einem Urgrunde der Gewalt, die die Sicherung des Gutes der Personen, der Familie und der Gesellschaft zum Zwecke hatte, hat die Menschen zur vollkommenen Leugnung und Vernichtung dieser Güter geführt.

Der erste Teil der Prophezeiung ist in Erfüllung gegangen an den Menschen und ihren Geschlechtern, die die Lehre Christi nicht angenommen haben; ihre Nachkommen sind jetzt zu der Notwendigkeit gebracht, die Gerechtigkeit ihres zweiten Teiles zu erfahren.

---

3 Daß bei einigen Völkern, wie bei den Engländern und Amerikanern, die allgemeine Wehrpflicht noch nicht herrscht (obgleich schon Stimmen zu ihren Gunsten laut werden), sondern Werbung und Mietung der Soldaten stattfindet, das verändert nicht im geringsten die knechtische Lage der Bürger im Verhältnis zu ihrer Regierung. Dort muß jeder selbst gehen, töten und getötet werden; hier muß jeder seine Arbeit hergeben, die Totschläger zu mieten und auszurüsten.

IX

Die Lage der christlichen Völker in unserer Zeit ist eine ganz so grausame geblieben, wie sie zu den Zeiten des Heidentums war. In vielen Beziehungen, besonders in Bezug auf die Knechtung der Menschen, ist sie sogar grausamer geworden, als sie zur Zeit des Heidentums war.

Aber zwischen der Lage der Menschen in jener und in unserer Zeit herrscht derselbe Unterschied, wie es für Pflanzen zwischen den letzten Tagen des Herbstes und den ersten Tages des Frühlings zu sein pflegt. Dort in der Herbstnatur entspricht die äußere Leblosigkeit dem inneren Zustande des Hinsterbens, hier aber, im Frühling steht die äußere Leblosigkeit im schärfsten Gegensatze zu dem Zustand der inneren Belebung und des Uebergangs zu einer neuen Lebensform.

Ebenso ist es mit der äußeren Aehnlichkeit des früheren heidnischen Lebens mit dem jetzigen; die Aehnlichkeit ist nur eine äußerliche: der innere Zustand der Menschen zur Zeit des Heidentums und in unserer Zeit ist ein durchaus anderer.

Dort war der äußere Zustand der Grausamkeit und der Knechtschaft der Menschen in voller Uebereinstimmung mit dem inneren Bewußtsein der Menschen, und jeder Fortschritt vergrößerte diese Uebereinstimmung; hier steht der äußere Zustand der Grausamkeit und der Knechtschaft in vollem Widerspruch mit dem christlichen Bewußtsein der Menschen, und jeder Fortschritt vergrößert nur diesen Widerspruch.

Was vorgeht, sind gewissermaßen unnötige, unnütze Leiden. Es ist, wie bei der Geburt. Alles ist bereit für das neue Leben, aber das neue Leben erscheint noch immer nicht.

Die Lage scheint verzweifelt. Und sie wäre auch so, wenn dem Menschen und daher auch allen Menschen nicht die Möglichkeit einer anderen, höheren Auffassung des Lebens gegeben wäre, die ihn sofort von all den Fesseln befreite, die ihn, wie es schien, unzerreißbar gebunden hielten.

Und diese ist die schon vor 1800 Jahren der Menschheit gewiesene christliche Lebensauffassung.

Der Mensch braucht sich nur diese Lebensauffassung anzueignen, damit die Ketten von selbst fallen, die ihn, wie es schien, unzerreißbar umschmiedet hielten, und damit er sich vollständig frei fühle, so etwa wie sich ein Vogel in einem rings eingezäunten Kreise frei fühlen würde, wenn er seine Flügel ausbreitete.

Man spricht von der Befreiung der christlichen Kirche vom Staat. Man spricht davon, Christen Freiheit zu schenken oder nicht zu schenken. In diesen Gedanken und Worten liegt ein sonderbares Mißverständnis. Die Freiheit kann einem Christen oder den Christen nicht geschenkt und nicht genommen werden. Die Freiheit ist ein unentreißbarer Besitz des Christen.

Spricht man aber davon, Christen die Freiheit zu geben oder zu nehmen, so spricht man offenbar nicht von wirklichen Christen, sondern von Menschen, die sich nur Christen nennen. Der Christ kann gar nicht anders, als frei sein, denn die Erreichung des Zieles, das er sich selbst gesteckt hat, kann durch niemand und durch nichts verhindert oder auch nur aufgehalten werden.

Der Mensch braucht nur sein Leben so zu begreifen, wie es das Christentum begreifen lehrt, das heißt begreifen, daß sein Leben nicht ihm – nicht seiner Person, seiner Familie oder dem Staate gehört, sondern dem, der ihn in die Welt geschickt hat, begreifen, daß er darum nicht das Gesetz seiner Persönlichkeit, der Familie oder des Staates zu erfüllen hat, sondern das durch nichts begrenzte Gesetz dessen, von dem er ausgegangen ist, um sich nicht bloß ganz frei zu fühlen von jeder menschlichen Gewalt, sondern sogar fortan diese Gewalt nicht mehr als etwas anzusehen, was imstande wäre, irgend jemandem Hindernisse zu bereiten.

Der Mensch braucht nur zu begreifen, daß das Ziel seines Lebens die Erfüllung des göttlichen Gebotes ist, damit dieses Gesetz für ihn an die Stelle aller anderen Gesetze trete und sich ihm ganz unterwerfe und durch diese bloße Unterwerfung alle menschlichen Gesetze in seinen Augen aller ihrer Verbindlichkeiten und Beschränkungskraft beraube.

Der Christ befreit sich von jeglicher menschlichen Gewalt dadurch, daß er für sein und für anderer Leben das göttliche Gesetz der Liebe, das in die Seele jedes Menschen gelegt und durch Christus zum Bewußtsein gebracht worden ist, als die einzige Richtschnur des eigenen Lebens und des Lebens anderer Menschen anerkennt.

Der Christ kann sich äußerer Gewalt fügen, er kann der körperlichen Freiheit beraubt werden, er kann nicht frei sein von seinen Leidenschaften (wer Sünde thut, ist ein Knecht der Sünde), aber er kann nicht unfrei sein in dem Sinne, daß er durch irgend eine Gefahr, durch irgend eine äußere Drohung gezwungen werden könnte, eine Handlung auszuüben, die gegen sein Bewußtsein ist.

Er kann darum nicht dazu gezwungen werden, weil die Entbehrungen und Leiden, die von der Gewalt erzeugt sind, und die eine mächtige Waffe gegen die Menschen der gesellschaftlichen Lebensauffassung bilden, für ihn keinerlei zwingende Kraft haben. Entbehrungen und Leiden, die den Menschen der gesellschaftlichen Auffassung das Glück rauben, für das sie leben, können nicht nur das Glück der Christen nicht berühren, das in dem Bewußtsein der Erfüllung des göttlichen Willens besteht, sie können es nur erhöhen, wenn sie ihn für die Erfüllung dieses Willens treffen.

Darum kann der Christ, der sich nur den inneren göttlichen Gesetzen unterwirft, nicht nur Vorschriften des äußeren Gesetzes nicht erfüllen, wenn sie nicht übereinstimmen mit dem von ihm bekannten göttlichen Gesetz der Liebe, wie dies bei den Forderungen der Regierung der Fall ist, sondern er kann nicht die Verpflichtung anerkennen, irgend jemand und irgend etwas zu gehorchen. Er kann das Verhältnis nicht anerkennen, das man die Unterthanenschaft nennt. Für den Christen ist das Versprechen, die Unterthanenschaft irgend einer Regierung anzuerkennen, der Akt, der als die Begründung des staatlichen Lebens betrachtet wird, eine direkte Verleugnung des Christentums, denn der Mensch, der bedingungslos verspricht, sich in Zukunft den Gesetzen zu unterwerfen, welche die Menschen schaffen und schaffen werden, sagt sich durch dieses Versprechen auf die positivste Weise vom Christentum los, das darin besteht, in allen Lebenslagen sich nur dem göttlichen Gesetz der Liebe unterzuordnen, das es in sich selbst trägt.

Man konnte bei der heidnischen Weltanschauung sich verpflichten, den Willen weltlicher Macht zu erfüllen, ohne den Willen Gottes anzutasten, den man bei der Beschneidung, im Sabbathhalten, in den Gebeten zu bestimmten Stunden, in der Enthaltung von bestimmten Speisen und so weiter sah – das eine widersprach dem anderen nicht. Aber darin eben unterscheidet sich das christliche Bekenntnis von dem heidnischen, daß es von den Menschen nicht bestimmte äußere negative Handlungen verlangt, sondern daß es ihn in ein anderes, früher nie gekanntes Verhältnis zu den Menschen setzt, aus dem die verschiedenartigsten, vorher nicht bestimmbaren Handlungen entspringen können; und daher kann der Christ nicht nur nicht versprechen, irgend eines anderen Willen zu erfüllen, ohne zu wissen, worin die Forderungen dieses Willens bestehen werden, er kann nicht nur den wechselnden menschlichen Gesetzen nicht gehorchen, sondern er kann nicht einmal irgend etwas Bestimmtes zu einer bestimmten Stunde zu thun oder sich von irgend etwas zu einer bestimmten Zeit zu enthalten versprechen, weil er nicht wissen kann, was und zu welcher Stunde von ihm jenes christliche Gesetz der Liebe fordern wird, dem zu gehorchen, der der Sinn seines Lebens ist. Ein Christ, der sich verpflichtet, von vornherein bedingungslos Gesetze der Menschen zu erfüllen, würde durch dieses bloße Versprechen zu erkennen geben, daß das innere göttliche Gesetz für ihn nicht mehr das einzige Gesetz seines Lebens bildet.

Ein Christ, der sich verpflichtet, Menschen oder menschlichen Gesetzen zu gehorchen, thut dasselbe, was ein Arbeiter thut, der sich einem Herren verdingt, und der gleichzeitig versprechen wollte, alles zu thun, was ihm noch fremde Herren befehlen.

Man kann nicht zween Herren dienen.

Der Christ befreit sich von der menschlichen Macht dadurch, daß er über sich nur die Macht Gottes anerkennt, deren Gesetze, ihm von Christus offenbart, er in sich selbst fühlt und denen allein er sich unterordnet.

Und diese Befreiung vollzieht sich nicht vermittelst eines Kampfes, nicht durch die Aufhebung der bestehenden Lebensformen, sondern nur durch die Veränderung der Auffassung des Lebens. Die Befreiung vollzieht sich infolge dessen, daß erstens der Christ das Gesetz der Liebe, das ihm von seinem Meister offenbart ist als vollständig genügend für menschliche Verhältnisse anerkennt, und daher jegliche Gewalt für überflüssig und ungesetzlich hält, zweitens infolgedessen, daß die Entbehrungen, Leiden, Androhungen von Entbehrungen, durch welche der gesellschaftliche Mensch zu der Notwendigkeit des Gehorsams gebracht wird, für den Christen bei seiner abweichenden Lebensauffassung sich nur als unvermeidliche Bedingungen des Daseins darstellen, die er, ohne mit Gewalt gegen sie anzukämpfen, geduldig erträgt, wie Krankheiten, Hunger und jede andere Not, die aber keineswegs die Richtschnur seiner Handlungen sein können.

Die Richtschnur der Handlungen des Christen ist nur der in ihm lebende göttliche Ursprung, der durch nichts beschränkt oder gelenkt werden kann.

Der Christ handelt nach dem Worte der Prophezeiung, das von seinem Meister gesagt war: „Er wird nicht zanken, noch schreien, und man wird sein Geschrei nicht hören auf den Gassen. Das zerstoßene Rohr wird er nicht zerbrechen, und den glimmenden Docht wird er nicht auslöschen, *bis daß er ausführt das Gericht zum Siege*.“ (Matth. XII. 19. 20.)

Der Christ streitet mit niemand, fällt über niemand her, wendet gegen niemand Gewalt an, im Gegenteil, er erträgt widerspruchslos die Gewalt, aber durch eben dieses Verhältnis zur Gewalt befreit er nicht nur sich selbst, sondern auch die Welt von jeder äußeren Macht.

„Erkennet die Wahrheit, und die Wahrheit wird euch frei machen.“ Gäbe es Zweifel daran, daß das Christentum die Wahrheit ist, so würde diese volle Freiheit, die durch nichts beschränkt werden kann, die der

Mensch genießt, sobald er sich die christliche Lebensauffassung aneignet, der unzweifelhafte Beweis seiner Wahrhaftigkeit sein.

Die Menschen in ihrer gegenwärtigen Lage gleichen Bienen, die sich vom Stocke losgelöst haben und in einem Haufen an einem Zweige hängen. Die Lage der Bienen am Zweige ist eine vorübergehende und muß unbedingt verändert werden. Sie müssen sich aufmachen und sich eine neue Behausung suchen. Jede der Bienen weiß das und hat den Wunsch, ihre Leiden und die Lage der anderen zu verändern, aber nicht eine kann es thun, solange die übrigen nicht mitthun. Alle aber können sich nicht plötzlich erheben, denn eine hängt über der anderen und hindert sie, sich von dem Schwarm loszulösen, darum bleiben alle hängen. Man könnte meinen, es gäbe für die Bienen gar keinen Ausweg aus dieser Lage, wie es den Weltmenschen scheint, die sich in die Netze der gesellschaftlichen Weltauffassung verstrickt haben. Einen Ausweg gäbe es für die Bienen nicht, wäre nicht jede der Bienen ein selbständig lebendes Wesen, mit Flügel begabt. Es gäbe auch keinen Ausweg für die Menschen, wäre nicht jeder von ihnen ein lebendes, selbständiges Wesen, begabt mit der Fähigkeit, sich die christliche Lebensauffassung anzueignen.

Wenn nicht jede Biene, die fliegen kann, flöge, würden sich auch die anderen nicht vom Platze rühren, und der Schwarm würde seine Lage nie verändern. Und wenn der Mensch, der sich die christliche Lebensauffassung angeeignet hat, ohne zu warten, bis die anderen nachkommen, nicht dieser Auffassung gemäß lebte, würden die Menschen nie ihre Lage verändern. Und wie die eine Biene nur die Flügel auszubreiten, sich zu erheben und zu fliegen braucht und ihr nach die zweite, die dritte, die zehnte, die hundertste, damit der unbeweglich hängende Haufe ein frei fliegender Bienenschwarm werde, so braucht doch nur ein Mensch das Leben so zu begreifen, wie es das Christentum ihn begreifen lehrt, und anzufangen so zu leben, und ihm ein zweiter, ein dritter, ein hundertster zu folgen, damit der Zauberkreis des gesellschaftlichen Lebens, aus dem, wie es schien, kein Ausweg führte, durchbrochen werde.

Aber die Menschen denken, die Befreiung aller Menschen auf diese Art sei zu langsam, man müsse ein anderes Mittel suchen und anwenden, durch das man alle auf einmal befreien kann. Wie wenn die Bienen, die sich erheben und davonfliegen wollten, finden würden, daß sie zu lange warten müßten, bis sich der ganze Schwarm in allen einzelnen Bienen erheben wollte, und man ein Mittel finden müßte, bei dem nicht jede einzelne nötig hätte, die Flügel auszubreiten und zu fliegen, und der Schwarm zugleich dahinflöge, wohin er müßte? Aber das ist nicht möglich: Ehe nicht die erste, zweite, dritte, hundertste Biene frei ihre Flügel ausbreitet und fliegt, wird auch der Schwarm nicht fliegen und ein neues Leben finden. Ehe nicht jeder einzelne Mensch sich die christliche Lebensauffassung aneignet und anfängt ihr nachzuleben, wird der Widerspruch des menschlichen Lebens nicht gelöst werden und sich keine neue Form des Lebens gestalten.

Eine der auffälligsten Erscheinungen unserer Zeit ist jene Predigt der Knechtschaft, die unter den Massen nicht bloß von den Regierungen, die das brauchen, verbreitet wird, sondern von den Menschen, die sozialistische Theorien verkündigen und sich damit für die Vorkämpfer der Freiheit halten. Diese Leute verkündigen, die Verbesserung des Lebens, die Bemühungen, die Wirklichkeit in Uebereinstimmung mit dem Bewußtsein zu bringen, werde sich nicht infolge persönlicher Anstrengung einzelner Menschen vollziehen, sondern von selbst infolge einer bestimmten, von irgend jemand hervorgerufenen gewaltsamen Umgestaltung der Gesellschaft. Es wird gepredigt, die Menschen brauchen nicht mit ihren eigenen Füßen dahin zu gehen, wohin sie wollen und wohin sie müssen, sondern es wird ein solcher Boden unter sie gebracht werden, daß sie, ohne mit den eigenen Füßen zu gehen, dahin kommen werden, wohin sie kommen müssen. Und daher müssen alle ihre Bemühungen nicht darauf gerichtet sein, nach dem Maße ihrer Kräfte dahin zu gehen, wohin sie müssen, sondern darauf, fest an einem Orte stehend, diesen vermeintlichen Boden zu schaffen.

In wirtschaftlicher Hinsicht wird eine Theorie gepredigt, deren Kern darin besteht, je schlechter, desto besser, je mehr Kapitalsanhäufungen und darum je mehr Druck des Arbeiters, desto näher die Befreiung, und darum ist jede persönliche Bemühung des Menschen, sich von dem Drucke des Kapitals zu befreien – unnütz. In staatlicher Beziehung wird gepredigt, je größer die Macht des Staates sein wird, die nach dieser Theorie die bisher noch nicht in ihrem Bereich befindliche Sphäre des Privatlebens in ihren Bereich ziehen soll, desto besser wird es sein, und darum müssen wir die Einmischung der Regierung in das Privatleben anrufen. In politischer und nationaler Hinsicht wird gepredigt: Die Vergrößerung der Zerstörungsmittel, die Vergrößerung der Heere führt zu der Notwendigkeit der Abrüstung mit Hilfe von Kongressen, Schiedsgerichten und so weiter. Und merkwürdig! Die Trägheit der Menschen ist so groß, daß die Menschen diesen Theorien glauben, trotzdem der ganze Gang unseres Lebens, jeder Schritt vorwärts ihre Unrichtigkeit aufdeckt.

Die Menschen leiden unter der Bedrückung, und um sie von diesem Druck zu befreien, rät man den Menschen, allgemeine Mittel der Verbesserung ihrer Lage zu ersinnen, die von der Macht angewendet werden sollen, ihnen selbst aber, sich fernerhin der Macht unterzuordnen. Und daraus folgt offenbar nur eine immer stärkere Vermehrung der Macht, und daraus eine immer steigende Vermehrung der Bedrückung.

Keine von allen Verirrungen der Menschen entfernt sie so sehr von dem Ziel, dem sie zustreben, als gerade diese. Die Menschen thun, um das Ziel, das sie sich gesteckt haben, zu erreichen, alle möglichen Dinge, nur das eine einfache und gerade nicht, das jedem zukommt. Die Menschen ersinnen die schlauesten Methoden zur Veränderung der Lage, die sie drückt, nur die allereinfachste nicht, daß jeder Mensch das nicht thue, was diese Lage hervorruft.

Mir hat man einen Fall erzählt, der einem mutigen Kommissar begegnet ist. Er kam in ein Dorf, wo die Bauern sich empört hatten, und wohin man Soldaten berufen hatte. Er versuchte die Empörung im Geiste Nikolaus I. allein durch seinen persönlichen Einfluß zu beschwichtigen. Er befahl einige Wagen mit Ruten zu bringen, versammelte alle Bauern in einer Darre, ging mit ihnen zusammen hinein, schloß sich ein und schüchterte anfangs die Bauern mit seinem Schreien so ein, daß sie ihm gehorchten und anfingen, nach seinem Befehl, einer den anderen zu schlagen. So schlugen sie einander, bis sich ein einfältiger Bauer fand, der sich selbst nicht schlagen ließ und den Kameraden zurief, daß sie auch einander nicht schlagen sollten. Da erst hörte das Schlagen auf, und der Beamte machte, daß er fortkam. Diesem Rate des einfältigen Bauern sind die gesellschaftlichen Menschen um nichts in der Welt imstande zu folgen. Sie hören nicht auf, einander gegenseitig zu schlagen, und lehren diese Selbstgeißelung den Menschen als das letzte Wort menschlicher Weisheit.

In der That: kann man sich ein auffälligeres Beispiel dafür, wie die Menschen einander schlagen, vorstellen, als der Gehorsam ist, mit dem die Menschen unserer Zeit die ihnen auferlegten Verpflichtungen erfüllen, die sie zur Knechtschaft führen, besonders die Wehrpflicht? Die Menschen machen sich blindlings selbst zu Knechten, leiden unter dieser Knechtschaft und glauben, es müsse so sein, es bedeute gar nichts und stehe der Befreiung der Menschen nicht im Wege, die sich irgendwo, irgendwie vorbereite, ungeachtet der stets wachsenden und wachsenden Knechtschaft.

In der That lebt der Mensch unserer Zeit, wer er auch sei (ich spreche nicht von den wahren Christen, sondern von dem gemeinen Menschen unserer Zeit), gebildet oder ungebildet, gläubig oder ungläubig, reich oder arm, verheiratet oder nicht verheiratet – in der Tat lebt der Mensch unserer Zeit, der seine Arbeit verrichtet oder seinem Vergnügen nachgeht, der die Früchte seiner oder fremder Mühen für sich und für die Nächsten genießt, wie alle Menschen, im Haß gegen jede Art Bedrückung, Entbehrung, Feindschaft und Leiden. Er lebt ruhig; plötzlich kommen Menschen zu ihm und sagen: erstens versprich uns und schwöre uns, daß du uns knechtisch gehorsam sein wirst in allem, was wir dir vorschreiben werden, daß du alles, was wir ersinnen, beschließen und Gesetz nennen, als unzweifelhafte Wahrheit ansehen und dich ihm fügen wirst; zweitens: stelle einen Teil deiner Mühen zu unserer Verfügung, wir werden dieses Geld benützen, um dich in Knechtschaft zu halten und dich zu verhindern, dich mit Gewalt unseren Weisungen zu widersetzen; drittens: wähle andere und wähle dich selbst unter die vermeintlichen Teilnehmer der Regierung und wisse, die Verwaltung wird vollständig unabhängig von den thörichten Reden vor sich gehen, die du mit deinesgleichen halten wirst, und wird nach unserem Willen vor sich gehen, nach dem Willen derer, in deren Händen das Heer ist; viertens: erscheine zu gewissen Zeiten vor Gericht und nimm teil an all den sinnlosen Grausamkeiten, die wir an den verirrten und von uns zur Entartung gebrachten Menschen vollziehen in der Gestalt von Gefängnissen, Verbannungen, Einzelzellen und Hinrichtungen. Und endlich fünftens: sei außerdem noch, ungeachtet dessen, daß du in den freundschaftlichsten Beziehungen mit den Menschen anderer Nationen lebst, jederzeit, wenn wir es dir befehlen, bereit, diejenigen von diesen Menschen, die wir dir zeigen, als deine Feinde zu betrachten und, persönlich oder vertreten, teilzunehmen an der Verwüstung, Plünderung und dem Totschlag ihrer Männer, Frauen, Kinder, Greise – vielleicht auch deiner Stammesbrüder, vielleicht auch deiner Eltern, wenn uns das nötig erscheint.

Man sollte glauben, auf solche Forderungen müßte jeder nicht-betäubte Mensch unserer Zeit antworten: „Ja, wozu soll ich all dies thun?“ Man sollte meinen, mit Verwunderung müßte jeder geistig gesunde Mensch sagen, warum soll ich versprechen, allen zu gehorchen, wenn mir heute Salisbury, morgen Gladstone, heute Boulanger, morgen ein Parlament aus solchen Boulangers, heute Zar Peter III., morgen Katharina, übermorgen Pugatschew, heute der wahnsinnige König von Bayern, morgen Wilhelm befehlen? Warum soll ich versprechen, ihnen zu gehorchen, da ich sie als schlechte oder leere Menschen kenne oder sie überhaupt nicht kenne? Warum soll ich ihnen in der Gestalt von Steuern die Früchte meiner Arbeit geben, wenn ich weiß, daß das Geld zur Bestechung der Beamten, zu Gefängnissen, Kirchen, Heeren, zu schlechten Dingen und zu meiner Knechtung angewandt wird. Warum soll ich mich selbst geißeln? Warum soll ich hingehen, meine Zeit verlieren, mir Sand in die Augen streuen lassen und den Gewalthabern den Schein der Gesetzlichkeit leihen, teilnehmen an

Wahlen und so thun, als ob ich an der Verwaltung teilnehme, während ich sehr gut weiß, daß die Verwaltung des Staates in den Händen derer ist, in deren Händen das Heer ist. Warum soll ich hingehen und an den Gerichten teilnehmen, an den Strafen und Hinrichtungen der Menschen für ihre Verirrung, während ich doch weiß, wenn ich ein Christ bin, daß das Gesetz der Rache abgelöst ist von dem Gesetz der Liebe, und wenn ich ein gebildeter Mensch bin, daß die Strafe die Menschen, die von ihr betroffen werden, nicht besser, sondern schlechter macht? Und warum vor allem soll ich nur deshalb, weil die Schlüssel des Tempels von Jerusalem in den Händen dieses und nicht dieses Erzpriesters sind, weil jener und nicht dieser Deutsche Fürst von Bulgarien werden wird, und daß die englischen und nicht die amerikanischen Kaufleute die Robben fangen werden, Menschen, die den Nachbarvölkern angehören, mit denen ich vorher in Frieden und Eintracht gelebt habe und fernerhin zu leben wünsche, als Feinde anerkennen, Soldaten werben oder selbst hingehen, töten und plündern und mich selbst dem Ueberfall aussetzen?

Und warum ganz besonders soll ich, persönlich oder vertreten, teilnehmen an der bewaffneten Gewalt der Knechtung und der Tötung der eigenen Brüder und Väter? Warum soll ich mich selbst geißeln? All dies brauche ich nicht, all dies ist mir schädlich, all dies ist von allen Seiten unsittlich, gemein, scheußlich.Warum also soll ich das thun? Wenn ihr sagt, daß mir dadurch von irgend jemand Schlimmes geschehen wird, so sehe ich erstens nicht so Schlimmes, wie das Schlimme, das ihr mir anthut, wenn ich euch gehorche, zweitens ist es mir vollkommen klar: wenn wir uns selbst nicht schlagen werden, wird uns niemand schlagen.

Die Regierung, daß sind doch die Fürsten, die Minister, die Beamten, die mich, wie jener Kommissar die Bauern, zu nichts zwingen können. Es werden mich mit Gewalt ins Gericht, ins Gefängnis, zur Hinrichtung nicht die Fürsten, nicht die Beamten führen, sondern dieselben Menschen, die sich in der gleichen Lage mit mir befinden. Und ihnen ist es ebenso unnütz, und schädlich und unangenehm, geschlagen zu werden, wie mir, und darum werden sie aller Wahrscheinlichkeit nach, wenn ich ihnen die Augen öffne, nicht nur mir keine Gewalt anthun, sondern ebenso handeln wie ich.

Drittens, wenn es auch so kommen sollte, daß ich dafür leiden müßte, auch dann ist es mir vorteilhafter, in die Verbannung geschickt oder ins Gefängnis geworfen zu werden, und bei gesundem Menschenverstande und dem Guten auszuharren, das, wenn auch nicht heute, nicht morgen, so doch in sehr kurzer Zeit triumphieren muß, als für Dummheit und Uebel zu leiden, die heut oder morgen ein Ende haben müssen. Darum ist es sogar in diesem Falle vorteilhafter, mich der Gefahr auszusetzen, daß man mich in die Verbannung schickt, ins Gefängnis wirft, ja sogar hinrichtet, als daß ich aus eigener Schuld mein ganzes Leben in der Knechtschaft schlechter Menschen verlebe, geplündert werden kann von den eindringenden Feinden, von ihnen schmählich verstümmelt und getötet werden kann, wenn ich, eine Kanone, einen Fuß breit Erde, die niemand etwas nützt, oder einen dummen Fetzen, den man Standarte nennt, verteidige.

Ich will und werde mich nicht selbst schlagen. Ich habe keinen Grund das zu thun, thut ihr es, wenn ihr Lust dazu habt, ich werde es nicht. Man sollte meinen, nicht nur das religiöse und sittliche Gefühl, sondern die einfachste Ueberlegung und Berechnung müßte jeden Menschen unserer Zeit veranlassen, so zu antworten und so zu handeln. Aber nein: die Menschen der gesellschaftlichen Lebensauffassung finden, man brauche so nicht zu handeln, es sei sogar schädlich zur Erreichung des Ziels der Befreiung der Menschheit von der Knechtschaft, und man müsse, wie die Bauern jenes Kommissars, fortfahren, einander zu schlagen, und sich damit trösten, daß wir in den Parlamenten und Versammlungen schwatzen, daß wir Arbeiterverbände bilden, daß wir am ersten Mai durch die Straßen ziehen, Verschwörungen machen, heimlich die Regierung reizen, die uns schlägt, und daß all dies dahin wirken wird, daß wir, während wir uns immer mehr und mehr in Knechtschaft begeben, sehr bald befreit werden.

Nichts hält die Befreiung der Menschheit mehr auf, als diese sonderbare Verirrung. Anstatt daß jeder Mensch seine Kräfte auf die Befreiung seiner eigenen Person, auf die Veränderung seiner Lebensauffassung richtet, suchen die Menschen ein äußeres, gemeinsames Mittel der Befreiung und schmieden sich dadurch immer mehr und mehr in Ketten.

Das ist gerade so, wie wenn die Menschen behaupten wollten, um ein Feuer zu schüren, braucht man nicht jede Ecke in Brand zu stecken, sondern die Kohlen auf eine bestimmte Weise anzuordnen.

Indessen wird es in der letzten Zeit immer einleuchtender, daß die Befreiung der Menschen durch die Befreiung der einzelnen Personen sich vollziehen werde. Die Befreiung der einzelnen Menschen im Namen der christlichen Lebensauffassung von der staatlichen Knechtung, die früher eine unmerkliche Ausnahmeerscheinung war, hat in der letzten Zeit eine für die Staatsmacht bedrohliche Bedeutung bekommen.

Wenn es in früheren Zeiten, in den Zeiten Roms, im Mittelalter, vorkam, daß ein Christ, der seine Lehre bekannte, die Teilnahme an den Opfern, die Verehrung der Kaiser, der Götter versagte, oder im Mittelalter die Verehrung der heiligen Bilder, die Anerkennung der päpstlichen Obergewalt verweigerte, waren diese Weigerungen erstens zufällige: der Mensch konnte in die Notwendigkeit versetzt sein, seinen Glauben zu bekennen, und konnte sein Leben ausleben, ohne in diese Notwendigkeit versetzt zu sein. Jetzt aber unterliegen diesen Versuchungen des Glaubens alle Menschen ohne Ausnahme. Jeder Mensch unserer Zeit ist in die Notwendigkeit versetzt, seine Teilnahme an den Grausamkeiten des heidnischen Lebens anzuerkennen oder sie abzuleugnen. Und zweitens bildete zu jenen Zeiten die Verweigerung der Verehrung der Götter, der Heiligenbilder, des Papstes, keine wesentliche Erscheinung für den Staat. So viele Menschen auch den Göttern und den Bildern oder den Päpsten ihre Verehrung zollten oder versagten, der Staat blieb ebenso stark. Jetzt aber untergraben die Verweigerungen der unchristlichen Forderungen der Regierung die staatliche Macht in ihren Wurzeln, weil in der Erfüllung dieser unchristlichen Forderung die ganze Macht des Staates ruht.

Die weltlichen Gewalten sind durch den Gang des Lebens in die Lage gebracht worden, daß sie zu ihrer Aufrechterhaltung von allen Menschen Handlungen fordern müssen, die nicht erfüllt werden können von Menschen, die das wahre Christentum bekennen.

Und darum untergräbt in unserer Zeit jegliche Erkenntnis des wahren Christentums durch den einzelnen Menschen die Macht der Regierung in ihrem Kern und zieht unvermeidlich die Befreiung aller nach sich.

Was, sollte man meinen, liegt viel an solchen Erscheinungen, wie die Verweigerung weniger Dutzend Wahnsinniger, wie man sie nennt, die der Regierung nicht schwören wollen, die keine Steuern bezahlen wollen, die nicht teilnehmen wollen am Gericht und am Kriegsdienst?

Diese Menschen bestraft man und entfernt sie, und das Leben geht ruhig weiter. Man sollte meinen, es liegt nicht viel an diesen Erscheinungen, und doch untergraben diese Erscheinungen mehr als etwas anderes die Macht des Staates und bereiten die Befreiung der Menschen vor. Dies sind die einzelnen Bienen, die sich vom Schwarm abzulösen beginnen und umherfliegen in der Erwartung dessen, daß der Augenblick eintreten müsse, wo sich der ganze Schwarm erhebt und ihnen folgt. Und die Regierungen wissen dies und fürchten diese Erscheinungen mehr als alle Sozialisten, Kommunisten, Anarchisten und ihre Verschwörungen mit ihren Dynamitbomben.

Es tritt eine neue Regierung ein; nach der allgemeinen Vorschrift und der hergebrachten Ordnung wird verlangt, daß alle Unterthanen der neuen Regierung den Eid leisten. Er wird eine allgemeine Verfügung erlassen. Alle werden in die Kathedrale berufen zur Ableistung des Eides. Plötzlich erklärt ein Mensch in Perm, ein anderer in Tula, ein dritter in Moskau, ein vierter in Kaluga, sie würden nicht schwören, und alle erklären ihre Weigerung, ohne sich vorher besprochen zu haben, in gleicher Weise damit, daß nach christlichem Gesetz der Eidschwur verboten ist; wenn aber auch der Eidschwur nicht verboten wäre, sie nach dem Geiste des christlichen Gesetzes nicht versprechen könnten, die häßlichen Handlungen zu begehen, die in dem Schwur von ihnen verlangt werden, wie: alle diejenigen anzuzeigen, die die Interessen der Regierung antasten, mit der Waffe in der Hand die Regierung zu verteidigen oder ihre Feinde zu überfallen. Man zitiert sie vor Kommissare, Richter, Priester, Gouverneure, man ermahnt sie, man verhört sie, man bedroht und straft sie, sie aber bleiben bei ihrem Entschluß und schwören nicht. Und inmitten von Millionen solcher, die den Eid leisten, leben Dutzende solcher, die ihn nicht leisten. Und man fragt sie: „Wie? Ihr habt nicht geschworen?“

„Nein, wir haben nicht geschworen.“

„Nun, und es ist euch nichts geschehen?“ „Nichts.“

Alle Unterthanen eines Staates sind verpflichtet, Steuern zu zahlen. Und alle zahlen die Steuern. Nur ein Mensch in Charkow, ein zweiter in Twer, ein Dritter in Samara verweigert die Steuern, und alle sagen, als ob sie sich besprochen hätten, ein und dasselbe. Der eine sagt, er würde nur dann zahlen, wenn man ihm sagen würde, wozu die Gelder, die man ihm abnimmt, verwendet werden. Geschieht es zu guten Dingen, sagt er, so würde er von selbst mehr geben, als man von ihm verlangt, geschieht es zu schlechten, so würde er freiwillig nichts geben, da er nach dem Gesetze Christi, das er befolgt, schlechte Dinge nicht fördern kann. Dasselbe sagen, wenn auch mit etwas anderen Worten, die anderen und geben freiwillig keine Steuern.

Denen, die etwas besitzen, nimmt man mit Gewalt ihr Eigentum. Diejenigen, die nichts haben, läßt man in Frieden.

„Ei, wie, er hat also keine Steuern bezahlt?“

„Er hat keine bezahlt.“

„Und es geschieht ihm nichts?“

„Nein, nichts.“

Wir haben die Einrichtung der Pässe. Jeder, der seinen Wohnort verläßt, ist verpflichtet, einen zu nehmen und dafür Steuer zu zahlen. Plötzlich tauchen an verschiedenen Orten Menschen auf, welche sagen, man brauche keinen Paß zu nehmen, man brauche seine Abhängigkeit von dem Staate, der durch Gewalt lebt, nicht anzuerkennen. Und diese Menschen nehmen keine Pässe und zahlen auch nicht die Steuer dafür. Und wieder kann man durch nichts diese Menschen veranlassen, das Geforderte zu erfüllen. Man wirft sie ins Gefängnis und läßt sie wieder heraus, und die Menschen leben ohne Paß.

Alle Landsleute haben die Pflicht, Polizeidienste zu leisten. Plötzlich weigert sich in Charkow ein Landmann, diese Pflicht zu erfüllen, und erklärt seine Weigerung damit, daß er nach dem christlichen Gesetz, das er bekennt, niemand binden, ins Gefängnis werfen, von einem Ort zum anderen bringen kann. Dasselbe erklärt ein Landmann in Twer, einer in Tambow. Man schimpft, man schlägt die Landleute, man setzt sie hinter Schloss und Riegel. Sie aber bleiben bei ihrem Entschluß und erfüllen nicht, was ihrem Glauben widerspricht. Und man hört auf, sie zu den Polizeidiensten zu berufen, und wieder geschieht nichts.

Alle Bürger müssen an den Gerichten als Geschworene teilnehmen. Plötzlich verweigern die verschiedensten Menschen: Wagenbauer, Professoren, Kaufleute, Bauern, Adelige, als ob sie sich verschworen hätten, diese Pflicht, und zwar nicht aus Gründen, die das Gesetz anerkennt, sondern weil das Gericht selbst nach ihrer Ueberzeugung etwas Ungesetzliches, Unchristliches ist, das nicht existieren dürfte. Man belegt diese Menschen mit Strafen, giebt sich Mühe, ihnen die Gelegenheit zu nehmen, öffentlich die Gründe ihrer Weigerung auszusprechen, und ersetzt sie durch andere. Ebenfalls verfährt man mit denen, die aus denselben Gründen sich weigern, als Zeugen vor Gericht zu erscheinen. Und wieder geschieht nichts.

Alle Menschen, die das einundzwanzigste Lebensjahr erreicht haben, sind verpflichtet, das Los zu ziehen. Plötzlich erscheint ein junger Mann in Moskau, ein anderer in Twer, ein dritter in Charkow, ein vierter in Kiew, und alle erklären, als ob sie sich vorher besprochen hätten, sie würden weder den Eid leisten, noch dienen, weil sie Christen seien. Ich will hier einen von den ersten Fällen einer solchen Weigerung erzählen, die jetzt häufiger werden, der mir sehr genau bekannt ist.[4]

In allen anderen Fällen wiederholt sich annähernd ganz dasselbe. Ein junger Mann mittlerer Bildung weigert sich im Moskauer Stadtrat zu schwören. Man kümmert sich nicht um seine Worte und verlangt, daß er ganz wie die anderen die Worte des Eides spreche. Er weigert sich und weist auf eine bestimmte Stelle des Evangeliums hin, die den Schwur verbietet. Man kümmert sich um seine Gründe nicht und verlangt die Erfüllung des Befehls, aber er erfüllt ihn nicht. Da nimmt man an, er sei ein Sektierer und fasse daher das Christentum falsch auf, das heißt, nicht so,

4 Alle Einzelheiten dieses Falles, wie auch der vorher aufgeführten, sind authentisch.

wie es die vom Staate bezahlten Priester auffassen. Man führt den jungen Mann unter Bedeckung zu den Priestern, um ihn zur Vernunft zu bringen. Die Priester reden dem jungen Manne vernünftig zu, aber ihre Ueberredung im Namen Christi sich von Christo loszusagen, wirkt offenbar auf den jungen Mann nicht ein, und man bringt ihn wieder zu dem Heere zurück und erklärt ihn für unverbesserlich. Der junge Mensch bleibt dabei, den Eid nicht zu leisten, und weigert sich offen, die militärischen Pflichten zu erfüllen. Dieser Fall ist von den Gesetzen nicht vorgesehen. Eine Weigerung der Erfüllung von Forderungen der Obrigkeit darf man nicht zugeben, aber diesen Fall mit einem einfachen Ungehorsam vergleichen kann man auch nicht. Die militärischen Behörden beraten untereinander und beschließen, um den schwierigen jungen Menschen los zu werden, ihn für einen Revolutionär zu erklären und mit Bedeckung in die Verwaltung der Geheimpolizei zu schicken. Die Polizisten und Gendarmen verhören den jungen Mann, aber alles, was er sagt, passt in keins der ihrem Amte unterstehenden Vergehen, und es giebt keinerlei Möglichkeit, ihn revolutionärer Handlungen, noch einer Verschwörung zu bezichtigen, da er bekundet, daß er nichts zu zerstören wünsche, daß er vielmehr jede Gewalt verwerfe und nichts verberge, sondern vielmehr Gelegenheit suche, was er spricht und thut ganz offen zu sprechen und zu thun. Und die Gendarmen finden, obwohl für sie keine Gesetze existieren, so wenig wie die Geistlichkeit, eine Veranlassung, den jungen Menschen anzuschuldigen und bringen ihn wieder zu der Armee zurück. Wieder beraten die Vorgesetzten und kommen zu dem Entschluß, den jungen Menschen, obgleich er nicht den Eid geleistet hat, anzunehmen und der Armee einzuverleiben. Man kleidet ihn ein, man reiht in ein und schickt ihn unter Bewachung an einen Ort, wo das Heer liegt. An dem Quartierort verlangt der Vorgesetzte der Abteilung, in die er eintritt, wieder von dem jungen Menschen die Erfüllung der Militärpflichten, und er verweigert wieder den Gehorsam und spricht in Gegenwart der anderen Soldaten die Ursache seiner Weigerung aus. Er sagt, er könne als Christ sich nicht gutwillig auf den Mord vorbereiten, der ihm durch das Gesetz Mosis verboten ist.

Die Sache spielt in einer Provinzialstadt. Der Fall weckt Teilnahme, ja sogar Mitgefühl, nicht bloß bei Fremden, sondern auch bei den Offizieren. Darum können sich die Vorgesetzten nicht entschließen, die gewöhnlichen Disziplinarmaßregeln für Gehorsamsverweigerung anzuwenden. Anstandshalber jedoch schickt man den jungen Mann ins Gefängnis, schreibt an die höhere Militärverwaltung und fragt an, was zu thun sei. Vom offiziellen Gesichtspunkt stellt sich die Verweigerung des Militärdienstes, an dem doch der Zar selbst teilnimmt und der von der Kirche eingesegnet wird, als ein Wahnsinn dar, und darum schreibt man aus Petersburg, da der junge Mann nicht bei vollen Verstande sein müsse, solle man ihn, ohne strenge Maßregeln gegen ihn anzuwenden, zur Beobachtung seines Geisteszustandes und zu seiner Heilung in ein Irrenhaus bringen. Man schickt ihn fort, in der Hoffnung, er würde dort bleiben, wie es vor zehn Jahren mit einem Manne in Twer geschah, der die Teilnahme am Militärdienst verweigert hatte, und mit einem anderen jungen Manne, den man im Irrenhaus so lange peinigte, bis er sich fügte. Aber auch diese Maßregeln retten die Militärbehörde nicht vor dem schwierigen Menschen. Die Aerzte beobachten ihn, interessieren sich sehr für ihn, und da sie selbstverständlich keinerlei Anzeichen von Geisteskrankheit an ihm finden, schicken sie ihn wieder zur Armee zurück. Man nimmt ihn an und thut so, als hätte man seine Weigerung und deren Gründe vergessen, macht ihm wieder den Vorschlag, an den Uebungen teilzunehmen, und wieder weigert er sich in Gegenwart der anderen Soldaten und bekundet laut die Ursache seiner Weigerung. Die Sache lenkt immer mehr und mehr die Aufmerksamkeit der Soldaten und der Bewohner der Stadt auf sich.

Wieder wird nach Petersburg geschrieben, und da kommt der Bescheid, man solle den jungen Mann in die Truppenteile versetzen, die in den Grenzländern stehen, nach Orten, wo das Militär sich im Kriegszustande befindet, wo man ihn für die Gehorsamsverweigerung erschießen und wo die Sache unbemerkt vorübergehen kann, da in diesem fernen Lande sehr wenig Russen und Christen wohnen; die Mehrzahl der Einwohner sind Fremdländer und Mohammedaner. So geschieht es auch. Man schickt den jungen Mann zu den Truppenteilen, die im Transkaspiland stehen, und schickt ihn mit den Verbrechern einem Vorgesetzten zu, der durch seine Entschiedenheit und Strenge bekannt ist.

Während dieser ganzen Zeit, während dieses Hinundhertransportierens von einem Ort an den anderen, geht man mit dem jungen Mann roh um, läßt ihn hungern und frieren, in Unsauberkeit leben, macht ihm überhaupt sein Leben in jeder Weise zur Qual. Aber alle diese Folterqualen veranlassen ihn nicht, seinem Entschluß untreu zu werden. Im Transkapiland, wo man ihm wieder vorschlägt, mit der Waffe auf die Wache zu ziehen, verweigert er wieder den Gehorsam. Er weigert sich nicht, hinzugehen und an den Heuschobern zu stehen, zu denen man ihn schickt, er weigert sich nur die Waffe zu nehmen, und erklärt, daß er unter keinen Umständen gegen irgendeinen Menschen Gewalt brauchen werde. All dies geschieht in Gegenwart der anderen Soldaten. Eine solche Weigerung ungestraft zu lassen, ist unmöglich. Man stellt den jungen Mann vor Gericht wegen Verletzung der Disziplin. Die Gerichtsverhandlung findet statt, und der junge Mann wird dazu verurteilt, zwei Jahre im Militärgefängnis abzusitzen. Wieder schickt man ihn per Etappe mit den Verbrechern nach dem Kaukasus, dort wird er ins Gefängnis gesetzt, wo er der unkontrollierten Gewalt des Gefängnisaufsehers unterliegt. Man quält ihn einundeinhalb Jahre; aber er verändert seinen Entschluß, keine Waffe zur Hand zu nehmen, nicht und erklärt allen, mit denen er zufällig in Berührung kommt, warum er das nicht thut. Am Ende des zweiten Jahres giebt man ihn seine Freiheit wieder, noch ehe seine Frist abgelaufen ist, und zählt im Widerspruch mit dem Gesetz seinen Aufenthalt im Gefängnis als Dienst, da man den Wunsch hat, sich nur so schnell als möglich seiner zu entledigen.

Ganz wie dieser junge Mann handeln auch andere Menschen in verschiedenen Gegenden Rußlands, als ob sie sich besprochen hätten, und in all diesen Fällen ist die Handlungsweise der Regierung dieselbe zaghafte, unbestimmte und geheime. Einige dieser Leute schickt man ins Irrenhaus, andere macht man zu Schreibern und versetzt sie in Dienststellen nach Sibirien. Einige macht man zu Forstbeamten, andere bringt man ins Gefängnis. Wieder andere nimmt man in Strafe. Auch jetzt sitzen mehrere solcher Weigerer in Gefängnissen, nicht wegen des Kerns der Sache – wegen der Leugnung der Gesetzlichkeit der Regierungshandlungen, sondern wegen Nichterfüllung einzelner Forderungen der Vorgesetzten. So hat man jüngst einen Offizier der Reserve, der keine Mitteilung über seinen Aufenthaltsort gemacht hatte und der ankündigte, daß er fernerhin nicht dienen werde, für die Nichterfüllung der behördlichen Weisung mit dreißig Rubeln gestraft, die er sich ebenfalls weigerte, freiwillig zu zahlen. So hat man jüngst andere Landleute und Soldaten, die sich weigerten, an Uebungen teilzunehmen und die Waffe zu tragen, für Ungehorsam und Widersetzlichkeit in Arrest gesteckt.

Und diese Fälle der Verweigerung der Erfüllung staatlicher Forderungen, die dem Christentum widersprechen, besonders Verweigerungen des Militärdienstes, kommen in letzter Zeit nicht nur in Rußland, sondern überall vor. So ist mir bekannt, daß in Serbien Leute der sogenannten Sekte der Nazarener ständig den Militärdienst verweigern, und die österreichische Regierung führt schon seit Jahren vergeblich einen Kampf mit ihnen, indem sie sie ins Gefängnis wirft. Im Jahre 1885 kamen 130 solche Weigerungen vor. In der Schweiz saßen, wie ich weiß, in den neunziger Jahren im Schlosse von Chillon Leute wegen Verweigerung der Militärpflichten, die infolge der Strafe ihren Entschluß nicht verändert haben. Ebensolche

Weigerungen kamen in Schweden vor, und die Weigerer wurden ebenso ins Gefängnis gesetzt, und die Regierung verbarg ebenso sorgfältig diese Fälle dem Volke.

Auch in Preußen kam eine solche Weigerung vor. Ich weiß von einem Unteroffizier der Garde, der im Jahre 1891 in Berlin den Vorgesetzten erklärte, er würde als Christ nicht länger im Dienste bleiben, und der trotz aller Ermahnungen, Drohungen, Strafen bei seinem Entschluß verharrte. In Frankreich ist im Süden in letzter Zeit eine Gemeinschaft von Menschen aufgetaucht die sich Hinchisten nennen (diese Mitteilungen sind dem „Peace Herold“ 1891, Juli, entnommen), deren Mitglieder sich auf Grund des christlichen Bekenntnisses weigern, die Militärpflicht zu erfüllen. Man hat sie anfangs in den Hospitälern verwendet. Jetzt aber, wo ihre Zahl angewachsen ist, bestraft man sie wegen Ungehorsams, trotzdem aber nehmen sie keine Waffe zur Hand.

Die Sozialisten, die Kommunisten, die Anarchisten mit ihren Bomben, Aufständen und Revolutionen sind den Regierungen lange nicht so gefährlich, wie diese vereinzelten Menschen, die von ganz verschiedenen Seiten ihre Weigerung bekunden, alle auf Grund einer und derselben allen bekannten Lehre.

Jede Regierung weiß, wie und wodurch sie sich gegen Revolutionen schützen kann. Sie hat Mittel dazu und fürchtet diese inneren Feinde nicht. Was aber soll die Regierung gegen Menschen thun, die das Unnütze, Ueberflüssige und Schädliche aller Regierungen aufdecken und nicht mit ihnen kämpfen, sondern sie nur entbehren, ohne sie fertig werden und darum an ihnen nicht teilnehmen wollen?

Die Revolutionäre sagen: Die staatliche Ordnung ist in diesem oder jenem Punkte schlecht, man muß sie zerstören und sie durch dies oder das ersetzen. Der Christ aber sagt: Ich weiß nichts von einer staatlichen Ordnung, weißt nicht, inwieweit sie gut oder schlecht ist, und ich will sie nicht zerstören, weil ich nicht weiß, ob sie gut oder schlecht ist, aber aus demselben Grunde will ich sie auch nicht aufrecht erhalten. Und ich will es nicht nur nicht, sondern ich kann es nicht, weil das, was von mir verlangt wird, gegen mein Gewissen ist.

Gegen das Gewissen eines Christen aber sind alle staatlichen Pflichten: der Eid, die Steuern, die Gerichte, das Heer, und auf eben diesen Pflichten beruht die ganze Macht des Staates.

Die revolutionären Feinde kämpfen von außen mit der Regierung. Das Christentum aber kämpft überhaupt nicht, es erschüttert von innen alle Grundlagen der Regierung.

In russischen Volke, in dem besonders seit den Zeiten Peter I. der Protest des Christentums gegen den Staat nie aufgehört hat, in dem russischen Volke, in dem die Ordnung des Lebens eine solche ist, daß die Menschen zu ganzen Gemeinden nach der Türkei, nach China, in unbewohnbare Länder fliehen und nicht nur der Regierung nicht bedürfen, sondern sie stets wie eine unnütze Last betrachten und sie nur als ein Uebel ertragen, sei es die türkische, die russische oder die chinesische – in dem russischen Volke sind in letzter Zeit immer häufiger und häufiger Fälle christlicher, bewußter Befreiung einzelner Personen von der Unterordnung unter die Regierung vorgekommen, und diese Fälle sind für die Regierung jetzt besonders schrecklich dadurch, daß die Weigerer oft nicht zu den sogenannten niedrigen, ungebildeten Klassen gehören, sondern zu den Menschen mittlerer und höherer Bildung, und daß diese Menschen ihre Weigerung nicht mehr durch beliebige, mystische, ungewöhnliche Glaubensmeinungen erklären, wie das früher war, daß sie nicht mit irgendwelchem Aberglauben und Fanatismus zusammenhängen, wie das die „Selbstverbrenner" und die „Läufer" thun, daß sie vielmehr als Gründe für ihre Weigerung die einfachsten und klarsten, allen zugänglichen und von allen anerkannten Wahrheiten angeben.

So verweigern sie die freiwillige Zahlung der Steuern, weil die Steuern zu Werken der Gewalt verwendet werden: zu Gehältern für die Gewaltthäter, zu Kriegen, zum Bau von Gefängnissen, Festungen, Kanonen, wie sie als Christen es für sündig und unsittlich halten, an diesen Werken teilzunehmen.

Die den allgemeinen Schwur verweigern, verweigern ihn deshalb, weil die Zusage, den Behörden zu gehorchen, das heißt Menschen, die der Gewalt ergeben sind, dem Sinne der christlichen Lehre widerspricht; sie verweigern den Eid vor Gericht, weil der Eid ausdrücklich durch das Evangelium verboten ist, sie verweigern Dienste in der Polizei, weil man bei diesen Diensten Gewalt gegen die eigenen Brüder anwenden und sie peinigen muß, und ein Christ das nicht thun darf; sie verweigern die Teilnahme am Gericht, weil sie jegliches Gericht als die Erfüllung des Gebotes der Vergeltung ansehen, das unvereinbar ist mit dem christlichen Gesetz der Vergebung und der Liebe; sie verweigern jegliche Teilnahme an Kriegsvorbereitungen und am Heeresdienst, weil sie keine Henker sein wollen und nicht sein können und sich nicht vorbereiten wollen auf den Henkersdienst.

Alle Gründe dieser Weigerung sind derart, daß die Regierungen, so eigenmächtig sie sein mögen, sie nicht offenkundig strafen können. Um für solche Weigerung zu strafen, müssen die Regierungen selbst sich von Vernunft und Güte lossagen. Und sie möchten doch die Menschen überzeugen, daß sie nur im Namen der Vernunft und der Güte ihre Macht gebrauchen.

Was sollen die Regierungen gegen diese Menschen thun?

In der That können die Regierungen ihre Feinde, die sie mit Gewalt stürzen wollen, durch Prügel, durch Hinrichtung, durch Gefängnis und Folter auf Lebenszeit zwingen; sie können die Hälfte der Menschen, die sie brauchen, mit Gold überschütten und bestechen; sie können sich Millionen bewaffneter Menschen gefügig machen, die bereit sind, alle Feinde der Regierung zu vernichten. Was aber können sie thun gegen Menschen, die nichts zerstören noch aufrichten wollen, die nur für sich, für ihr Leben nichts thun wollen, was gegen das christliche Gesetz ist und darum die Erfüllung der allgemeinsten und daher der für die Regierung notwendigsten Pflichten verweigern?

Wären das Revolutionäre, welche die Gewalt, den Mord predigten und solche Thaten auch übten, so wäre es leicht, ihnen entgegenzuwirken: einen Teil von ihnen würde man bestechen, einen Teil würde man täuschen, einen Teil würde man einschüchtern, und die übrigen, die man weder bestechen, noch täuschen, noch einschüchtern kann, würde man als Uebelthäter, als Feinde der Regierung hinstellen, würde sie hinrichten oder einsperren, und die Menge würde diese Handlungen der Regierung billigen. Wären es Fanatiker, die einen besonderen Glauben predigten, so könnte man, dank jenem Aberglauben der Lüge, die sie ihrer Lehre beimischen, auch das Wahre, was sie predigen, widerlegen. Was aber soll man mit Menschen thun, die weder die Revolution, noch irgend welche besonderen religiösen Dogmen predigen, und die nur, weil sie niemand etwas Böses thun wollen, den Eid, die Steuerzahlung, die Teilnahme am Gericht, den Kriegsdienst verweigern, Pflichten, auf welchen der Bau des Staates ruht? Was soll man mit solchen Menschen thun? Bestechen kann man sie nicht; schon der Gefahr, der sie sich freiwillig aussetzen, zeigt ihre Uneigennützigkeit. Sie damit täuschen, daß Gott das fordert, kann man auch nicht, denn ihre Weigerung ist auf einem klaren, unzweifelhaften Gebote Gottes aufgebaut, das auch von denen bekannt wird, die die Leute zwingen wollen, dagegen zu handeln. Durch Drohungen einschüchtern kann man sie noch weniger, denn die Entbehrungen und Leiden, denen sie für ihr Bekenntnis ausgesetzt sein werden, bestärken nur ihren Wunsch des Bekenntnisses, und in ihrem Gesetz ist ausdrücklich gesagt, man müsse Gott mehr gehorchen als den

Menschen und die nicht fürchten, die den Leib töten und die Seele nicht mögen töten, sondern den, der Leib und Seele verderben mag.

Sie hinrichten oder auf Lebenszeit einsperren, geht auch nicht. Diese Menschen haben eine Vergangenheit, Freunde; wie sie denken und handeln ist bekannt. Man kennt sie allgemein als ruhige, gute, friedliebende Menschen. Man kann sie nicht als Uebelthäter hinstellen, die zum Heile der Gesellschaft beseitigt werden müßten. Und die Bestrafung von Menschen, die von allen als gut anerkannt sind, wird Verteidiger wecken, Männer, die die Weigerung erklären werden. Man braucht nur die Ursache der Weigerung zu erklären, damit allen klar werde, daß die Gründe, die diese Christen bestimmen, für alle Menschen dieselben sind, und daß alle schon längst dasselbe hätten thun müssen.

Die Regierungen befinden sich den Weigerungen der Christen gegenüber in verzweifelter Lage. Sie sehen, daß die Prophezeiung des Christentums sich erfüllt, sie löst die Kette der Gefesselten und befreit die Menschen, die sich in der Sklaverei befinden, und sie sehen, daß diese Befreiung unvermeidlich diejenigen vernichten muß, die die anderen in der Knechtschaft halten. Die Regierungen sehen das, wissen, daß ihre Stunde gekommen ist, und können nichts thun; alles, was sie zu ihrer Rettung thun können, ist, daß sie die Stunde ihres Unterganges hinausschieben. Und das thun sie. Ihre Lage ist aber trotzdem eine verzweifelte.

Die Lage der Regierung gleicht der Lage eines Eroberers, der seine Stadt beschützen will, die von den eigenen Bewohnern in Brand gesteckt ist. Kaum hat er den Brand an der einen Stelle gelöscht, so lodert er an zwei anderen empor; kaum ist er dem Feuer entwichen und hat einen Teil eines großen Gebäudes, der in Flammen stand, niedergerissen, so brennt auch dieser Bau an zwei Enden lichterloh. Diese Brände sind noch selten, aber sie brennen mit einem Feuer, das mit einem Fünkchen begonnen hat, und nicht aufhört, bis alles herabgebrannt ist.

Und da, wo die Regierungen gegenüber den Menschen, die das Christentum bekennen, sich in so wehrloser Lage befinden, wo nur ein so Geringes daran fehlt, daß die ganze, so mächtig scheinende und durch so viele Jahrhunderte aufgerichtete Kraft erschüttert werde, da predigen die geistigen Führer, es sei nicht nur nicht nötig, es sei sogar schädlich, unsittlich, daß der Einzelne sich allein von der Knechtschaft befreit. Das wäre gerade so, wie wenn die einen, um das im Flusse gestaute Wasser frei zu machen, mit langer Arbeit schon den ganzen Kanal gegraben hätten und nur die Oeffnung frei zu machen brauchten, damit das Wasser von selbst vorwärts strebt und das übrige thäte, und nun andere Menschen kämen und ihnen raten wollten, es sei viel besser, statt das Wasser los zu lassen, am Fluß eine Pumpmaschine aufzustellen, die das Wasser von der einen Seite heraufpumpte und es von der anderen in denselben Teich ergösse.

Aber es ist schon zu weit gekommen: die Regierungen fühlen schon ihre Wehrlosigkeit und Schwäche, und die aus dem Schlafe erwachenden Menschen der christlichen Erkenntnis beginnen schon ihre Kraft zu fühlen:

„Ich bin gekommen, euch ein Feuer anzuzünden", hat Christus gesagt, „was wollte ich lieber, denn es brennte schon?"

Und dieses Feuer beginnt zu brennen.

X

Das Christentum in seiner wahren Bedeutung hebt den Staat auf. So ist es auch von Anfang an aufgefaßt worden, darum ist Christus gekreuzigt worden, und so ist es stets von den Menschen aufgefaßt worden, die nicht von der Notwendigkeit der Rechtfertigung des christlichen Staates gezwungen waren. Erst von der Zeit an, wo die Staatshäupter das nominelle, äußere Christentum annahmen, begann man alle die unmöglichen, schlau verwickelten Theorien zu erfinden, nach denen das Christentum mit dem Staate in Einklang gebracht werden kann. Aber für jeden aufrichtigen, ernsten Menschen unserer Zeit muß die Unvereinbarkeit des wahren Christentums – der Lehre der Demut, der Verzeihung von Kränkungen, der Liebe – mit dem Staate, mit seiner Vergrößerung, seinen Gewaltthaten, seinen Todesstrafen und Kriegen einleuchtend sein. Das Bekenntnis des wahren Christentums schließt nicht nur die Möglichkeit der Anerkennung des Staates aus, es zerstört auch seine Grundlagen.

Wenn es aber so ist, und wenn es richtig ist, daß das Christentum mit dem Staate unvereinbar ist, so drängt sich natürlich die Frage auf: was ist notwendiger für das Glück des Menschen, die staatliche Lebensform oder ihre Aufhebung und Ersatz durch das Christentum?

Die einen sagen, der Staat sei notwendiger für die Menschheit, die Vernichtung der Staatsform würde eine Vernichtung alles dessen nach sich ziehen, was die Menschheit geschaffen hat. Der Staat wird, wie er es war, auch in Zukunft die einzige Form der Entwicklung der Menschheit bleiben, und all das Uebel, das wir unter den Völkern sehen, die in staatlicher Form leben, rührt nicht von dieser Form her, sondern von Mißbräuchen, die ohne die Vernichtung abgestellt werden können, und die Menschheit könne, ohne die Staatsform anzutasten, sich entwickeln und einen hohen Grad von Wohlfahrt erreichen. Und die Menschen, die so denken, führen zur Bekräftigung ihrer Meinung, nur ihnen unwiderleglich scheinende philosophische, historische, ja sogar religiöse Beweise an. Aber es giebt Menschen, die das Gegenteil annehmen; daß nämlich, wie es eine Zeit gab, in der die Menschheit ohne staatliche Form lebte, diese Form eine vorübergehende sei, und daß eine Zeit kommen müsse, wo den Menschen eine neue Form Bedürfnis sein wird, und daß diese Zeit jetzt gekommen ist. Und die Menschen, die so denken, führen zur Bestätigung ihrer Ansicht ihnen unwiderleglich scheinende philosophische, historische, religiöse Beweise an.

Man kann ganze Bände zur Verteidigung der ersten Ansicht schreiben (sie sind auch schon lange geschrieben und werden noch immer geschrieben), man kann aber auch viel dagegen schreiben (und es ist auch, obwohl erst kurze Zeit, doch schon viel und Glänzendes dagegen geschrieben worden).

Und man kann nicht, wie die Verteidiger des Staates behaupten, beweisen, daß die Vernichtung des Staates ein allgemeines Chaos nach sich ziehen wird, gegenseitigen Raub, Totschlag, Vernichtung aller gesellschaftlichen Einrichtungen und die Rückkehr der Menschheit zur Barbarei; noch kann man beweisen, wie die Gegner des Staates behaupten, die Menschen seien schon so vernünftig und gut geworden, daß sie einander nicht berauben und töten, daß sie einen friedlichen Verkehr den Feindseligkeiten vorziehen, daß sie selbst ohne alle Hilfe des Staates das schaffen werden, was sie brauchen werden, und daß deswegen der Staat nicht nur alles dies nicht fördert, sondern vielmehr unter dem Schein der Beschränkung der Menschen einen schädlichen und verderblichen Einfluß auf sie ausübt. Man kann mit abstrakten Betrachtungen weder das eine noch das andere beweisen; noch weniger kann man es durch die Erfahrung beweisen, sondern die Frage steht so: Soll man diese Erfahrung machen oder nicht? Die Frage: ist die Zeit gekommen oder ist sie noch nicht gekommen, den Staat aufzulösen, wäre unlösbar, wenn es nicht ein zweites vitales Mittel gäbe, sie unwiderleglich zu lösen.

Ganz unabhängig von der Beurteilung dessen, ob die Jungen eines Nestes so weit reif sind, um die Bruthenne fortzujagen, ob die Kücklein aus dem Ei herauszulassen, oder ob sie dazu noch nicht reif sind, werden die unbestreitbaren Löser dieser Frage die Kücklein sein, wenn ihnen die Eierschalen zu enge geworden sind und sie anfangen, sie mit dem Schnabel durchzustoßen und selbst herauskommen.

So steht es mit der Frage, ob für die Menschen die Zeit gekommen oder noch nicht gekommen ist, die staatliche Form aufzuheben und sie durch eine neue zu ersetzen. Wenn der Mensch infolge eines in ihm erwachsenen höheren Bewußtseins nicht mehr die Forderungen des Staates erfüllen kann, nicht mehr Raum in ihm findet und gleichzeitig nicht mehr der Einschränkungen der Staatsformen bedarf, so ist die Frage, sind die Menschen zur Auflösung der Staatsform reif oder nicht, von einer ganz anderen Seite gelöst und ganz so unwiderleglich wie für das Kücklein, das aus dem Ei schlüpft, in das es keine Kraft der Welt mehr zurückbringen kann, von den Menschen selbst, die dem Staate schon entwachsen sind und durch keine Macht mehr in ihn zurückgebracht werden können.

„Es ist sehr wohl möglich, daß der Staat nötig war und jetzt noch nötig ist für all die Zwecke, die ihr ihm zuschreibt", sagt der Mensch, der sich die christliche Lebensauffassung zu eigen gemacht hat, „ich weiß nur, daß einerseits der Staat für mich nicht mehr nötig ist, und daß andererseits ich nicht mehr die Dinge thun kann, die für die Existenz des Staates nötig sind. Schaffet für euch das, was für euer Leben nötig ist, ich kann weder die allgemeine Notwendigkeit, noch die allgemeine Schädlichkeit des Staates beweisen, ich weiß nur, was ich brauche und was ich nicht brauche, was ich kann und was ich nicht kann. Ich weiß für meine Person, daß ich keine Scheidung meiner Person von anderen Völkern brauche, und darum kann ich eine ausschließliche Zugehörigkeit zu irgendeinem Volke oder Staate oder zur Unterthanenschaft unter irgendeine Regierung nicht anerkennen. Ich weiß für mich, daß ich alle Regierungseinrichtungen, die innerhalb eines Staates geschaffen werden, nicht brauche. Und darum kann ich die Menschen, die meiner Arbeit bedürfen, dieser nicht berauben und sie in Form von Steuern, zu so viel ich weiß, unnötigen und schädlichen Einrichtungen hergeben; ich weiß für mich, daß ich keine Verwaltung, keine Gerichte, die von der Gewalt hervorgerufen werden, brauche, und darum kann ich weder an dem einen, noch an dem anderen teilnehmen; ich weiß für mich, daß ich weder das Bedürfnis habe, andere Völker zu überfallen und zu töten, noch mich mit der Waffe in der Hand zu schützen.

Darum kann ich nicht teilnehmen an den Kriegen und an den Vorbereitungen dazu. Es ist sehr wohl möglich, daß es Menschen giebt, die all das für nötig und unentbehrlich zu halten sich gezwungen fühlen, ich kann mit ihnen nicht streiten, ich weiß nur für mich und ich weiß es unzweifelhaft, daß ich es nicht brauche, und daß ich das nicht thun kann; und ich brauche es nicht zu thun, nicht etwa, weil ich, ich für meine Person, es so will, sondern weil es der nicht will, der mich ins Leben gesandt hat und mir ein unzweifelhaftes Gesetz zur Richtschnur in diesem Leben gegeben hat.

Welche Beweise auch die Menschen dafür anführen wollten, daß es schädlich sei, die staatliche Macht zu vernichten, und daß diese Vernichtung Unheil mit sich bringen würde – die Menschen. die der staatlichen Form schon entwachsen sind, können in ihr keinen Raum mehr finden; und wie viele und wie starke Gründe der Notwendigkeit man auch dem Menschen anführte, der der Staatsform entwachsen ist, er kann nicht mehr zu ihr zurückkehren, er kann nicht teilnehmen an den Dingen, die sein Bewußtsein verwirft, wie ausgewachsene Kücklein nicht zurückkehren können in die Eierschale, aus der sie herausgewachsen sind.

„Wenn es aber auch so ist", sagen die Verteidiger der bestehenden Ordnung, „so wäre doch immerhin die Vernichtung der staatlichen Gewalt nur dann möglich und wünschenswert, wenn alle Menschen Christen würden. Bis dahin aber, so lange dies nicht der Fall ist, solange unter den Menschen, die nur den Namen Christen führen, unchristliche Menschen sind, böse Menschen, die um ihres persönlichen Genusses willen bereit sind, die anderen zu schädigen, wäre die Vernichtung der staatlichen Form nicht nur kein Glück für die übrigen, sie würde nur ihre Not vergrößern. Die Vernichtung der staatlichen Form des Lebens ist nicht nur dann nicht wünschenswert, wenn es einen kleinen Teil wahrer Christen geben wird, sie ist sogar dann nicht wünschenswert, wenn alle Christen sein werden, und wenn in ihrer Mitte oder rings um sie wie bei anderen Völkern unchristliche Menschen bleiben werden, denn diese unchristlichen werden ungestraft die Christen plündern, ihnen Gewalt anthun, sie töten und ihr Leben zu einer Qual machen. Es wird nur das eintreten, daß die Bösen ungestraft herrschen werden über die Guten und sie vergewaltigen, darum darf die staatliche Macht nicht eher aufgehoben werden, als bis alle bösen, begehrlichen Menschen in der Welt vernichtet sind. Da aber dies, wenn auch nicht nie, so doch noch lange nicht eintreten wird, so muß, ungeachtet der Versuche zur Befreiung einzelner Christen von der staatlichen Macht, diese Macht von der Mehrzahl der Menschen aufrecht erhalten werden", so sprechen die Verteidiger des Staates, „ohne Staat vergewaltigen die Bösen die Guten und herrschen über sie. Die Staatsmacht aber giebt den Guten die Möglichkeit, die Bösen niederzuhalten", sagen sie.

Aber mit dieser Behauptung erklären die Verteidiger der bestehenden Ordnung schon im Vorhinein die Richtigkeit des Satzes, den sie beweisen müssen. Indem sie sagen, ohne die staatliche Macht würden die Bösen über die Guten herrschen, sehen sie als bewiesen an, daß die Guten eben die seien, die gegenwärtig die Macht innehaben, und die Bösen eben die, die sich ihnen unterwerfen. Aber das eben muß doch bewiesen werden. Das wäre doch nur richtig, wenn in unserer Welt das geschähe, was in China zwar nicht geschieht, aber doch vorausgesetzt wird, daß nämlich stets die Guten herrschen, und daß, sobald an der Spitze der Regierung Menschen stehen, die nicht besser sind als die, über welche sie herrschen, die Bürger die Pflichten haben, sie zu stürzen. So wird in China angenommen, in Wirklichkeit aber ist es nicht so und kann nicht so sein, denn um die Macht der gewaltthätigen Regierung abzuschütteln genügt es nicht, das Recht dazu zu haben, man muß auch die Kraft dazu besitzen. Und so ist es auch in China nur eine Annahme. In unserer christlichen Welt aber hat man dies niemals auch nur angenommen. In unserer christlichen Welt giebt es gar keine Gründe, anzunehmen, daß die Besseren oder die Besten herrschten, und nicht die Menschen, die die Macht ergriffen haben und sie für sich und ihre Nachfolger festhalten. Die Macht aber ergreifen und festhalten können keineswegs die Besseren.

Um die Macht zu erwerben und sie festzuhalten, muß man die Macht gerne haben. Machtstreben aber vereinigt sich nicht mit Güte, sondern mit den der Güte entgegengesetzten Eigenschaften: mit Stolz, List, Grausamkeit.

Ohne sich zu erhöhen und die anderen zu erniedrigen, ohne Heuchelei, ohne Lüge, ohne Gefängnisse, ohne Festungen, ohne Strafen und ohne Totschlag kann keine Macht aufkommen, noch sich erhalten.

„Wollte man die staatliche Macht vernichten, so werden die böseren Menschen über die weniger bösen herrschen“, sagen die Verteidiger der Staatsherrschaft. Wenn aber die Aegypter die Hebräer unterworfen haben, die Perser die Aegypter, die Macedonier die Perser, die Römer die Griechen, die Barbaren Rom, waren wirklich alle, die unterworfen haben, besser als die, die unterworfen wurden? Und ganz so ist es bei dem Uebergang der Macht in einem Staate von einer Person an die andere. Ist die Macht immer an die bessere gekommen? Als Ludwig XVI. und Robespierre zur Macht gelangten und dann Napoleon, wer herrschte, die Besseren oder die Schlechteren? Wann herrschten die Besseren: als die Versailler oder die Kommunards die Macht innehatten, oder als an der Spitze der Regierung Karl I. oder Cromwell stand? Und als Peter III. Zar war, oder als man ihn getötet hatte und in einem Teil Rußlands Katharina, im anderen Pugatschew die Zarengewalt innehatte, wer war damals böse, wer gut? Alle Menschen, die sich in der Macht befinden, behaupten, ihre Macht sei nötig, damit die Bösen nicht die Guten vergewaltigen, und betrachten es als selbstverständlich, daß sie eben die Guten seien, die die anderen Guten vor den Bösen schützen.

Aber Macht innehaben heißt doch Gewalt üben, Gewalt üben heißt thun, was der nicht will, über den die Gewalt geübt wird, und was bestimmt in Bezug auf seine Person der nicht wünscht, der die Gewalt übt; folglich heißt Macht innehaben, dem anderen das thun, was wir nicht wollen, daß die anderen uns thun, das heißt Böses thun.

Sich unterordnen heißt Duldung der Gewalt vorziehen. Duldung der Gewalt vorziehen aber heißt gut sein oder wenigstens weniger schlecht als die, die den anderen das thun, was sie für sich nicht wollen.

Und darum spricht alle Wahrscheinlichkeit dafür, daß stets, und auch jetzt nicht die Besseren die Macht innehaben, sondern im Gegenteil die Schlechteren, schlechter als die, über die sie ihre Macht gebrauchen. Es können auch Schlechte sein unter denen, die sich der Macht unterordnen, es ist aber nicht möglich, daß die Besseren über die Schlechteren herrschen.

Das konnte man bei der heidnischen ungenauen Definition des Guten nicht annehmen: bei der christlichen, klaren und genauen Definition des Guten und Bösen aber kann man das gar nicht mehr denken.

Wenn man die mehr oder weniger Guten und die mehr oder weniger Schlechten in der heidnischen Welt nicht unterscheiden kann, hat die christliche Auffassung von Gut und Schlecht so klar die Merkmale des Guten und des Schlechten definiert, daß man sie nicht mehr vermischen kann. Nach der Lehre Christi sind die Guten die, die sich demütigen, dulden, dem Uebel nicht mit Gewalt widerstreben, Kränkungen vergeben, die Feinde lieben; schlecht die, die sich erhöhen, herrschen, kämpfen, den Menschen Gewalt anthun, und darum giebt es nach der Lehre Christi keinen Zweifel, wo die Guten sind: unter den Herrschenden oder unter den Demütigen; und wo die Bösen sind: unter den Demütigen oder unter den Herrschenden. Ja, es ist geradezu komisch, von machthabenden Christen zu sprechen.

Die Nichtchristen, das heißt, solche Menschen, die ihr Leben im weltlichen Glücke suchen, müssen stets herrschen über die Christen und über diejenigen, die ihr Leben in der Lossagung von diesen Gütern sehen.

Und so war dies immer und wurde immer bestimmter und bestimmter nach dem Maße der Verbreitung und Klärung der christlichen Lehre.

Je mehr das wahre Christentum sich verbreitete und in das Bewußtsein der Menschen eintrat, desto weniger wurde es den Christen möglich, unter den Machthabern zu sein, und desto leichter wurde es den Nichtchristen, über die Christen Macht auszuüben.

„Die Beseitigung der staatlichen Gewalt in dem Falle, daß in der Gesellschaft nicht alle Menschen wahre Christen geworden sind, wird nun das bewirken, daß die Bösen über die Guten herrschen und sie ungestraft vergewaltigen werden", sagen die Verteidiger der bestehenden Lebensordnung.

Die Bösen werden herrschen über die Guten und sie vergewaltigen.

Etwas anderes aber hat es nie gegeben und kann es auch jetzt nicht geben. So war es stets seit Anbeginn der Welt und so ist es bis zum heutigen Tage. *Die Bösen haben stets die Macht über die Guten und vergewaltigen sie immer.* Kain vergewaltigte den Abel, der schlaue Jakob hatte Macht über den vertrauensseligen Esau, Laban, der ihn betrog, über Jakob, Kaiphas und Pilatus über Christus, die römischen Imperatoren über die Senecas, Epiktete und die guten Römer, die zu ihrer Zeit lebten. Johann IV. mit seinen Häschern, der betrunkene Syphilitiker Peter mit seinen Narren, die blutige Katharina mit ihren Liebhabern hatten die Macht über die fleißigen, frommen Russen ihrer Zeit und vergewaltigten sie.

Wilhelm herrscht über die Deutschen, Stambulow über die Bulgaren, die russischen Beamten über das russische Volk. Die Deutschen herrschten über die Italiener, herrschen jetzt über die Ungarn und Slaven; die Türken herrschen und herrschten über Slaven und Griechen; die Engländer herrschen über die Indier, die Mongolen über die Chinesen. Ob also die staatliche Gewalt beseitigt werden wird oder nicht, die Lage der guten Menschen, die von den bösen Menschen vergewaltigt sind, wird dadurch nicht verändert.

Man kann die Menschen keineswegs damit einschüchtern, daß die Guten über die Bösen herrschen, da das, womit man sie einschüchtert, dasselbe ist, was immer war, ist und nicht anders sein kann.

Die ganze heidnische Geschichte der Menschheit besteht nur aus Ereignissen, durch welche die Schlechteren die Macht über die weniger Schlechten ergriffen haben, und nachdem sie sie ergriffen hatten, durch Grausamkeiten und Ränke aufrecht erhielten, und, indem sie sich als Hüter der Gerechtigkeit, als die Beschützer der Guten gegen die Bösen hinstellten, über die Guten die Macht hatten. Alle Umwälzungen in der Geschichte sind nichts als die Ergreifung der Macht durch die Schlechteren und die Herrschaft über die Guten. Was die Machthaber sagen, wenn ihre Macht nicht wäre, würden die Schlechteren die Guten vergewaltigen, bedeutet dies nichts als: die Gewaltthäter, die sich in der Macht befinden, wollen diese Macht nicht anderen Gewaltthätern abtreten, die sie ihnen gern abnehmen möchten. Indem sie das sagen, stellen die Machthaber nur sich selbst bloß. Sie sagen, ihre Macht, das heißt die Gewalt, ist nötig, um die Menschen gegen andere zu schützen oder gegen Gewaltthäter, die erst kommen sollen[5].

Darin liegt die Gefahr der Anwendung der Gewalt, daß, sobald sie angewendet wird, alle Beweise, die die Gewaltthäter für sich beibringen, nicht nur mit gleichem, sondern mit mehr Grund gegen sie selbst beigebracht werden können. Sie sprechen von vergangener und häufiger noch von kommender Gewalt und hören selbst nicht auf, thätliche Gewalt auszuüben. „Ihr sagt, die Menschen haben früher geraubt und geschlagen, und ihr fürchtet euch, daß sie einander berauben und schlagen werden, wenn eure Macht fehlte. Das kann wohl sein, kann aber auch nicht sein; daß ihr aber Tausende von Menschen in Gefängnisse, auf Foltern, in Festungen, in der Verbannung zu Grunde richtet, daß ihr Millionen von Familien zerstört und Millionen Menschen im Soldatentum körperlich und sittlich zu Grunde richtet – das ist keine vermutete, sondern eine wirkliche Gewalt, gegen die man nach eurem eigenen Urteil mit Gewalt ankämpfen müßte.

Und darum sind die Bösen, gegen die man nach eurer Meinung unzweifelhaft Gewalt anwenden müßte, ihr selbst", müßten den Gewaltthätern die vergewaltigten Menschen sagen. Und die Menschen, die nicht Christen sind, sagen dies auch stets und denken und handeln so. Wenn die Vergewaltigten schlechter sind als die, die sie vergewaltigen, so fallen sie über sie her und bemühen sich, sie zu stürzen, und stürzen sie auch unter günstigen Umständen, oder, was das Gewöhnliche ist, sie treten in die Reihe der Gewaltthäter und nehmen teil an ihren Gewaltthaten.

Und so hat sich eben das vollzogen, womit die Verteidiger der Staatsordnung die Menschen einschüchtern – daß nämlich, wenn es keine gewaltthätige Macht gäbe, die Bösen über die Guten herrschen würden, so hat es sich vollzogen und vollzieht sich im Leben der Menschheit unaufhörlich, und darum kann die Vernichtung der staatlichen Gewalt in keinem Falle die Ursache der Vergrößerung der Gewalt der Bösen über die Guten sein.

5 Besonders auffällig in dieser Beziehung, ja geradezu komisch ist die neueste Behauptung der russischen Behörden, die die fremden Nationalitäten vergewaltigen: die Polen, die Ostsee-Deutschen, die Juden. Die russische Regierung bedrückt ihre Unterthanen, hat sich Jahrhunderte hindurch weder um die Kleinrussen in Polen noch um die Letten in den Ostseeprovinzen, noch um die russischen Bauern gekümmert, die von allen möglichen ausgebeutet wurden, und plötzlich wird sie die Beschützerin der Bedrückten gegen die Bedrücker, die Bedrücker, die sie selbst bedrückt.

Wenn die Regierungsgewalt vernichtet wird, so wird die Gewalt vielleicht von anderen geübt werden, aber nicht von denen, die sie vorher geübt haben, die Summe der Gewalt aber kann dadurch, daß die Macht von den einen zu den anderen übergeht, in keinem Falle vergrößert werden.

„Die staatliche Gewalt kann nur dann aufhören, wenn die bösen Menschen in der Gesellschaft vernichtet sind", sagen die Verteidiger der bestehenden Ordnung und verstehen darunter, wie es immer böse Menschen geben wird, so wird auch die Gewalt nie aufhören. Und das wäre richtig, aber nur dann, wenn auch das wahr wäre, was sie voraussetzen, daß nämlich die Gewaltthätigen die Besseren seien, und das einzige Mittel, die Menschen von dem Uebel zu befreien, die Gewalt sei. Dann könnte in der That die Gewalt nie aufhören. Da dies aber nicht der Fall ist, sondern das Gegenteil, daß nämlich nicht die Besseren die Schlechten, sondern die Schlechten die Guten vergewaltigen, und daß außer der Gewalt, die das Böse nie aus der Welt schafft, ein anderes Mittel vorhanden ist, die Gewalt zu vernichten, so ist die Behauptung, daß die Gewalt nie aufhören wird, unrichtig. Die Gewalt vermindert und vermindert sich stets und muß augenscheinlich aufhören, aber nicht, wie sich das gewisse Verteidiger der bestehenden Ordnung vorstellen, dadurch, daß die Menschen, die der Gewalt unterliegen, durch die Einwirkungen der Regierungen auf sie immer besser und besser handeln werden, (dadurch werden sie im Gegenteil stets schlechter werden), sondern vielmehr dadurch, daß, wie alle Menschen beständig besser und besser werden, auch die schlechtesten Menschen, die sich im Besitze der Macht befinden, immer weniger und weniger schlecht und einmal den Grad von Güte erreichen werden, daß sie nicht mehr fähig sein werden, Gewalt anzuwenden.

Der Fortschritt der Menschheit vollzieht sich nicht so, daß die besseren Elemente der Gesellschaft die Macht ergreifen und die Gewalt anwenden gegen die Menschen, die sich in ihrer Macht befinden, sie besser machen, wie das die Konservativen und Revolutionäre glauben, er vollzieht sich erstens und vor allem dadurch, daß alle Menschen insgesamt unweigerlich und unaufhaltsam immer bewußt und bewußt sich die christliche Lebensauffassung aneignen, und zweitens dadurch, daß auch unabhängig von der bewußten geistigen Thätigkeit der Menschen die Menschen unbewußt infolge des bloßen Vorgangs der Ergreifung der Macht durch die einen und ihrer Ablösung durch andere unwillkürlich zu einer christlichen Auffassung des Lebens kommen. Dieser Prozeß vollzieht sich so, daß die schlechteren Elemente der Gesellschaft, nachdem sie die Macht ergriffen haben und sich in ihrem Besitze befinden, unter dem Einfluß der Ernüchterung, die immer mit ihr verbunden ist, immer weniger und weniger grausam werden, unfähig werden, die grausamen Formen der Gewalt anzuwenden und infolgedessen anderen ihren Platz einräumen, an denen sich wieder derselbe Prozeß der Milderung und sozusagen unbewußten Christianisierung vollzieht.

Mit den Menschen vollzieht sich etwas, was dem Vorgang des Kochens ähnlich ist. Alle Menschen der Mehrzahl der nichtchristlichen Lebensauffassung streben stets der Macht zu und führen einen Kampf, sie zu erreichen. In diesem Kampfe gelangen die grausamsten, rohesten, am wenigsten christlichen Elemente der Gesellschaft, die die demütigen, für das Gute empfänglichen, am meisten christlichen Menschen am meisten vergewaltigen, vermöge ihrer Gewalt in die obersten Schichten der Gesellschaft empor. Und nun vollzieht sich an diesen Menschen, die sich in dieser Lage befinden, das, was Christus prophezeit hat, da er sagte: „Wehe den Reichen, Uebersättigten und Berühmten; an ihnen vollzieht sich, daß die Menschen, die sich in der Macht und im Besitz der Folgen der Macht, des Ruhmes und des Reichtums befinden, wenn sie an bestimmte, verschiedene, von ihnen selbst gesetzte Ziele gelangen, ihre Eitelkeit erkennen und zurückkehren in die Lage, aus der sie hervorgegangen sind.“ Karl V., Johann IV., und Alexander I. haben die ganze Eitelkeit und das Uebel der Macht erkannt und sich von ihr losgesagt, weil sie ihr ganzes Uebel erkannt haben und nicht mehr die Kraft besaßen, ruhig die Gewalt als ein gutes Werk auszuüben, wie sie das vorher gethan hatten.

Aber nicht bloß die Karle und die Alexander machen diesen Weg durch und erkennen die Eitelkeit und das Uebel der Macht an: diesen unbewußten Prozess der Milderung macht jeder Mensch durch, der die Macht erreicht hat, nach der er gestrebt hat. Jeder, nicht bloß der Minister, der General, der Millionär und Kaufmann, sondern auch der Kanzleivorsteher, der die Stelle erreicht hat, die er zehn Jahre angestrebt hat, jeder reiche Bauer, der das erste und zweite Hundert beiseite gelegt hat.

Diesen Prozess machen nicht nur die einzelnen Menschen, sondern auch die Gemeinschaften der Menschen, ganze Völker durch.

Die Lockung der Macht und alles dessen, was sie bietet an Reichtümern, Ehren, Genußleben, erscheint der Thätigkeit der Menschen nur so lange als ein würdiges Ziel, bis man sie erreicht hat, aber in dem Augenblick, indem der Mensch sie erreicht hat, enthüllt sich ihre Leerheit, verlieren sie allmählich ihre anziehende Kraft wie Wolken, die nur aus der Ferne Gestalt und Schönheit haben: man braucht nur in sie hineinzugehen, damit all das verschwinde, was an ihnen schön erschien.

Diejenigen selbst, die Macht und Reichtümer erlangt haben, und meist ihre Nachfolger, hören schon auf, so machtbegierig zu sein und so grausam in den Mitteln zu ihrer Erreichung.

Was die Menschen unter dem Einfluß der Früchte der Gewalt erkannt haben, verlieren sie bald in einer, bald in mehreren Generationen; die Laster, die durch die Leidenschaft des Erringens der Macht und des Reichtums erzeugt waren, sie werden weniger grausam, halten ihre Stellung nicht fest, werden aus der Macht durch weniger christliche, schlechtere Menschen herausgedrängt und kehren zurück zu den der Stellung nach niedrigeren, der Sittlichkeit nach höheren Schichten der Gesellschaft und steigern durch ihre eigene Person das mittlere Niveau des christlichen Bewußtseins aller Menschen. Aber gleich nach ihnen tauchen wieder schlechtere, rohere, weniger christliche Elemente der Gesellschaft empor, unterliegen wieder demselben Prozeß wie ihre Vorgänger, und auch sie sehen in einem oder mehreren Geschlechtern die Eitelkeit der Früchte der Gewalt ein, durchtränken sich mit dem Christentum, steigen herunter in die Mitte der Vergewaltigten und werden wieder durch neue Gewaltthäter ersetzt, die weniger roh sind, als die vorangegangenen, aber roher als die, die sie vergewaltigen, so daß, trotzdem die Gewalt dieselbe bleibt, die sie war, der äußeren Form nach mit jeder Veränderung der Menschen, die sich in der Macht befinden, die Zahl der Menschen, die durch die Erfahrung zu der Notwendigkeit gekommen sind, sich die christliche Lebensauffassung anzueignen, immer mehr anwächst, und mit jeder Veränderung gelangen immer die rohesten und grausamsten, am wenigsten christlichen von allen, aber doch immer weniger und weniger rohe und grausame und mehr christliche als die, die vorher in der Macht waren, in den Besitz der Macht.

Die Gewalt wählt sich die schlechteren Elemente der Gesellschaft und zieht sie an sich, bildet sie um und giebt sie gebessert und gemildert der Gesellschaft zurück.

Das ist der Prozeß, durch den das Christentum, trotz der von der staatlichen Macht angewandten Gewalt, die dem Fortschritt der Menschen hinderlich ist, die Menschen immer mehr und mehr erobert. Das Christentum dringt in das Bewußtsein der Menschen ein, nicht bloß trotz der Anwendung der Gewalt, sondern mit ihrer Hilfe.

Und darum beweist die Behauptung der Verteidiger der staatlichen Ordnung, daß die Schlechten über die Guten Macht haben werden, sobald man die staatliche Gewalt beseitigt, nicht nur nicht, daß dies (die Herrschaft der Bösen über die Guten) gefährlich wäre, da das ja stets geschieht, sondern im Gegenteil, sie beweist, daß die staatliche Gewalt, die dem Bösen die

Möglichkeit giebt, über die Guten zu herrschen, eben das Uebel ist, das zu vernichten wünschenswert ist, und das sich beständig durch das Leben selbst vernichtet.

„Wenn es aber auch richtig wäre, daß die staatliche Gewalt in dem Augenblicke aufhört, wo die Machtinhaber insoweit Christen sein werden, daß sie selbst auf sie verzichten, und es keine Menschen mehr geben wird, die bereit sein werden, ihre Stelle einzunehmen, und wenn es richtig ist, daß dieser Prozess sich vollzieht“, sagen die Verteidiger der bestehenden Ordnung, „wann wird das sein? Wenn achtzehnhundert Jahre vorübergegangen sind und es immer noch so viele giebt, die gern die Macht ergreifen, und wenige, die sich gern unterordnen, so fehlt durchaus die Wahrscheinlichkeit, nicht bloß, daß das sehr bald, sondern daß es überhaupt je eintritt.

„Giebt es auch, wie es ja unter allen Menschen früher gegeben hat, solche, die einen Verzicht auf die Macht ihrem Besitze vorziehen, so ist der Vorrat an Menschen, die die Macht der Unterordnung vorziehen, so groß, daß man sich schwer eine Zeit vorstellen kann, in der er sich erschöpft haben sollte.

„Damit sich dieser Prozeß der Christianisierung aller Menschen vollziehe, damit alle Menschen, einer nach dem andern von der heidnischen Lebensauffassung zur christlichen übergehen und freiwillig auf Macht und Reichtum verzichten und niemand den Wunsch hege, sich ihrer zu bedienen, ist es nötig, nicht nur, daß alle jene rohen, halbwilden, gänzlich für die Annahme des Christentums und seiner Uebung unfähigen Menschen, deren es stets viele in jeder Gesellschaft gegeben hat, sich zum Christentum umbildeten und es befolgten, sondern auch alle wilden und überhaupt nicht christlichen Völker, deren es noch so viele außerhalb des Christentums giebt. Wenn man daher zugiebt, daß der Prozeß der Christianisierung sich einmal an allen Menschen vollzieht, so muß man, darnach zu urteilen, wie langsam er während der 1800 Jahre fortgeschritten ist, annehmen, er würde erst in mehrerenmalen 1800 Jahren sich vollziehen, und darum kann man nicht und hat keinen Grund, jetzt an die Vernichtung der Macht zu denken, die nicht möglich ist, man muß sich nur darum bemühen, daß diese Macht in den besten Händen sei.“

Das wenden die Verteidiger der bestehenden Ordnung ein. Diese Betrachtung wäre vollkommen berechtigt, wenn sich der Uebergang der Menschen von der einen Lebensauffassung zur anderen nur durch diesen Prozeß vollzöge, bei dem jeder Mensch einzeln und einer nach dem anderen die Eitelkeit der Macht erkennt und auf innerem Wege zu den christlichen Wahrheiten gelangt.

Dieser Prozeß vollzieht sich unaufhörlich, und die Menschen gehen einer nach dem anderen auf diesem Wege auf die Seite des Christentums hinüber.

Aber nicht nur auf diese eine, innerliche Weise gehen die Menschen auf die Seite des Christentums über, sondern auch auf eine zweite äußerliche Weise, bei der die Folgerichtigkeit dieses Uebergangs zerstört wird.

Der Uebergang der Menschen von der einen Ordnung des Lebens zur andern vollzieht sich nicht ununterbrochen, so, wie der Sand in der Sanduhr fällt, ein Sandkörnchen nach dem andern, vom ersten bis zum letzten, sondern eher so, wie das Wasser in ein in Wasser gesenktes Gefäß dringt, das anfangs nur von der einen Seite langsam und gleichmäßig Wasser einläßt und dann von dem Gewicht des bereits eingedrungenen Wassers plötzlich schnell hinuntersinkt und fast auf einmal das ganze Wasser aufnimmt, daß es fassen kann.

Dasselbe vollzieht sich mit den Gemeinschaften der Menschen bei dem Uebergange von der einen Auffassung und daher auch Ordnung des Lebens zur andern. Die Menschen nehmen allmählich und langsam einer nach dem anderen die neue Wahrheit auf dem inneren Wege an und befolgen sie im Leben; hat aber die Wahrheit erst eine gewisse Verbreitung gefunden, so wird sie von ihnen nicht auf innere Weise, nicht gleichmäßig, sondern fast unwillkürlich auf einmal angeeignet.

Darum ist die Meinung der Verteidiger der bestehenden Ordnung unrichtig, daß, wenn im Verlauf von 1800 Jahren nur ein kleiner Teil der Menschen auf die Seite des Christentums getreten ist, es noch mehrerermale 1800 Jahre bedarf, bis alle übrigen Menschen auf seine Seite treten. Sie ist darum unrichtig, weil bei dieser Ansicht nicht die andere, neben der innerlichen Erlangung der Wahrheit geltende Weise der Aneignung einer neuen Wahrheit durch die Menschen und des Uebergangs von einer neuen Lebensstruktur zur andern in Rechnung gezogen wird.

Diese zweite Art der Aneignung einer neu enthüllten Wahrheit durch die Menschen und der Uebergang zu einer neuen Lebensordnung besteht darin, daß die Menschen sich die Wahrheit nicht nur darum aneignen, weil sie sie mit prophetischem Gefühl oder durch die Erfahrung des Lebens erkennen, sondern auch darum, weil bei einem gewissen Grade der Verbreitung der Wahrheit die Menschen, die auf einer niedrigen Stufe der Entwicklung stehen, sie auf einmal annehmen, lediglich aus Vertrauen zu denen, die sie auf innerem Wege angenommen haben und sie im Leben anwenden.

Jede neue Wahrheit, die die Ordnung des menschlichen Lebens verändert und die die Menschheit vorwärts bringt, wird anfänglich nur von einer ganz kleinen Anzahl von Menschen angenommen, die sie auf innerem Wege ergriffen haben. Die übrigen Menschen dagegen, die aus Vertrauen die vorhergegangene Wahrheit angenommen hatten, die, auf welcher die bestehende Ordnung beruht, widerstreben stets der Verbreitung der neuen Wahrheit.

Da aber erstens die Menschen nicht auf einer Stelle stehen bleiben, sondern ununterbrochen fortschreiten und immer mehr und mehr die Wahrheit erkennen und sich ihr in ihrem Leben nähern, und weil sie zweitens alle ihrem Alter, ihrer Erziehung, ihrer Abstammung nach, veranlagt sind zu einem allmählichen Fortschreiten von den Menschen, die am ehesten befähigt sind, die neu enthüllte Wahrheit auf innerem Wege zu begreifen, zu Menschen, die am wenigsten dazu befähigt sind, so gehen die Menschen, die ihnen am nächsten stehen, die auf innerem Wege die Wahrheit erkannt haben, einer nach dem andern anfangs in längeren Zeitpausen und dann immer häufiger und häufiger auf die Seite der neuen Wahrheit über, und die Zahl der Menschen, die die neue Wahrheit anerkennen, wächst beständig, und die Wahrheit wird immer einleuchtender und einleuchtender.

Und je mehr Menschen die neue Wahrheit sich aneignen, und je einleuchtender die Wahrheit wird, desto größer wird das Vertrauen bei den übrigen, die auf der niedrigeren Stufe der Erkenntnis stehen, desto leichter wird es für sie, sie zu erlangen, und desto größer wird die Zahl, die sie sich aneignen. Und so schreitet die Bewegung fort, wird immer schneller und schneller, immer breiter und breiter wie ein Schneeball, bis sich eine mit der neuen Wahrheit übereinstimmende öffentliche Meinung bildet und die ganze übrige Masse der Menschen nicht mehr einzeln, sondern alle auf einmal, unter dem Druck dieser Kraft, übertritt auf die Seite der neuen Wahrheit, und eine dieser Wahrheit entsprechende neue Lebensordnung sich gestaltet.

Die Menschen, die auf die Seite einer neuen, bis zu einem gewissen Grade der Verbreitung gelangten Wahrheit übergehen, gehen zu ihr stets auf einmal über, in Massen, ähnlich dem Ballast, mit dem man stets zur Erhaltung des Gleichgewichts und des regelmäßigen Ganges jedes Schiff anfüllt. Ohne Ballast würde das Schiff nicht ruhig im Wasser gehen und seine Richtung bei der geringsten Veränderung der Umstände ändern. Dieser Ballast der anfangs überflüssig erscheint, ja als ein Hindernis für den Gang des Schiffes, ist eine notwendige Vorbedingung seiner regelmäßigen Fortbewegung.

So ist es auch mit der Masse der Menschen, die immer auf einmal, nicht einer nach dem andern, unter dem Einfluß einer neuen öffentlichen Meinung von einer Ordnung des Lebens zur andern übergeht. Diese Masse verhindert stets durch ihre Trägheit schnelle, durch menschliche Weisheit nicht erprobte häufige Uebergänge von einer Lebensordnung zur andern und hält jede, durch lange Erfahrung des Kampfes erprobte, in das Bewußtsein der Menschen eingedrungene Wahrheit auf.

Darum ist auch die Meinung falsch, daß, wenn auch nur ein ganz kleiner Teil der Menschheit die christliche Wahrheit sich im Laufe von achtzehn Jahrhunderten angeeignet hat, die ganze Menschheit sie erst durch viele, vielemal 1800 Jahre sich aneignen wird, das heißt in so später Zeit, daß wir, die wir jetzt leben, gar nicht daran denken können. Falsch ist sie deshalb, weil die Menschen, die auf einer niedrigen Stufe der Entwicklung stehen, die Nationen und Menschen, die von den Verteidigern der bestehenden Ordnung als ein Hindernis für die Verwirklichung der christlichen Lebensordnung hingestellt werden, eben die Menschen sind, die stets auf einmal in Massen auf die Seite einer Wahrheit treten, die von der öffentlichen Meinung angenommen ist.

Und darum wird die Umwandlung im Leben der Menschheit, durch die die Menschen, die sich in der Macht befinden, auf sie verzichten, und unter den Menschen, die sich der Macht fügen, sich keine mehr finden werden, die bereit sein werden, sie zu ergreifen, nicht erst dann erfolgen, wenn alle Menschen, einer nach dem andern, bis zum letzten, mit Bewußtsein die christliche Lebensauffassung sich werden angeeignet haben, sondern dann, wenn eine bestimmte und allen einleuchtende christliche, öffentliche Meinung sich gebildet haben wird, die sich die ganze träge Masse unterwirft, die nicht befähigt ist, auf innerlichem Wege sich Wahrheiten anzueignen, und eben darum stets der öffentlichen Meinung unterliegt.

Die öffentliche Meinung aber bedarf zu ihrer Entstehung und Verbreitung nicht Hunderte und Tausende von Jahren. Sie hat die Eigentümlichkeit, ansteckend auf die Menschen zu wirken und mit großer Schnelligkeit eine große Anzahl von Menschen zu erfassen.

„Wenn es aber auch richtig ist“, sagen die Verteidiger der bestehenden Ordnung, „daß die öffentliche Meinung bei einem gewissen Grade von Bestimmtheit und Klarheit die träge Masse der Menschen, die außerhalb der christlichen Gemeinschaft steht – die der nicht-christlichen Völker – und die verdorbenen und rohen Menschen, die in der Gesellschaft leben, veranlassen kann, sich ihr zu unterwerfen, welche Anzeichen haben wir dafür, daß diese christliche, öffentliche Meinung sich gebildet hat und die Wirksamkeit der Gewalt ablösen kann?

„Man kann sich nicht in die Gefahr begeben, die Gewalt zu verwerfen, durch die die bestehende Ordnung erhalten wird, und sich auf die unfassbare und unbestimmte Kraft der öffentlichen Meinung zu verlassen und den wilden Menschen außerhalb und innerhalb der Gesellschaft zu gestatten, straflos zu plündern, zu töten und auf jede Weise die Christen zu vergewaltigen.

„Wenn wir mit Hilfe der Macht uns vor den unchristlichen Elementen schützen, die stets bereit sind, uns zu überschwemmen und alle Fortschritte der Zivilisation zu vernichten, giebt es dann erstens eine Wahrscheinlichkeit, daß die öffentliche Meinung die Kraft ersetzen und uns schützen könnte, und wie soll man zweitens den Moment finden, in dem die öffentliche Meinung so stark geworden ist, daß sie die Macht ablösen kann? Die Macht ablösen und sich zur Verteidigung seiner eigenen Person bloß auf die öffentliche Meinung zu verlassen, hieße so unvernünftig handeln, wie ein Mensch in einem Zwinger, der seine Waffe fortwürfe und alle Löwen und Tiger aus den Käfigen ließe, weil er sich darauf stützt, daß die Tiere in den Käfigen und unter den glühenden Stäben friedlich erschienen.

„Und darum haben die Menschen, die die Macht inne haben, die vom Schicksal oder von Gott in die Stellung der Machthaber gebracht sind, nicht das Recht, alle Erfolge der Zivilisation bloß darum der Gefahr des Untergangs auszusetzen, weil sie den Versuch zu machen wünschen, ob die öffentliche Meinung die Einschränkung der Macht ersetzen kann oder nicht. Und darum dürfen sie auch der Gewalt nicht ein Ende machen."

Ein französischer, heute vergessener Schriftsteller, Alphonse Karr, hat irgendwo, wo er beweisen will, daß es unmöglich sei, die Todesstrafe abzuschaffen, gesagt: „Que messieurs les assassins commencent par nous donner l'exemple" (Die Herren Mörder mögen uns zuerst mit gutem Beispiel vorangehen). Und oft habe ich später diesen Scherz von Leuten wiederholen hören, die da glaubten, mit diesen Worten sei ein überzeugender und scharfsinniger Beweis gegen die Abschaffung der Todesstrafe ausgesprochen. Und doch kann man nicht deutlicher die ganze Unhaltbarkeit des Beweises derjenigen ausdrücken, die der Meinung sind, die Regierungen dürften die Gewalt nicht abschaffen, solange die Menschen nicht dazu befähigt sind, als durch eben diesen Scherz.

„Mögen die Mörder", sagen die Verteidiger der von den Regierungen ausgeübten Gewalt, „uns mit guten Beispiel vorangehen, indem sie den Totschlag aufgeben, dann wollen auch wir ihn aufgeben." Aber die Mörder sagen dasselbe, nur mit viel größerem Recht. Die Mörder sagen: „Mögen diejenigen, die sich angemaßt haben, uns zu lehren und zu leiten, uns das Beispiel der Abschaffung des Totschlags geben, dann werden auch wir ihnen folgen." Und sie sagen das nicht im Scherz, sondern im Ernst, denn das ist wirklich die Lage der Dinge.

„Wir können die Gewalt nicht aufgeben, denn wir sind von Gewaltthätern umringt."

Nichts verhindert in unserer Zeit mehr als diese falsche Betrachtung den Fortschritt der Menschheit und die Aufrichtung einer solchen Lebensordnung, wie sie der jetzigen Erkenntnis entspräche.

Die Menschen, die die Macht innehaben, sind überzeugt davon, daß die Menschen nur von der Gewalt getrieben und geleitet werden. Darum wenden sie zur Aufrechterhaltung der bestehenden Ordnung kühn die Gewalt an. Die bestehende Ordnung aber hält sich nicht durch die Gewalt, sondern durch die öffentliche Meinung, deren Wirksamkeit durch die Gewalt verletzt wird. Darum schwächt und verletzt die Wirksamkeit der Gewalt eben das, was sie aufrecht erhalten will.

Im besten Falle, wenn die Gewalt nicht lediglich die persönlichen Zwecke der Menschen verfolgt, die sich in der Macht befinden, so verwirft und verdammt sie in der gleichen, starren Form des Gesetzes das, was meistenteils schon weit früher durch die öffentliche Meinung verworfen und verurteilt worden ist, nur mit dem Unterschied, daß die öffentliche Meinung alle die Handlungen, die dem Sittengesetz widerstreben, leugnet und verurteilt, indem sie in ihrem Urteil die verschiedensten Behauptungen zusammenfaßt, während das Gesetz, das durch die Gewalt aufrecht erhalten wird, nur einen ganz bestimmte sehr enge Reihe von Handlungen verurteilt und verfolgt und dadurch gewissermaßen alle Handlungen derselben Ordnung rechtfertigt, die nicht in seinen Kreis gezogen sind.

Die öffentliche Meinung hält schon seit den Zeiten Moses den Eigennutz, die Schwelgerei, die Grausamkeit für ein Uebel und verdammt sie. Und sie verwirft und verurteilt jegliche Erscheinung des Eigennutzes, nicht nur die Aneignung fremden Eigentums durch Gewalt, Betrug oder List, sondern auch die gewaltsame Ausnützung; sie verurteilt jede Art von Unzucht, sei es mit einem Kebsweib, einer Sklavin, einer geschiedenen Frau, ja mit der eigenen; sie verurteilt jegliche Grausamkeit, wie sie sich in Mißhandlungen, in schlechtem Unterhalt, in Mord, nicht nur von Menschen, sondern auch von Tieren ausspricht. Das Gesetz aber, das auf der Gewalt beruht, verfolgt nur bestimmte Formen des Eigennutzes, wie: Diebstahl, Betrug und bestimmte Formen der Unzucht und der Grausamkeit, wie: die

Verletzung der ehelichen Treue, Mord, Verstümmelung, und gestattet daher gewissermaßen alle die Erscheinungen des Eigennutzes, der Unzucht und der Grausamkeit, die sich unter ihre enge, von einer falschen Auffassung eingegebene Definition nicht unterordnen.

Aber nicht genug, daß die Gewalt die öffentliche Meinung verdirbt, sie weckt in den Menschen noch die gefährliche Ueberzeugung, daß die Menschen nicht durch eine geistige Kraft vorwärts schreiten, die sie zu der Erlangung der Wahrheit und zu ihrer Verwirklichung hinzieht, jene geistige Kraft, die die Quelle jedes Fortschrittes der Menschheit bildet, sondern durch Gewalt – durch eben die Handlung, die nicht nur die Menschen der Wahrheit nicht näher bringt, sondern sie stets von ihr entfernt. Diese Verirrung ist dadurch verderblich, daß sie die Menschen dahin führt, mit Vernachlässigung der grundlegenden Kraft ihres Lebens – ihrer geistigen Thätigkeit – alle ihre Aufmerksamkeit und Thatkraft auf die Wirksamkeit der Gewalt hinzulenken, die oberflächlich erfolglos und meist schädlich ist.

Diese Verirrung gleicht der, in der sich die Menschen befinden würden, die einen Dampfwagen dadurch in Bewegung setzen wollten, daß sie seine Räder mit den Händen drehen, ohne daran zu denken, daß die Hauptursache seiner Bewegung die Ausbreitung des Dampfes ist und nicht die Bewegung der Räder. Die Menschen, die mit Händen und Hebeln die Räder drehen wollten, würden damit nur den Schein einer Bewegung hervorrufen, sie würden nur sie Räder verbiegen und dadurch die Möglichkeit der wirklichen Bewegung verhindern.

Ganz so handeln die Menschen, die da glauben, vermöge der äußeren Macht die Menschen vorwärts zu bewegen.

Die Menschen sagen, ein christliches Leben ohne Gewalt könne darum nicht fest gegründet sein, weil es wilde Völker außerhalb der christlichen Gesellschaft giebt – in Afrika, in Asien (viele stellen sogar die Chinesen als eine solche Bedrohung unserer Zivilisation hin), und weil es so rohe und verderbte und, nach der neuen Theorie der Vererbung, von Natur veranlagte Verbrecher in den christlichen Gesellschaften giebt, und um diese und jene Menschen von der Zerstörung unserer Zivilisation abzuhalten, sei die Gewalt notwendig.

Aber diese wilden Menschen außerhalb und innerhalb der Gesellschaft, mit denen wir uns und andere einschüchtern, sind nie von der Gewalt überwunden worden und werden auch jetzt nicht von ihr überwunden. Die Völker haben sich andere Völker nie durch Gewalt allein unterworfen. Stand ein Volk, das ein anderes unterworfen hatte, auf einer niederen Stufe der Entwicklung, so wiederholte sich immer der Vorgang, daß nicht dieses mit

Gewalt seine Lebensordnung eingeführt hat, daß es sich vielmehr stets der Lebensordnung gefügt hat, die bei dem unterworfenen Volke herrschte. Wenn irgend eines von den mit Gewalt unterjochten Völkern unterworfen wurde, so geschah es durch die öffentliche Meinung, nie durch die Gewalt, die vielmehr ein Volk nur immer mehr und mehr erregt.

Wenn solche Menschen in ganzen Völkern einem neuen religiösen Bekenntnis zugeführt wurden und in ganzen Völkern sich tauften oder zum Islam übergingen, so vollzog sich diese Umwandlung nicht, weil die in der Macht befindlichen sie dazu zwangen (Gewalt hat im Gegenteil öfter den Fortschritt nach der entgegengesetzten Seite gefördert), sondern weil sie die öffentliche Meinung dazu zwang. Völker aber, die mit Gewalt gezwungen wurden, den Glauben der Sieger anzunehmen, haben ihn nie angenommen.

Dasselbe gilt von den rohen Elementen, die inmitten der Gesellschaft leben: weder Vergrößerung noch Verminderung der Strenge der Strafen, noch die Veränderung der Gefängnisse, noch die Vergrößerung der Polizei, haben je die Zahl der Verbrechen vermindert oder vergrößert – sie vermindert sich nur infolge der Veränderung der öffentlichen Meinung. Keinerlei Strenge hat in vielen Ländern die Duelle und die Blutrache ausgerottet. So viel man auch die Tscherkessen für Diebstahl straft, sie hören nicht auf, aus Abenteuerlust zu stehlen, weil kein Mädchen einen jungen Mann nimmt, der nicht seinen kecken Mut bewiesen hat, indem er ein Pferd oder wenigstens einen Widder gestohlen hat. Wenn die Menschen aufhören werden, Zweikämpfe zu führen, und die Tscherkessen, zu stehlen, so geschieht es nicht aus Furcht vor den Strafen (die Furcht vor der Strafe erhöht nur den Reiz der Abenteuerlust), sondern weil die öffentliche Meinung sich verändern wird. Und so ist es auch bei allen anderen Vergehen. Gewalt kann nie das aus der Welt schaffen, was von der öffentlichen Meinung anerkannt wird. Im Gegenteil, die öffentliche Meinung braucht nur der Gewalt schnurstracks zu widersprechen, und sie vernichtet jede Handlung der Gewalt, wie dies bei jedem Martyrium war und stets ist.

Was geschehen würde, wenn man gegen die feindlichen Völker und die verbrecherischen Elemente der Gesellschaft keine Gewalt gebrauchte, das wissen wir nicht. Das aber, daß jetzt die Anwendung von Gewalt weder die einen noch die anderen überwindet, das wissen wir nach einer langen Erfahrung.

Wie will man auch mit Gewalt Völker unterwerfen, deren ganze Erziehung, deren Ueberlieferungen alle, ja, deren religiöse Lehre dahin führt, die höchste Tugend im Kampf mit den Knechtenden und dem Streben nach

Freiheit zu sehen? Und wie will man mit Gewalt die Verbrechen inmitten unserer Gesellschaften ausrotten, wenn das, was die Regierungen Verbrechen nennen, von der öffentlichen Meinung für eine Heldenthat gehalten wird.

Mit Gewalt kann man solche Völker und solche Menschen ausrotten, wie das auch geschieht, unterwerfen kann man sie nicht.

Der Bestimmer aller Dinge, die Grundkraft, die Menschen und Völker bewegt hat und bewegt, war stets und ist nur eine unsichtbare, unfaßbare Kraft, die Resultante aller geistigen Kräfte der bestimmten Gemeinschaft der Menschen und der ganzen Menschheit, die sich in der öffentlichen Meinung ausspricht.

Die Gewalt schwächt nur diese Kraft, hält sie auf, entstellt sie und ersetzt sie durch eine andere, der Vorwärtsbewegung der Menschheit nicht nur nicht nützliche, sondern schädliche Wirksamkeit.

Mit dem Christentum die wilden Menschen außerhalb der christlichen Welt zu unterwerfen – also Zulus und Mandschuren und Chinesen, die viele für Wilde halten, und die wilden Menschen, die inmitten der christlichen Welt leben, *giebt es nur ein einziges Mittel*: unter diesen Völkern die christliche, öffentliche Meinung zu verbreiten, die nur durch christliches Leben, durch christliche Thaten, durch christliche Beispiele sich bildet. Die Menschen unserer Zeit aber thun, um diese Menschen zu unterjochen, die vom Christentum noch nicht unterworfen sind, gerade das Gegenteil von dem, was zum Ziele führen kann, während sie nur dies eine einzige Mittel haben.

Um dem Christentum die wilden Völker zu unterwerfen, die uns nicht anrühren, und zu deren Bedrückung wir durch nichts berufen sind, beginnen wir, anstatt sie vor allem in Ruhe zu lassen und im Falle der Notwendigkeit oder des Wunsches einer Annäherung mit ihnen auf sie einzuwirken, durch ein christliches Verhältnis zu ihnen, durch die christliche Lehre, durch wahrhaft christliche Werke der Duldung, der Demut, der Enthaltung, der Reinheit, der Brüderlichkeit, der Liebe, damit, bei ihnen neue Märkte für unseren Handel zu eröffnen, die nur unseren Vorteil bezwecken, nehmen wir ihnen ihren Boden, das heißt, wir berauben sie, verkaufen ihnen Wein, Tabak, Opium, das heißt, wir führen sie zur Entartung und führen bei ihnen unsere Ordnungen ein, lehren sie die Gewalt und alle ihre Methoden, das heißt, wir lehren sie das eine tierische Gesetz des Kampfes befolgen, unter welches der Mensch nicht mehr sinken darf, wir thun alles das, was nötig ist, um ihnen das zu verhüllen, was christlich in uns ist. Dann schicken wir zu ihnen zwei, drei Dutzend Missionare, die scheußlichen kirchlichen Unsinn schwatzen, und führen zum Beispiel dafür, daß es unmöglich sei, die christlichen Wahrheiten auf das Leben anzuwenden, diese unsere Erfahrungen bei der Bekehrung der Wilden zum Christentum an.

Dasselbe gilt auch für die sogenannten Verbrecher, die inmitten unserer Gesellschaft leben. Um diese Menschen dem Christentum zu unterwerfen, giebt es nur *ein einziges Mittel*: die christliche öffentliche Meinung, die unter diesen Menschen nur gesichert werden kann durch die wahre christliche Lehre, unterstützt vom wahren christlichen Muster des Lebens. Und um diese christliche Lehre zu predigen und sie durch das christliche Beispiel zu stützen, errichten wir mitten unter diesen Menschen qualvolle Gefängnisse, Guillotinen, Galgen, Hinrichtungen, Vorbereitungen zum Totschlag, auf die wir alle unsere Kraft verwenden, schaffen wir für das untere Volk götzendienerische Glaubenslehren, die sie betäuben sollen, richten wir den behördlichen Verkauf betäubender Gifte ein, des Weins, des Tabaks, des Opiums, ja, ordnen wir die Prostitution; geben wir den Boden Menschen, die ihn nicht brauchen, veranstalten wir Schauspiele von sinnlosem Luxus inmitten der Bettelarmut, vernichten die Möglichkeit jedes Scheines einer christlichen öffentlichen Meinung, zerstören sorgfältig die entstehende christliche öffentliche Meinung und führen dann eben diese Menschen, die wir zur Entartung gebracht haben, indem wir sie wie wilde Tiere hinter Schloß und Riegel halten an Orten, denen sie nicht entspringen können und an denen sie noch mehr vertieren, oder indem wir sie töten, – führen wir eben diese Menschen, die wir von allen Seiten zerstört haben, als Beweise dessen an, daß man auf die Menschen nicht anders einwirken könne, als durch rohe Gewalt.

Es vollzieht sich da etwas Aehnliches, wie es bei sorgsamen, unwissenden Aerzten vorkommt, die einen durch die Kraft der Natur genesenden Kranken erst in die schlechtesten hygienischen Bedingungen bringen, ihn mit giftigen Arzneien den Magen füllen und dann behaupten, der Kranke sei nur infolge ihrer hygienischen Maßregeln und ihrer Kur nicht gestorben, während der Kranke längst gesund gewesen wäre, wenn sie ihn in Ruhe gelassen hätten.

Die Gewalt, die man als das Werkzeug der Aufrechterhaltung einer christlichen Lebensordnung hinstellt, bringt nicht nur diese Wirkung nicht hervor, im Gegenteil, sie verhindert die öffentliche Ordnung, das zu sein, was sie sein könnte und sollte. Die öffentliche Ordnung ist das, was sie ist, nicht dank der Gewalt, sondern trotz ihr.

Und darum ist die Behauptung der Verteidiger der bestehenden Ordnung, daß, wenn die Gewalt kaum die schlechten, unchristlichen Elemente der Menschheit davor bewahrt, uns zu überfallen, die Beseitigung der

Gewalt und ihre Ersetzung durch die öffentliche Meinung die Menschheit nicht schützen würde, falsch. Falsch darum, weil die Gewalt die Menschheit nicht schützt, sondern im Gegenteil die Menschheit der einzigen Möglichkeit beraubt, sich durch Bildung und Ausbreitung der christlichen öffentlichen Meinung gegen die bestehende Lebensordnung wirksam zu schützen. Nur bei der Beseitigung der Gewalt wird die christliche öffentliche Meinung vor Verdrehung geschützt sein, wird sie die Möglichkeit unbehinderter Verbreitung erlangen, und die Menschen werden ihre Kräfte nicht auf das richten, was ihnen nicht nötig ist, sondern auf eine geistige Kraft, die sie lenkt.

„Aber wie soll man den augenscheinlichen, greifbaren Schutz der Polizeimänner mit der Pistole aufgeben und sich auf etwas Unsichtbares, Ungreifbares – auf die öffentliche Meinung verlassen? Ist sie oder ist sie nicht vorhanden? Vor allem aber, diese Ordnung der Dinge, in der wir leben, kennen wir. Ob sie gut oder schlecht ist, wir kennen ihre Mängel und sind an sie gewöhnt, wir wissen, wie wir uns zu verhalten haben, was wir in den gegenwärtigen Verhältnissen zu thun haben; was aber wird dann sein, wenn wir uns von ihr lossagen und uns auf etwas Unsichtbares, Ungreifbares, gänzlich Unbekanntes verlassen?"

Und den Menschen erscheint diese Ungewißheit, in die sie eintreten, wenn sie sich von den bekannten Ordnungen des Lebens losgesagt haben, schrecklich. Gut ist es, die Ungewißheit fürchten, wenn die Lage, die uns als gewiß bekannt ist, gesichert und begründet ist. Aber unsere Lage ist nicht nur nicht gesichert, sondern wir wissen unzweifelhaft, daß wir am Rande des Verderbens stehen.

Sollen wir uns schon fürchten, so fürchten wir uns vor dem, was wirklich schrecklich ist, und nicht vor dem, was unserer Vermutung schrecklich erscheint.

Wenn wir uns fürchten, eine Anstrengung zu machen, um uns aus den verderblichen Verhältnissen zu reißen, nur weil die Zukunft uns nicht völlig bekannt ist, gleichen wir den Passagieren eines sinkenden Schiffes, die sich fürchten würden, den Kahn zu besteigen, der sie ans Ufer bringen soll, und sich in der Kajüte zusammendrängen und aus ihr nicht herausgehen wollten; oder den Schafen, die aus Furcht vor dem Feuer, das das Gehöft ergriffen hat, sich unter dem Schuppen zusammendrängen, und nicht zum offenen Thor hinausgehen.

Kann man uns Menschen, die an der Schwelle eines Not und Vernichtung drohenden Krieges innerer Revolution stehen, gegen den, wie die sagen, die ihn vorbereiten, die Entsetzen des Jahres 1793 Spielwerk sein werden – von einer Gefahr sprechen, die uns von den Dahomens, Zulus und dergleichen droht, die in fernen Weltteilen leben und gar nicht daran denken, uns zu überfallen, oder von den wenigen tausenden von uns selbst benebelten und zerstörten Betrügern, Dieben und Mördern, deren Zahl bei all unseren Gerichten, Gefängnissen und Todesstrafen nicht abnimmt.

Außerdem ist diese Angst vor der Beseitigung des sichtbaren Schutzes des Polizeimannes vornehmlich nur die Angst der Städter, daß heißt der Menschen, die in anormalen und künstlichen Verhältnissen leben. Menschen, die in natürlichen Verhältnissen leben, nicht in Städten, sondern inmitten der Natur, im Kampfe mit ihr, leben ohne diesen Schutz, sie wissen, wie wenig sie die Gewalt schützen kann vor den sie umgebenden wirklichen Gefahren. In dieser Furcht ist etwas Krankhaftes, das vorzüglich von den lügenhaften Bedingungen abhängt, in welchen die meisten von uns leben und aufgewachsen sind.

Ein Psychiater erzählte einmal, im Sommer, als er aus dem Krankenhaus kam, hätten ihn Geisteskranke zur Thür auf die Straße geleitet. „Kommt mit mir in die Stadt", schlug ihnen der Arzt vor. Die Kranken stimmten zu, und ein kleines Häuflein ging mit dem Arzt. Je weiter sie aber vorwärts kamen in den Straßen, auf denen eine freie Bewegung der gesunden Menschen sich vollzog, desto zaghafter wurden sie, desto enger und enger drängten sie sich an den Arzt und hielten ihn im Gange auf. Endlich baten ihn alle, sie wollten zurück in ihr Krankenhaus, zu ihrer unvernünftigen, aber gewohnten Lebensweise, zu ihren Wächtern, Schlägen, Zwangsjacken, Einzelzellen.

So drängen auch zu ihrer unvernünftigen Lebensweise, zu ihren Fabriken, Gerichten, Gefängnissen, Todesstrafen, Kriegen die Menschen zurück, die das Christentum zur Freiheit, zu einem uneingeschränkten, vernünftigen Leben des zukünftigen, kommenden Jahrhunderts aufruft.

Die Menschen sagen: „Was wird uns schützen, wenn die bestehende Ordnung vernichtet wird? Wie werden diese neuen Ordnungen sein, die an die Stelle der jetzigen treten? Solange wir nicht wissen, wie unser Leben sich gestaltet, werden wir nicht vorwärts gehen und uns nicht vom Platze rühren."

Diese Forderung klingt, als wenn ein Erforscher neuer Länder eine ausführliche Schilderung des Landes verlangen würde, das er betritt.

Wäre das Leben der einzelnen Menschen in dem Augenblick des Ueberganges von einem Lebensalter in das andere ihm vollständig bekannt, er hätte keinen Grund, zu leben. So ist es auch mit dem Leben der

Menschheit. Hätte sie ein Programm des Lebens, das sie bei dem Eintritt in ein neues Lebensalter erwartet, so wäre das das sicherste Merkmal dessen, daß sie nicht lebt, nicht vorwärts schreitet, sondern an eine Stelle festgewachsen ist.

Die Bedingungen einer neuen Lebensordnung können uns nicht bekannt sein, denn sie müssen von uns selbst geschaffen werden. Nur darin besteht das Leben, das Unbekannte zu erkennen, um mit dieser neuen Erkenntnis seine Thätigkeit in Einklang zu bringen.

Darin besteht das Leben der einzelnen Menschen, darin das Leben der menschlichen Gemeinschaften und der Menschheit.

XI

Die Lage der christlichen Menschheit mit ihren Gefängnissen, Foltern, Galgen, mit ihren Fabriken, Kapitalanhäufungen, Steuern, Kirchen, Schenken, geduldeten Häusern, stetig wachsenden Rüstungen und den Millionen betäubter Menschen, die wie Kettenhunde bereit sind, sich auf die zu stürzen, auf die sie die Herren hetzen, wäre entsetzlich, wenn sie vor allem ein Erzeugnis der Gewalt wäre, aber sie ist vor allem ein Erzeugnis der öffentlichen Meinung. Und das, was von der öffentlichen Meinung geschaffen ist, kann nicht nur von ihr zerstört werden, sondern wird auch von ihr zerstört.

Hunderte Millionen Geld, zehner Millionen disziplinirter Menschen, Zerstörungswerkzeuge von wunderbarer Kraft bei einer zum höchsten Grade der Vollkommenheit gebrachten Organisation, bei einer ganzen Armee von Menschen, die dazu berufen sind, das Volk zu betrügen und zu hypnotisieren, und all dies mit Hilfe der Elektrizität, die den Raum aufhebt, Menschen unterthan, die eine solche gesellschaftliche Ordnung nicht nur als vorteilhaft für sich ansehen, sondern als eine solche, ohne die sie unvermeidlich zu Grunde gehen müssen, und die darum alle Kräfte ihres Geistes nur darauf richten, sie zu erhalten – welch eine unerschütterliche Kraft, sollte man glauben! Und doch braucht man sich nur vorzustellen, worauf das hinzielt und was niemand verhindern kann, daß unter den Menschen mit gleicher Kraft und Allgemeingiltigkeit, wie die heidnische öffentliche Meinung, die christliche öffentliche Meinung entstand und die heidnische abgelöst hat, daß der größte Teil der Menschen sich ebenso der Teilnahme an der Gewalt und ihrer Ausnützung schämt, wie sich die Menschen jetzt des Betruges, des Diebstahls, der Bettelei, der Feigheit schämen, und sofort hebt sich ohne Kampf und Gewalt diese komplizierte und so mächtig scheinende Lebensordnung von selbst auf. Und damit das geschehe, ist es nicht nötig, daß irgend etwas Neues in das Bewußtsein der Menschen trete, sondern nur, daß der Nebel schwinde, der den Menschen die wahre Bedeutung gewisser Werke der Gewalt verhüllt, daß die wachsende christliche öffentliche Meinung die abgelebte heidnische öffentliche Meinung, welche die Werke der Gewalt duldet und rechtfertigt, an Stärke übertreffe. Es ist nur nötig, daß die Menschen dieselbe Scham empfinden über Werke der Gewalt, über die Teilnahme an ihnen und über die Vorteile, die sie ihnen bieten, wie sie jetzt Scham darüber empfinden, Betrüger, Diebe, Feiglinge und Bettler zu sein und zu heißen. Und eben das vollzieht sich nun. Wir bemerken es nur nicht, wie die Menschen auch eine Bewegung nicht bemerken, wenn sie sich samt ihrer ganzen Umgebung bewegen.

Es ist wahr, die Lebensordnung bleibt in ihren Hauptzügen eine ebenso gewaltthätige, wie sie vor tausend Jahren war, und nicht nur eine ebensolche, sondern in gewissen Beziehungen, besonders in den Vorbereitungen zum Kriege und in den Kriegen selbst, stellt sie sich sogar noch grausamer dar. Aber die aufkeimende christliche öffentliche Meinung, eben die, die bei einem gewissen Grade der Entwicklung die ganze heidnische Lebensordnung ablösen soll, beginnt schon zu wirken. Der vertrocknete Baum steht scheinbar ebenso fest da, wie er immer gestanden hat – er scheint sogar noch fester zu stehen, weil er härter ist – aber er ist morsch im Kern und nahe dem Falle. So verhält es sich mit der gegenwärtigen gewaltthätigen Lebensordnung. Die äußere Lage der Menschen ist dieselbe: die einen sind dieselben Gewaltthäter, die anderen dieselben Vergewaltigten, aber verändert ist die Anschauung der Gewaltthäter und der Vergewaltigten von der Bedeutung und dem Werte der Stellung der einen und der anderen.

Die gewaltthätigen Menschen, daß heißt, diejenigen, die an der Verwaltung teilnehmen, und diejenigen, die von der Gewalt den Nutzen ziehen, das heißt, die Reichen, bilden nicht mehr, wie das früher war, die Blüte der Gesellschaft und jenes Ideal menschlicher Wohlfahrt und Größe, zu der früher alle Vergewaltigten strebten. Jetzt streben schon sehr häufig die Vergewaltigten nicht nach der Stellung der Gewaltthäter und ahmen ihnen nach, im Gegenteil, die Gewaltthäter verzichten oft freiwillig auf die Vorteile ihrer Stellung, wählen die Stellung der Vergewaltigten und bemühen sich, in der Einfachheit des Lebens den Vergewaltigten ähnlich zu sein.

Und nicht nur die offenbar jetzt verachteten Aemter und Stellungen, wie zum Beispiel der Spione, Agenten, der Geheimpolizei, Lieferanten,

Schenkwirte, die große Zahl der Stellung der Gewaltthäter, die man früher für ehrenhaft hielt, die Polizei, die Hofleute, die Richter, administrative Stellungen, Geistliche, Militärstellungen und Bankiers, werden nicht nur nicht von allen für wünschenswert gehalten, sondern von einem gewissen, höchst geachteten Kreise von Menschen verurteilt. Es giebt schon Menschen, die freiwillig auf diese früher für makellos gehaltenen Stellungen verzichten und ihnen weniger vorteilhafte, aber nicht mit Gewalt verknüpfte Stellungen vorziehen.

Aber nicht nur Männer aus der Regierung, sondern auch reiche Leute giebt es schon, die nicht nur aus religiöser Empfindung, wie das früher war, sondern nur aus einer besonderen Feinfühligkeit für die aufkeimende öffentliche Meinung auf ererbte Vermögen verzichten und es für gerecht halten, nur das zu genießen, was sie mit eigener Arbeit erworben haben.

Die Stellung eines Teilnehmers an der Regierung und eines Reichen gilt nicht mehr, wie das früher war, und wie es jetzt ist unter den nichtchristlichen Völkern, als eine unzweifelhaft ehrenvolle und achtungswerte Stellung, als eine Gnade Gottes. Die feinfühligsten Menschen (meist sind sie auch die gebildetsten) vermeiden diese Stellungen und ziehen ihnen bescheidenere, aber von der Gewalt unabhängige Stellungen vor.

Die besseren jungen Leute ziehen in dem Alter, in dem sie noch nicht von dem Leben verdorben sind und eine Laufbahn suchen, die Thätigkeit eines Arztes, eines Technikers, eines Lehrers, eines Künstlers, eines Schriftstellers, ja sogar einfach eines Landmannes, der von seiner Arbeit lebt, Stellungen als Richter in Verwaltungsämtern, als Geistliche oder Militärs, die von der Regierung bezahlt werden, vor, oder auch der Stellung von Menschen, die von ihren Einkünften leben.

Die Mehrzahl der Denkmäler, die jetzt errichtet werden, wird nicht mehr Staatsmännern, nicht Generalen, viel weniger noch Reichen errichtet, sondern Gelehrten, Künstlern, Erfindern, Menschen, die nichts gemein haben mit den Regierungen, mit der Macht, die häufig sogar im Kampfe mit ihr liegen. In der Dichtung werden besungen, durch die plastische Kunst gefeiert, in Jubiläen verherrlicht nicht so sehr Staatsmänner und Reiche, als Gelehrte, Künstler ...

Die besseren Menschen unserer Zeit streben, in diese am meisten geehrten Stellungen zu kommen, und darum wird der Kreis, aus dem die Männer der Regierung und die Reichen hervorgehen, immer kleiner und enger, so daß an Geist, Bildung und besonders an sittlichen Eigenschaften die Menschen, die an der Spitze der Verwaltung stehen, und die Reichen jetzt nicht mehr wie es einst war, die Blüte der Gesellschaft bilden, sondern im Gegenteil unter dem Mittelmaß stehen. In Rußland wie in der Türkei, in Amerika wie in Frankreich ist die Mehrzahl der Beamten, so oft auch die Regierungen sie wechseln mögen, eigennützig und käuflich und steht auf einer so niedrigen Stufe der Sittlichkeit, daß sie selbst den niedrigen Ansprüchen einfacher Unbestechlichkeit nicht genügen, die die Regierungen an sie stellen. Oft kann man die naive Klage der Regierungsmänner hören, daß die besseren Menschen durch einen sonderbaren Zufall, wie sie meinen, stets in dem ihnen feindlich gesinnten Lager stehen. Gerade als wenn man darüber murren wollte, daß aus irgendeinem sonderbaren Zufall die Henker sich nicht aus den Feingebildeten und besonders guten Menschen rekrutieren.

Die Mehrzahl der reichen Leute bildet sich ebenso in unserer Zeit nicht mehr aus den feinsten und gebildetsten Menschen der Gesellschaft, wie das früher war, sondern aus rohen Sammlern von Reichtümern, die nur damit beschäftigt sind, sich durch meist unehrenhafte Mittel zu bereichern oder aus entarteten Erben dieser Sammler, die nicht nur keine hervorstechende Rolle in der Gesellschaft spielen, sondern in den meisten Fällen der allgemeinen Verachtung anheimfallen.

Aber nicht allein, daß der Kreis von Menschen, aus dem sich die Diener der Regierung und die Reichen rekrutiren, immer kleiner und kleiner, immer niedriger und niedriger wird, diese Leute schreiben selbst den Stellungen, die sie einnehmen, nicht mehr die frühere Bedeutung zu und erfüllen, beschämt darüber und mit Schaden für die Sache, der sie dienen, nicht das, was sie nach ihrer Lage zu thun berufen sind. Könige und Kaiser verwalten fast nichts mehr selbst, beschließen fast nie selbst, innere Veränderungen zu vollziehen und in neue äußere politische Verbindungen zu treten, sondern überlassen die Lösung dieser Fragen den staatlichen Einrichtungen oder der öffentlichen Meinung. Ihre Verpflichtungen beschränken sich darauf, die Repräsentanten der staatlichen Einheit und Macht zu sein.

Aber auch diese Pflicht erfüllen sie immer schlechter und schlechter. Die Mehrzahl von ihnen hält sich nicht nur nicht in der früheren, unerreichbaren Größe, sondern demokratisiert sich vielmehr immer weiter und weiter, ja, encanailliert sich, indem sie das letzte äußere Prestige von sich werfen, das heißt, das antasten, was sie berufen sind, aufrecht zu erhalten. Dasselbe vollzieht sich mit dem Militär. Die Militärs höheren Ranges verbreiten, anstatt die Roheit und Grausamkeit zu fördern, die für ihr Werk nötig sind, selbst im Kriegerstande Bildung, predigen Menschlichkeit, teilen sogar oft die sozialistischen Ueberzeugungen der Masse und verwerfen den Krieg. Bei den letzten Verschwörungen gegen die russische Regierung waren viele der Beteiligten Militärpersonen. Und diese militärischen Verschwörer nehmen an Zahl immer zu. Sehr oft kommt es vor, wie in diesen Tagen, daß Soldaten, die herbeigerufen waren, um die Bewohner zur Ruhe zu bringen, sich weigern, auf sie zu schießen. Militärische Prahlsucht wird geradezu von den Militärs selbst verurteilt und dient oft zum Gegenstande des Spottes. Ganz so ist es mit Richtern und Staatsverwaltern: die Richter, die die Pflicht haben, zu richten und die Verbrecher zu verurteilen, führen ihre Verhandlungen in der Absicht, sie freizusprechen, so daß die russische Regierung zur Aburteilung solcher Personen, die sie zu verurteilen für notwendig hält, nie mehr die gewöhnlichen Gerichte anruft, sondern dem sogenannten Kriegsgericht überweist, das nur das Aussehen eines Gerichtes hat. Ebenso steht es mit den Staatsanwälten, die sich oft weigern, anzuklagen, und sogar mit Umgehung des Gesetzes, statt anzuklagen, diejenigen verteidigen, die sie anklagen sollten. Gelehrte Juristen, die verpflichtet wären, die Gewalt der Machthaber zu rechtfertigen, bestreiten immer mehr und mehr das Recht der Strafe und setzen an dessen Stelle die Theorie der Unzurechnungsfähigkeit, ja sogar der Nicht-Besserung, sondern der ärztlichen Behandlung derjenigen, die man Verbrecher nennt. Die Gefängniswärter und die Zuchthausaufseher werden meist die Verteidiger derjenigen, die sie peinigen sollten. Die Gendarmen und Häscher retten beständig diejenigen, die sie zu Grunde richten sollten. Geistliche Personen predigen Duldsamkeit, oft sogar die Verwerfung der Gewalt, und die Gebildeteren unter ihnen bemühen sich, in ihren Predigten die Lüge zu umgehen, die den ganzen Sinn ihrer Stellung bildet, und die sie berufen sind zu predigen. Henker verweigern die Erfüllung ihrer Pflicht, so daß in Rußland Todesurteile oft nicht vollzogen werden können, weil es an Henkern fehlt, da trotz all der Vorteile, die diesen Menschen geboten werden, die man aus den Zuchthäuslern wählt, immer weniger Leute sich finden, die geneigt sind, Henker zu werden. Statthalter, Polizeiverweser, Kommissare, Steuereintreiber und Zollerheber geben sich oft in ihrem Erbarmen über das Volk Mühe, Vorwände zu finden, um die Steuer von dem Volke nicht einzutreiben. Reiche können sich nicht entschließen, ihren Reichtum nur für sich anzuwenden, und verteilen ihn für allgemeine Dinge. Gutsbesitzer gründen auf ihren Gütern Krankenhäuser und Schulen, manche von ihnen verzichten sogar auf den Besitz des Bodens und geben ihn Ackerbauern oder gründen darauf Gemeinwesen. Großhändler und Fabrikanten gründen Krankenhäuser, Schulen, Kassen, Altersversorgungen, Wohnungen für ihre Arbeiter; manche von ihnen gründen Genossenschaften, in denen sie selbst mit den anderen Teilnehmern gleichgestellt sind. Kapitalisten geben einen

Teil ihrer Kapitalien für gemeinnützige Zwecke, Bildungs-, Kunst- und menschenfreundliche Institutionen ab. Viele, die nicht die Kraft besitzen, sich bei Lebzeiten von ihren Reichtümern zu trennen, sagen sich doch nach dem Tode in ihrem Testament von ihnen los zu Gunsten gemeinnütziger Einrichtungen.

Alle diese Erscheinungen könnte man als zufällige ansehen, wenn sie nicht alle auf eine gemeinsame Ursache zurückgeführt werden könnten, und so könnte auch als zufällig erscheinen, daß im Frühling auf manchen Bäumen Knospen erblühen, wenn wir nicht wüßten, daß die Ursache davon eine allgemeine ist, der Frühling, und daß, wenn auf einzelnen Bäumen die Zweige anfangen schmiegsam zu werden, dies sicherlich mit allen der Fall sein wird.

Und so ist es mit der Erscheinung der christlichen öffentlichen Meinung von der Bedeutung der Gewalt und dessen, was darauf beruht. Wenn diese öffentliche Meinung schon manche feinfühlige Menschen beeinflußt und jeden in seinem Berufe veranlaßt, auf Vorrechte, die ihm die Gewalt gegeben hat, zu verzichten oder sie nicht auszunützen, so wird dieser Einfluß auch weiter gehen und so lange dauern, bis er die ganze Thätigkeit der Menschen verändert und sie in Uebereinstimmung gebracht haben wird mit dem christlichen Bewußtsein, das schon in den führenden Geistern der Menschheit lebt.

Und wenn es jetzt schon Regierende giebt, die sich nicht entschließen, irgend etwas selbst vorzunehmen mit Hilfe ihrer Macht, und sich bemühen, so wenig wie möglich Monarchen zu gleichen und vielmehr einfachen Sterblichen ähnlich zu sein, und die es aussprechen, daß sie bereit sind, auf ihre Prärogative zu verzichten und die ersten Bürger ihrer Republik zu werden; und wenn es schon solche Militärs giebt, die das ganze Uebel und die Sündhaftigkeit des Krieges begreifen, und die nicht mehr auf Menschen fremder und eigener Nationalitäten schießen wollen; und solche Richter und Staatsanwälte, die die Verbrecher nicht anklagen und verurteilen wollen; und solche Geistliche, die sich von ihrer Lüge lossagen; und solche Zollerheber, die sich bemühen, so wenig als möglich zu erfüllen, was sie zu thun berufen sind, und solche reiche Leute, die sich von ihren Reichtümern lossagen – wird unvermeidlich auch dasselbe sich vollziehen mit anderen Regierenden, mit anderen Militärs, mit anderen richterlichen und geistlichen Personen, mit anderen Zollerhebern und Reichen und es wird keine Menschen mehr geben, die geneigt sein werden, diese Stellungen einzunehmen, es wird auch diese Stellungen der Gewalt nicht mehr geben.

Aber nicht auf diesem einen Wege führt die öffentliche Meinung die Menschen zur Vernichtung der bestehenden Ordnung und zu ihrem Ersatz durch eine neue. In dem Maße wie die Stellungen der Gewalt immer weniger und weniger anziehend werden und immer weniger Leute sich finden, die bereit sind, sie einzunehmen, desto mehr und mehr wird auch ihre Ueberflüssigkeit klar werden.

Die Regierenden und die Regierungen sind in der christlichen Welt dieselben, die Heere, die Gerichte, die Zollerheber, die Geistlichkeit, die Reichen, die Gutsbesitzer, die Fabrikanten und Kapitalisten sind dieselben wie bisher, aber das Verhältnis zu ihnen ist schon ein ganz anderes, ebenso das Verhältnis der Menschen selbst zu ihrer Stellung.

Ganz wie früher geben die Regierenden sich Zusammenkünfte, veranstalten sie Jagden, Festlichkeiten, Bälle, tragen sie Uniform; ganz dieselben sind die Diplomaten, die Verhandlungen über Bündnisse und Kriege, ganz dieselben die Parlamente, in denen ganz ebenso die Orientfrage und die Kolonialfrage verhandelt wird, Bündnisse und Friedensbrüche, Homerule und der Achtstundentag. Wie früher löst ein Ministerium das andere ab, die Reden, die Zwischenfälle sind ganz dieselben wie früher. Aber für die Menschen, welche sehen, wie ein Zeitungsartikel die Lage der Dinge mehr verändert als zehn Monarchenzusammenkünfte und Parlamentssitzungen, wird es immer klarer und klarer, daß nicht diese Zusammenkünfte und Begegnungen, nicht die Verhandlungen in Parlamenten die Angelegenheiten der Menschen leiten, sondern etwas, was von alledem unabhängig und nirgends zentralisiert ist.

Die Generale, die Offiziere, die Soldaten, die Kanonen, die Festungen, die Musterungen, die Uebungen sind dieselben, aber einen Krieg giebt es seit einem Jahr, seit zehn, seit zwanzig Jahren nicht; und außerdem kann man immer weniger und weniger auf die Soldaten bauen zur Unterdrückung von Empörungen, und es wird immer klarer und klarer, daß die Generale, die Offiziere, die Soldaten darum nur die Mitglieder einer feierlichen Prozession sind – Gegenstände des Spiels für die Regierungen, große, immer teurer werdende Corps de Ballet.

Die Staatsanwälte, die Richter, die Sitzungen sind dieselben, aber es wird immer klarer und klarer, daß die Zivilgerichte nach den verschiedensten Gründen entscheiden, nur nicht nach der Gerechtigkeit, und daß die Kriminalgerichte keinen Sinn haben, weil die Strafen auch nicht im geringsten das von den Richtern selbst erstrebte Ziel erreichen, und daher diese Einrichtungen keine andere Bedeutung haben, als daß sie ein Mittel der Ernährung von Menschen bilden, die zu etwas Nützlicherem nicht fähig sind.

Die Priester, die Erzpriester, die Kirchen, die Synoden sind die gleichen, aber allen wird es klarer und klarer, daß diese Menschen längst selbst nicht mehr an das glauben, was sie predigen, und darum können sie auch niemand mehr davon überzeugen, daß es notwendig sei, das zu glauben, was sie selbst nicht glauben.

Die Steuereintreiber sind dieselben, aber sie werden immer weniger fähig, durch Gewalt den Menschen ihren Besitz zu nehmen, und es wird immer klarer und klarer, daß die Menschen ohne Steuereintreiber durch freiwillige Ausschreibungen alles sammeln können, was sie brauchen.

Die Reichen sind dieselben, aber es wird immer klarer und klarer, daß sie nur in dem Maße nützen können, indem sie aufhören, die persönlichen Verwalter ihrer Reichtümer zu sein und an die Gesellschaft alles oder wenigstens einen Teil ihres Vermögens abgeben.

Wenn all dies allen ganz klar geworden sein wird, werden sich die Menschen naturgemäß selbst fragen: Wozu sollen wir alle diese Könige, Kaiser, Präsidenten, Mitglieder verschiedener Kammern und Ministerien ernähren und unterhalten, wenn bei all ihren Zusammenkünften und Verhandlungen nichts herauskommt? Ist es nicht besser, wie ein Spaßvogel gesagt hat, eine Königin aus Guttapercha zu machen?

Und was sollen uns die Heere mit ihren Generalen, mit ihren Musiken, mit ihrer Kavallerie, mit ihren Trommeln? Wozu sind sie nötig, wenn es keinen Krieg giebt, wenn niemand die Absicht hat, Eroberungen zu machen, wenn sogar für den Fall, daß es Krieg giebt, die anderen Völker den Vorteil davon nicht genießen lassen und im eigenen Volke die Heere sich weigern, zu schießen?

Und wozu sollen uns solche Richter und Staatsanwälte, die in Zivilsachen nicht nach der Gerechtigkeit urteilen und in Kriminalsachen selbst wissen, daß alle Strafen unnütz sind.

Und was sollen uns solche Steuereintreiber, die widerwillig die Steuer einsammeln, und wenn das, was nötig ist, ohne sie gesammelt wird?

Wozu eine Geistlichkeit, die schon lange nicht glaubt, was sie zu predigen genötigt ist? Und wozu Kapitalien in Privathänden, da sie doch nur Nutzen stiften können, wenn sie Gemeinvermögen werden?

Und haben sich die Menschen erst das gefragt, so müssen sie zu dem Entschluß kommen, daß sie aufhören, alle diese unnütz gewordenen Einrichtungen zu unterhalten.

Aber nicht genug, daß die Menschen, die diese Einrichtungen unterhalten, zu dem Entschluß kommen werden, sie aufzuheben, die Menschen selbst, die diese Stellungen einnehmen, werden gleichzeitig oder noch früher zu der Notwendigkeit geführt werden, diese Stellungen aufzugeben.

Die öffentliche Meinung verdammt und verwirft immer mehr die Gewalt, und darum nehmen die Menschen, da sie sich immer mehr und mehr der öffentlichen Meinung unterordnen, immer weniger und weniger gern die Stellungen ein, die von der Gewalt gehalten werden, und wenden die, die diese Stellungen einnehmen können, immer weniger und weniger die Gewalt an. Wenn sie aber die Gewalt nicht anwenden und doch in den Stellungen bleiben, die von der Gewalt bedingt sind, werden die Menschen, die die Stellungen einnehmen, immer überflüssiger. Diese Ueberflüssigkeit wird immer mehr und mehr von denen empfunden, die die Stellung aufrecht erhalten, und von denen, die sich in ihnen befinden, und wird endlich derart, daß sich keine Menschen mehr finden, um die Stellungen aufrecht zu erhalten, und keine, die sich entschlössen, sie einzunehmen.

Ich wohnte einstmals in Moskau einem Meinungsaustausch über den Glauben bei, wie er gewöhnlich am Sonntag nach Ostern in der Kirche am Trödelmarkt stattfindet. Auf dem Bürgersteig hatte sich ein Häuflein von etwa zwanzig Menschen gesammelt und führte eine ernsthafte Unterhaltung über die Religion. Zu gleicher Zeit fand ein Konzert in dem benachbarten Gebäude der Adelsgesellschaft statt, und ein Polizeioffizier, der das Volkshäuflein bemerkt hatte, schickte einen berittenen Gendarmen ab und erteilte den Befehl, auseinanderzugehen. Der Offizier hatte durchaus nicht nötig, die Leute auseinanderzutreiben. Die versammelten zwanzig Menschen störten niemand, aber der Offizier hatte den ganzen Morgen hier gestanden und mußte doch etwas thun. Der Gendarm, ein junger Bursche, kam auf uns zu, den rechten Arm keck in die Seite gestemmt und mit dem Säbel klirrend, und befahl uns streng: „Auseinandergehen! Wozu der Auflauf?“ Alle sahen sich nach dem Gendarmen um, und einer von den Plaudernden, ein bescheidener Mann, in einem langen, weiten Ueberrock, sagte ruhig und freundlich: „Wir besprechen eine Angelegenheit und wüßten nicht, warum wir auseinandergehen sollten, und du, junger Mann, thätest besser, du stiegest herab und hörtest, was wir besprechen. Es wird dir nützlich sein.“ Dann wandte er sich ab und setzte das Gespräch fort. Der Gendarm wandte schweigend sein Pferd um und ritt davon.

Ganz so muß es in allen Dingen der Gewalt gehen. Der Offizier langweilt sich, er hat nichts zu thun. Der Aermste ist an einen Platz gestellt, an dem er unbedingt irgend eine Anordnung geben muß. Ihm ist jegliche

Art menschlichen Lebens genommen, er kann nur Anordnungen geben und aufpassen, obgleich seine Anordnungen und sein Aufpassen ganz unnütz sind. In der gleichen Lage befinden sich zum Teil schon jetzt und werden sich in kurzer Zeit alle die unglückseligen Regenten, Minister, Parlamentsmitglieder, Statthalter, Generale, Offiziere, Erzpriester, Geistliche, ja sogar alle Reichen befinden. Sie haben nichts anderes als Anordnungen zu treffen, und sie treffen Anordnungen. Sie schicken ihre Gesandten, wie der Offizier den Gendarm, um die Menschen zu stören, und da die Menschen, die sie stören, sich mit der Bitte an sie wenden, sie möchten sie nicht stören, so glauben sie, sie seien unbedingt nötig. Aber die Zeit naht heran und wird kommen, wo es allen völlig klar sein wird, daß sie zu nichts nütze und den anderen Menschen nur im Wege sind, und die Menschen, die sie stören, werden ihnen freundlich und milde sagen, wie der Mann im Ueberrock: „Stört uns, bitte, nicht." Und alle diese Gesandten und die sie senden, werden diesem guten Rate folgen müssen, das heißt, sie werden aufhören müssen, mit eingestemmter Hand unter die Leute zu reiten und sie zu stören und werden von ihren Pferden herabsteigen, ihre Gewänder ablegen und zuhören müssen, was die Menschen sagen, sich zu ihnen gesellen und mit allen gemeinsam wirklich menschliche Arbeit mitzumachen.

Die Zeit naht heran und kommt unvermeidlich, wo all die gewalthaberischen Einrichtungen unserer Zeit aufhören werden, weil für alle ihre Ueberflüssigkeit, ihre Unsinnigkeit, ja ihre Unanständigkeit einleuchtend geworden sein wird.

Die Zeit wird kommen, wo an den Menschen unserer Sphäre, die die Stellungen einnehmen, die die Gewalt giebt, sich das vollzieht, was in Andersens Märchen „von dem neuen Kleide des Königs" erzählt wird, wo ein kleines Kind beim Anblick des unbekleideten Königs in seiner Harmlosigkeit rief: „Seht, er ist nackt!" und nun alle, die das vorher auch gesehen, aber nicht ausgesprochen hatten, es nicht mehr verbergen konnten.

Das Märchen erzählt: Zu einem Könige, der gern neue Kleider trug, kommen Schneider und versprechen, ihm außerordentliche Kleider zu machen. Der König dingt die Schneider und sie beginnen zu nähen. Sie sagen aber, eine besondere Eigentümlichkeit ihres Kleides sei die, daß jemand, der für sein Amt nicht tauge, die Kleider nicht sehen könne. Die Hofleute kommen herbei, um die Arbeit der Schneider zu betrachten, und sehen nichts, denn die Schneider fahren mit ihren Nadeln durch die Luft. Da sie aber die Bedingungen kennen, sagen alle Beamten, sie sähen die Kleider, und loben sie. Ebenso der König. Da kommt die Zeit der Prozession, in der der König in seinem neuen Kleide mitgehen soll. Der König kleidet sich aus und legt die neuen Gewänder an, das heißt, er bleibt nackt und geht nackt durch die Stadt. Da die Hofleute aber die Bedingung kennen, wagt niemand von ihnen zu sagen, der König habe keine Kleider an, bis endlich das kleine Mädchen schreit: „Seht, er ist nackt!“

Ganz dasselbe muß mit all denen geschehen, die aus Trägheit Stellungen einnehmen, die längst überflüssig geworden sind, wenn der erste, der kein Interesse daran hat, um nach dem Sprüchwort: „Eine Hand wäscht die andere“, die Ueberflüssigkeit dieser Einrichtungen zu verbergen, auf ihre Unnützlichkeit hinweisen und harmlos ausrufen wird: „Diese Menschen sind ja schon lange gänzlich überflüssig.“

Die Lage des christlichen Menschen mit seinen Festungen, Kanonen, Dynamitbomben, Torpedos, Gefängnissen, Galgen, Kirchen, Fabriken, Zollkammern, Palästen ist wirklich entsetzlich, aber die Festungen und die Kanonen und die Gewehre schießen doch nicht von selbst, die Gefängnisse schließen niemand selbst ein, die Galgen hängen niemand, die Kirchen betrügen niemand, die Zollkammern halten niemand im Wege auf, die Paläste und Fabriken erbauen sich nicht selbst und erhalten sich nicht selbst, alles das machen die Menschen. Wenn aber die Menschen erst begriffen haben, daß sie dies nicht thun dürfen, so wird es auch nichts von alledem geben. Und die Menschen fangen schon an, dies zu begreifen. Wenn es noch nicht alle begreifen, so begreifen es doch die führenden Menschen, denen die anderen nachfolgen, und es ist nicht mehr möglich, daß sie aufhörten zu begreifen, was die führenden Menschen einmal begriffen haben. Die übrigen Menschen aber können nicht nur, sondern müssen unbedingt das begreifen, was die führenden Menschen begriffen haben.

Und so wird die Prophezeiung, daß einst die Zeit kommt, wo alle Menschen von Gott erfüllt sein werden, und wo sie den Krieg meiden, wo sie ihre Schwerter umschmieden werden in Pflugscharen und ihre Speere in Sicheln, das heißt, in unsere Sprache übersetzt, wo alle Gefängnisse, Festungen, Kanonen, Paläste leer, alle Galgen, Gewehre, Kanonen außer Gebrauch sein werden, kein Traum mehr sein, sondern eine bestimmte neue Form des Lebens, der mit immer gesteigerter Schnelligkeit die Menschheit sich nähert.

Wann aber wird das sein?

Vor achtzehnhundert Jahren hat Christus auf diese Frage geantwortet. Das Ende dieses Zeitalters, das heißt der heidnischen Ordnung der Welt wird kommen (Matthäus 24, 3–28), wenn die Not der Menschen bis zum Aeußersten gestiegen ist, und mit ihm wird die freudige Botschaft von dem

Reiche Gottes, das heißt die Möglichkeit einer neuen, nicht-gewalthaberischen Ordnung des Lebens über alle Lande verkündet werden.

Von dem Tage aber und von der Stunde weiß niemand, sondern allein mein Vater (Matthäus 24,36), sagt Christus, denn sie kann kommen zu jeder Zeit, zu jeder Stunde, auch dann, wo wir sie nicht erwarten.

Auf die Frage, wann diese Stunde kommt, sagt Christus, wir können es nicht wissen, aber eben weil wir die Zeit nicht wissen können, da diese Stunde kommt, müssen wir nicht nur stets bereit sein, ihr entgegenzugehen, wie der Herr stets bereit sein muß, der das Haus hütet, wie die Jungfrauen bereit sein müssen, die den Bräutigam erwarten mit ihren Lampen, wir müssen auch aus allen Kräften, die uns gegeben sind, daran arbeiten, damit die Zeit komme, wie die Arbeiter arbeiten mußten für die ihnen gegebenen Talente (Matth. 24, 43; 25, 1–13; 14–30). Auf die Frage, wann die Stunde kommt, ermahnt Christus die Menschen aus allen Kräften daran zu arbeiten, sie so schnell als möglich herbeizuführen.

Und eine andere Antwort kann es nicht geben. Die Zeit, da der Tag und die Stunde des Gottesreiches kommt, können die Menschen nicht wissen, weil das Herannahen dieser Stunde von keinem anderen abhängt als von den Menschen selbst.

Die Antwort ist dieselbe wie die Antwort des Weisen, der auf die Frage des Wanderers: „Ist es noch weit zur Stadt?“ antwortet: „Gehe.“

Wie können wir wissen, ob es weit ist zu dem Ziel, dem sich die Menschheit nähert, wenn wir nicht wissen, wie die Menschheit auf dieses Ziel zuschreitet, die Menschheit, von der es abhängt, zu gehen oder nicht zu gehen, still zu stehen, ihren Schritt zu mäßigen oder zu beschleunigen.

Alles, was wir wissen können, ist, was wir, die wir die Menschheit bilden, thun müssen, und was wir nicht thun müssen, damit das Reich Gottes komme. Und das wissen wir alle. Nur muß ein jeder beginnen zu thun, was wir thun müssen, und aufhören zu thun, was wir nicht thun dürfen, nur muß ein jeder von uns, in all dem Lichte leben, das in uns ist, auf daß die nahe Zukunft, das verheißende Reich Gottes komme, dem das Herz jedes Menschen zustrebt.

XII

Schluß

1

Ich hatte diese zweijährige Arbeit beendet. Da suchte ich am 9. Dezember mit der Eisenbahn einen Ort auf, wo im vorigen Jahre die Hungersnot geherrscht hatte und in diesem Jahre die Bauern noch schlimmere Hungersnot litten, in den Gouvernements Tula und Rjasan. Auf einer Station begegnete der Zug, mit dem ich fuhr, einem Extrazug, der unter Führung des Statthalters Soldaten mit Waffen, Kriegspatronen und Ruten zur Züchtigung und Tötung dieser hungernden Bauern brachte.

Die Züchtigung der Leute mit Ruten, um sie zur Ausführung der Beschlüsse der Behörden zu bringen, ist in Rußland, trotzdem das Gesetz vor dreißig Jahren die körperliche Strafe aufgehoben hat, in letzter Zeit immer häufiger angewandt worden.

Ich hatte davon gehört, hatte sogar in den Zeitungen von schrecklichen Züchtigungen gelesen, deren, wie es hieß, der Gouverneur von Nishnij-Nowgorod, Baranow, sich rühmte, von Züchtigungen, die in Astrachan und Orel vorgekommen sein sollen, nie aber hatte ich Gelegenheit gehabt, wie jetzt, Menschen bei der Ausführung dieser Dinge zu sehen.

Nun sah ich von Angesicht zu Angesicht gute, von christlichem Geist durchdrungene, russische Männer mit Waffen und Ruten, die hinfuhren, um ihre hungernden Brüder zu töten und zu züchtigen. Der Grund, warum sie hinfuhren, war folgender: Auf einem der Güter eines reichen Besitzers hatten die Bauern auf einem ihnen und dem Gutsherrn gehörenden Weideland einen Wald, der im Wachsen war, unter ihren Schutz genommen und sich stets seiner bedient. Darum sahen sie diesen Wald als ihren an oder wenigstens als gemeinsamen Besitz; der Gutsherr aber eignete sich den Wald an und begann ihn zu fällen. Die Bauern reichten eine Klage ein. Der Richter der ersten Instanz entschied die Angelegenheit mit Unrecht (ich sage mit Unrecht nach den Worten des Staatsanwaltes und des Gouverneurs, Leuten, die die Sache verstehen müssen), zu Gunsten des Besitzers. Alle späteren Instanzen, auch der Senat, bestätigten, wiewohl sie sehen konnten, daß die Sache zu Unrecht entschieden war, den Beschluß, und der Wald wurde dem Gutsbesitzer zugesprochen. Der Gutsbesitzer begann den Wald zu fällen. Die Bauern aber, die nicht glauben konnten, daß die höchsten Behörden eine so augenscheinliche Ungerechtigkeit gegen sie hätten verüben können, fügten sich der Entscheidung nicht, verjagten die Arbeiter, die ausgeschickt waren, den Wald zu fällen, und erklärten, der Wald gehöre ihnen, und sie würden bis zum Kaiser gehen und würden den Wald nicht fällen lassen.

Die Sache wurde nach Petersburg gemeldet, und von dort aus wurde dem Statthalter Befehl erteilt, den Gerichtsbeschluß zur Ausführung zu bringen. Der Statthalter bat um Militär. Und so kamen die Soldaten mit Gewehren, mit Bajonetten, mit Kriegspatronen ausgerüstet und überdies mit einem Vorrat an Ruten, die absichtlich zu diesem Zwecke vorbereitet waren und in einem der Waggons mitgeführt wurden, um den Beschluß der höchsten Behörde zur Ausführung zu bringen.

Die Ausführung des Beschlusses der höchsten Behörde aber vollzieht sich durch Totschlag, durch Züchtigung von Menschen oder durch die Androhung des einen oder des andern, je nachdem sie Widerstand leisten oder nicht.

Im ersten Falle, wenn die Bauern Widerstand leisten, vollzieht sich in Rußland – und dasselbe vollzieht sich überall, wo nur eine staatliche Ordnung und ein Recht des Eigentums herrscht – vollzieht sich in Rußland folgendes: Der Vorgesetzte hält eine Rede und fordert Gehorsam. Die aufgeregte Menge, die meist betrogen ist von ihren Rädelsführern, versteht kein Wort von dem, was der Vertreter der Macht in seiner Kanzlei- und Büchersprache sagt, und fährt fort zu toben. Da verkündet der Vorsitzende, wenn sie nicht fügsam sein würden und auseinandergehen, würde er genötigt sein, zu den Waffen zu greifen, und wenn die Menge nun nicht gehorcht und nicht auseinandergeht, befiehlt der Vorgesetzte, die Gewehre zu laden und über die Köpfe der Menge hinzuschießen. Wenn die Menge noch nicht auseinander geht, befiehlt der Vorgesetzte, mitten in die Menge hineinzuschießen, aufs Geratewohl, und die Soldaten schießen, die Straßen bedecken sich mit Verwundeten und Toten. Dann rennt die Menge gewöhnlich auseinander, und die Soldaten nehmen auf Befehl der Vorgesetzten diejenigen gefangen, die ihnen als die Hauptrădelsführer erscheinen, und führen sie unter Bewachung ab. Dann sammelt man die blutigen, sterbenden, verstümmelten, erschlagenen und verwundeten Männer, manchmal auch Weiber und Kinder, auf; die Toten begräbt man, die Verstümmelten schickt man in das Krankenhaus, die vermeintlichen Rädelsführer aber bringt man in die Stadt und stellt sie unter ein besonderes Kriegsgericht. Und wenn sie sich besonderer Gewalt schuldig gemacht haben, werden sie zum Tode durch den Strang verurteilt. Man errichtet einen Galgen und erwürgt feierlich mit Stricken wehrlose Menschen, wie das so oft in Rußland geschehen ist, wie es überall geschieht und geschehen muß, wo die gesellschaftliche Ordnung auf der Gewalt ruht.

Im andern Falle, in dem Falle, daß die Bauern sich fügen, geschieht etwas Besonderes, etwas speziell Russisches. Es geschieht folgendes: Der Statthalter, der an den Schauplatz der Handlung gekommen ist, hält dem Volk eine Rede, macht ihm Vorwürfe wegen seines Ungehorsams und legt entweder die Soldaten in die Häuser des Dorfes, wo die Soldaten manchmal im Laufe eines Monats durch ihre Einquartierung die Bauern herunterbringen, oder er läßt es bei der Drohung bewenden, verabschiedet gnädig das Volk und reitet davon, oder was am häufigsten vorkommt, er erklärt ihnen, daß die Rädelsführer bestraft werden müssen, nimmt willkürlich ohne Gericht eine gewisse Zahl von Menschen mit, die er als die Rädelsführer bezeichnet, und vollzieht an ihnen sofort die Züchtigung.

Um eine Vorstellung davon zu geben, wie diese Dinge vor sich gehen, will ich einen Fall beschreiben, der in Orel stattgefunden, und der die Zustimmung der höchsten Behörde gefunden hat.

Folgendes ist in Orel geschehen:

Ganz wie hier, im Gouvernement Tula, wollte ein Gutsbesitzer den Bauern ihr Eigentum nehmen, und ganz ebenso widersetzten sich auch hier die Bauern. Es handelte sich darum: Der Besitzer wollte ohne Zustimmung der Bauern in seiner Mühle das Wasser auf einer Höhe halten, bei der ihre Wiesen überschwemmt wurden. Die Bauern widersetzten sich dem. Der Gutsbesitzer klagte bei dem Landrat. Der Landrat entschied ungesetzlich (wie dies später auch vom Gericht anerkannt wurde) zu Gunsten des Besitzers und gestattete ihm, den Wasserspiegel zu erhöhen. Der Besitzer schickte Arbeiter an Ort und Stelle, um einen Kanal zu graben, der das Wasser herleiten sollte. Die Bauern waren über diese ungerechte Entscheidung aufgebracht und schickten ihre Frauen hin, damit sie die Arbeiter des Besitzers in der Herstellung des Grabens hinderten. Die Frauen gingen hin, warfen die Karren um und jagten die Arbeiter fort. Der Gutsbesitzer klagte gegen die Frauen wegen eigenmächtigen Vorgehens. Der Landrat erließ eine Verfügung, nach der im ganzen Dorfe von jedem Hause je eine Frau in ein („kaltes") Gefängnis gesteckt werden sollte. Der Beschluß war nicht leicht auszuführen, da in jedem Hause mehrere Frauen waren und man nicht wissen konnte, welche der Bestrafung unterliege, und so brachte die Polizei den Beschluß nicht zur Ausführung. Der Besitzer klagte bei dem Statthalter über die Lässigkeit bei der Polizei. Und der Statthalter gab, ohne die Sache näher zu prüfen, dem Kommissar gemessenen Befehl, unverzüglich die Weisung des Landrats auszuführen. Der Kommissar gehorchte dem höheren Vorgesetzten, kam ins Dorf und befahl mit der der russischen Behörde eigenen Nichtachtung von Menschen den Schutzleuten, aus jedem Hause je eine Frau herauszuschleppen. Da aber in jedem Hause mehr als eine Frau war und man nicht wissen konnte, welche bestraft werden sollte, begann Streit und Widerstand. Ohne auf diesen Streit und Widerstand zu achten, befahl der Kommissar, je eine Frau aus je einem Hause aufs Geratewohl zu ergreifen und ins Gefängnis zu bringen. Die Bauern verteidigten ihre Frauen und Mütter, ließen sie nicht fortschleppen und schlugen dabei die Schutzleute und den Kommissar. Ein neues und entsetzliches Verbrechen: Widerstand gegen die Behörde! Und dieses neue Verbrechen wurde in die Stadt gemeldet. Da kommt der Statthalter ganz so, wie hier der Statthalter von Tula angereist kam. Mit einem Bataillon Soldaten, mit Waffen und Ruten, mit Benutzung des Telegraphen, des Telefons und der Eisenbahn in einem Extrazuge mit einem studierten Doktor, der auf die Hygiene bei den Peitschen achten sollte, ganz die Verkörperung des von Herzen vorhergesagten Dshingis-Khan mit Telegraphen nach dem Schauplatz der Handlung.

Vor dem Gemeindehaus stand das Heer, eine Abteilung von Polizisten mit roten Schnüren, an denen die Revolver hingen, die bäuerlichen Beamten aus dem Dorfe und die Angeschuldigten. Rings umher stand eine Menge Volks, tausend oder mehr Menschen. Der Statthalter fuhr bei der Gemeindeverwaltung vor, stieg aus dem Wagen, sagte eine vorbereitete Rede her, rief die Angeschuldigten heran und befahl, eine Bank zu bringen. Dieser Befehl war anfangs unverständlich. Aber der Polizist, den der Statthalter stets bei sich hatte und dem die Organisation der Züchtigungen oblag, die häufig im Gouvernement vorkamen, erläuterte, es handle sich um eine Bank zum Prügeln. Man brachte die Bank, man brachte die Ruten, die man mit auf dem Weg genommen hatte, und man rief die Henker heran. (Die Henker waren schon vorbereitet, man hatte sie unter den Pferdedieben des Dorfes gewählt, da die Soldaten sich geweigert hatten, den Befehl auszuführen.) Als alles bereit war, befahl der Statthalter dem ersten von den zwölf Menschen, die der Gutsbesitzer als die Schuldigen bezeichnet hatte, hervorzutreten. Es war ein Familienvater, hochgeachtet in der Gemeinde, ein vierzigjähriger Mann, der stets mannhaft für die Rechte der Gemeinschaft eintrat und daher die Achtung der Dorfbewohner genoß. Man führte ihn an die Bank, entkleidete ihn und befahl ihm, sich niederzulegen.

Der Bauer suchte, um Schonung zu bitten, da er aber sah, daß es unnütz war, schlug er ein Kreuz und legte sich hin. Zwei Polizisten stürzten über ihn her, um ihn festzuhalten. Der studierte Doktor stand daneben, bereit, die nötige ärztliche, gelehrte Hilfe zu leisten. Die Häscher spieen in die Hände, fuhren mit den Ruten durch die Luft und fingen an zu schlagen. Da zeigte sich, daß die Bank zu schmal war, und daß es kaum möglich war, den Gezüchtigten, der sich krümmte und zusammenzog, darauf festzuhalten. Da befahl der Statthalter eine zweite Bank zu bringen und ein Brett darauf zu schlagen. Die Leute legten die Hand an die Mütze, sagten: „Zu Befehl, Euer Excellenz", und erfüllten eilig und gehorsam den Befehl, während der halbnackte, bleiche, gezüchtigte Mann die Brauen zusammenzog und zu Boden blickte und, am ganzen Körper zitternd, mit entblößten Beinen wartete. Als die zweite Bank herbeigebracht war, legte man ihn wieder hin, und die Pferdediebe begannen von neuem, ihn zu schlagen. Mehr und mehr bedeckte sich der Rücken, die Schenkel, die Waden, ja sogar die Seiten des Gezüchtigten mit Striemen und Blutstellen, und bei jedem Schlage erklang ein dumpfes Stöhnen, das der Gezüchtigte nicht unterdrücken konnte. Aus der Menge, die rings umherstand, vernahm man das Schluchzen der Frauen, der Mütter, der Kinder, der Verwandten des Gezüchtigten und aller derer, die zur Strafe bestimmt waren.

Der unglückselige, von seiner Macht berauschte Statthalter, der nicht anders handeln zu können glaubte, bog die Finger ein, zählte die Schläge, und hörte nicht auf, Zigaretten zu rauchen; dienstfertige Leute stürzten jedesmal herbei, um ihm das angezündete Streichholz zu reichen. Nach fünfzig Schlägen hörte der Bauer auf zu schreien und sich zu rühren, und der Arzt, der in einem Staatsinstitut erzogen war, um mit seinen wissenschaftlichen Kenntnissen seinem Kaiser und seinem Vaterlande zu dienen, trat an den Gezüchtigten heran, fühlte den Puls, behorchte den Herzschlag und meldete dem Vertreter der Macht, daß der Bestrafte das Bewußtsein verloren habe, und daß nach der Auffassung der Wissenschaft eine weitere Züchtigung seinem Leben gefährlich werden könnte. Aber der unglückselige Statthalter, der schon ganz von dem Anblick des Blutes berauscht war, befahl, fortzufahren, und die Züchtigung wurde bis zu siebenzig Schlägen fortgesetzt, einer Zahl, die er aus irgendeinem Grunde glaubte erreichen zu müssen. Nach den siebenzig Schlägen sagte der Statthalter: „Genug! Der nächste vor!" Nun hob man den entstellten Menschen mit dem geschwollenen Rücken und dem verlorenen Bewußtsein auf, trug ihn fort und brachte den zweiten herbei. Das Schluchzen und Stöhnen der Menge wuchs. Aber der Vertreter der Staatsgewalt fuhr fort in der Züchtigung.

So schlug man den zweiten, den dritten, den vierten, den fünften, den sechsten, den siebenten, den achten, den neunten, den zehnten, den elften, den zwölften, jeder erhielt siebenzig Schläge. Alle baten sie um Schonung, stöhnten, schrieen. Das Schluchzen und Stöhnen der Weiber in der Menge wurde immer lauter und herzzerreißender, die Gesichter der Männer wurden immer düsterer und düsterer. Rings umher aber standen die Soldaten. Die Züchtigung hörte nicht auf, ehe das Werk in dem Maße vollführt war, in dem es, Gott weiß aus welchem Grunde, der Laune des unglückseligen, halb trunkenen verirrten Menschen, den man Statthalter nannte, nötig erschien. Die Beamten, die Offiziere, die Soldaten waren nicht nur zugegen, sondern nahmen durch ihre Gewalt teil an diesem Werke und schützten die Ordnung des Vollzugs dieses Staatsaktes gegen eine Verletzung durch die Menge.

Als ich einen der Statthalter fragte, wozu sie diese Züchtigungen vornähmen an Menschen, wenn sie sich doch schon gefügt hätten und die Soldaten im Dorfe ständen, antwortete er mir mit der bedeutenden Miene eines Mannes, der alle Feinheiten staatsmännischer Weisheit kennt, es geschehe, weil man durch Erfahrung weiß, daß die Bauern, wenn man sie nicht der Züchtigung unterzieht, wieder gegen die Weisungen der Behörde auftreten. Die Züchtigung aber, an einigen von ihnen vollzogen, gebe den Beschlüssen der Behörde für immer Kraft.

Und jetzt kam der Statthalter von Tula mit Beamten, Offizieren und Soldaten, um ein gleiches Werk zu vollführen. Ganz ebenso, das heißt, durch Totschlag oder Züchtigung, sollte eine Weisung der höheren Behörde durchgeführt werden, die darin bestand, einem jungen Burschen, einem Gutsbesitzer, der Hunderttausende an jährlichen Einkünften hatte, noch dreitausend Rubel für einen Wald zu schaffen, den er auf betrügerischer Weise einer ganzen Gemeinschaft von hungernden und frierenden Bauern genommen hatte, damit er dieses Geld in den Gasthäusern in Moskau, Petersburg und Paris in zwei, drei Wochen durchbringen könne. Dies Werk zu vollführen, fuhren die Leute, denen ich begegnet war.

Das Schicksal hatte mich gewissermaßen absichtlich, nachdem ich zwei Jahre hindurch meine Gedanken in einer und derselben Richtung angestrengt hatte, zum ersten Mal im Leben auf diese Erscheinung stoßen lassen, die mir mit voller Kraft in der Praxis das zeigte, was mir in der Theorie längst klar geworden war, daß nämlich die ganze Einrichtung unseres Lebens nicht auf gewissen juristischen Grundlagen ruht, wie sich das die Menschen gerne vorstellen, die die vorteilhaften Stellungen in der herrschenden Ordnung genießen, sondern auf der einfachsten, gröbsten Gewalt, auf Totschlag und Züchtigung der Menschen.

Die Menschen, die eine größere Menge von Kapital besitzen oder die größere Gehälter beziehen, die man von dem arbeitenden Volke sammelt, welches das Notwendigste entbehrt; ferner, die Menschen, die, wie die Kaufleute, die Aerzte, die Künstler, die Verwalter, die Gelehrten, die Kutscher, die Köche, die Schreiber, die Lakaien, die Anwälte, sich von diesen reichen Leuten nähren, sie alle glauben gern daran, daß diese Privilegien, die sie genießen, nicht eine Folge der Gewalt sind, sondern eine Folge des vollständig freien und rechtmäßigen Austausches von Leistungen, und daß diese Privilegien nicht in den an den Menschen verübten Gewaltthaten und Totschlägen ihre Quelle haben, wie sie in Orel und an vielen Orten Rußlands in diesem Sommer vorgekommen sind und in ganz Europa und Amerika immer wieder vorkommen, sondern daß sie mit diesen Gewaltthaten auch nicht den geringsten Zusammenhang haben. Sie glauben sogar, daß die Privilegien, die sie genießen, durch sich selbst vorhanden sind und in der freiwilligen Uebereinkunft der Menschen ihre Quelle haben, und daß die Gewaltthaten für sich existieren und ihre Quelle in gewissen allgemeinen und höheren juristischen, staatlichen und wirtschaftlichen Gesetzen haben. Diese Menschen geben sich nicht die Mühe, zu sehen, daß sie die Privilegien, die sie genießen, stets nur infolge des Umstands genießen, der jetzt die Bauern, die den Wald großgezogen haben, und die ihn dringend brauchen, nötigt, ihn einem reichen Besitzer abzutreten, der während des Wachstuns gar nicht teilgenommen hat an seiner Pflege und der ihn durchaus nicht braucht, das heißt, infolge des Umstands, daß man sie schlägt oder tötet, wenn sie diesen Wald nicht abtreten.

Und doch, wenn es vollkommen klar ist, daß die Mühle von Orel dem Gutsbesitzer eine große Einnahme brachte, und der Wald, den die Bauern gepflegt hatten, dem Gutsbesitzer übergeben wird nur durch Gewalt und Totschlag oder Androhung beider, so muß auch das klar sein, daß alle anderen Vorrechte der Reichen, die die Armen des Notwendigsten berauben, auf derselben Grundlage beruhen müssen. Wenn die Bauern, die des Bodens bedürfen zur Ernährung ihrer Familie, den Boden, der an ihre Höfe grenzt, nicht bearbeiten, und wenn dieser Boden, der imstande wäre, tausend Familien zu ernähren, im Genusse eines Menschen, eines Russen, eines Engländers, eines Oesterreichers, ist oder irgend eines Großgrundbesitzers, der auf diesem Boden nicht arbeitet, und wenn der Kaufmann, der in der Not bei einem Gutsbesitzer Getreide gekauft hat, dieses Getreide sicher in seinen Speichern halten kann inmitten der hungernden Menschen und es dreimal teurer an dieselben Gutsbesitzer verkaufen kann, bei denen er es um den dritten Teil gekauft hat, so leuchtet es ein, daß dies aus denselben Ursachen geschieht. Und wenn ein Mensch nicht vom andern die billige Ware kaufen kann von jenseits eines Bezirks, den man die Grenze nennt, ohne dafür einen Zoll zu zahlen an Menschen, die gar keinen Anteil haben an der Erzeugung der Ware – und wenn die Menschen genötigt sind, die letzte Kuh für die Steuern herzugeben, die von den Regierungen an ihre Beamten verteilt, zur Erhaltung von Soldaten aufgewandt wird, die diese Zahler selbst totschlagen sollen, so ist es wohl einleuchtend, daß auch dies geschieht, keineswegs infolge irgendwelcher abstrakten Gesetze, sondern infolge derselben Dinge, die sich in Orel vollzogen, die sich im Gouvernement Tula vollziehen können und periodisch in der einen oder anderen Gestalt in der ganzen Welt sich vollziehen, wo es eine Staatsordnung giebt und Reiche und Arme.

Weil nicht bei allen auf Gewalt beruhenden Beziehungen der Menschen Züchtigung und Totschlag vorkommt, reden die Menschen, welche die Ausnahmsprivilegien der herrschenden Klassen genießen, sich und anderen ein, daß die Privilegien, die sie genießen, nicht von der Züchtigung und dem Totschlage herkommen, sondern von irgendwelchen anderen geheimnisvollen, allgemeinen Ursachen, abstrakten Rechten und so weiter. Indessen, sollte man meinen, ist es klar, daß, wenn Menschen, die das für ungerecht halten (wie das jetzt alle Arbeiter ansehen), den größten Teil ihrer Arbeit an den Kapitalisten, an den Grundbesitzer abgeben und Steuern zahlen und dabei wissen, daß diese Steuern schlecht angewandt werden, diese Menschen dies vor allem nicht aus der Erkenntnis irgendwelcher abstrakten Gesetze thun, von denen sie nie etwas gehört haben, sondern nur, weil sie wissen, daß man sie schlagen und töten wird, wenn sie es nicht thun.

Wenn es aber nicht jedesmal vorkommt, daß man jemand ins Gefängnis wirft, daß man Menschen schlägt und tötet, wenn von dem Gutsbesitzer der Pachtzins für den Boden eingetrieben wird, und der Getreidebedürftige dem Kaufmann, der ihn betrügt, den dreifachen Preis zahlt, und der Fabrikarbeiter zufrieden ist mit einem Lohne, der verhältnismäßig zweimal so klein ist wie die Einnahme des Herrn, und wenn der arme Mann seinen letzten Rubel für Zoll und Steuern hergiebt, so kommt das daher, daß man schon so viele Menschen geschlagen und getötet hat für ihre Versuche, nicht das zu thun, was man von ihnen verlangt, und daß sie das sehr gut im Gedächtnis haben. Wie der gezähmte Tiger im Käfig nicht das Fleisch nimmt, das man ihm unter das Maul legt, und nicht ruhig liegt, sondern über den Stock springt, wenn man es befiehlt, nicht etwa, weil er das gern thut, sondern weil er die glühenden Eisenstangen oder den Hunger im Gedächtnis hat, zu dem man ihn gezwungen hat, so oft er ungehorsam war; so thun es auch die Menschen, die sich dem unterwerfen, was ihnen schädlich, ja verderblich ist, und was sie für ungerecht halten, dies nur, weil sie in Erinnerung haben, was ihnen geschehen ist für den Widerstand, den sie einmal geleistet haben.

Die Menschen aber, die die Privilegien genießen, die durch die alten Gewaltthaten geschaffen sind, vergessen und vergessen es gern, wie diese Privilegien erworben wurden. Und man braucht doch nur in die Geschichte zurückzublicken, nicht in die Geschichte der Erfolge der verschiedenen Herrscherdynastien, sondern in die wirkliche Geschichte, in die Geschichte der Bedrückung der Mehrheit durch die Minderheit, um zu sehen, daß die Grundlage dieser Vorrechte der Reichen vor den Armen in nichts anderen ihren Grund haben als in Ruten, Gefängnissen, Foltern und Totschlag.

Man braucht nur an das unaufhörliche, stetige Bestreben aller Menschen nach der Vergrößerung ihres Wohlstands zu denken, das die Menschen unserer Zeit leitet, um sich zu überzeugen, daß die Vorrechte der Reichen vor den Armen durch nichts anderes aufrecht erhalten werden konnten und aufrecht erhalten werden können.

Es kann Unterdrückung, Gewaltthätigkeit, Gefängnisse, Hinrichtung geben, deren Zweck nicht die Vorrechte der reichen Klassen sind (obgleich das selten ist), aber man kann kühn sagen, daß in unserer Gesellschaft, in der auf jeden wohlhabenden, herrschaftlich lebenden Menschen zehn von Arbeit erschöpfte, gierige, neidische und oft geradezu mit ihren Familien leidende Arbeiter kommen, alle Privilegien der Reichen, all ihr Luxus, alles Ueberflüssige, was die Reichen gegenüber dem mittleren Arbeiter genießen, daß alles das nur durch die Züchtigungen, Gefängnisse und Hinrichtungen erworben und erhalten wird.

2

Der Zug, dem ich am 9. September begegnet bin, der Soldaten, Waffen, Patronen und Ruten zu den hungrigen Bauern führte, um dem reichen Gutsbesitzer einen kleinen Wald zu sichern, den er den Bauern genommen hatte, den er nicht brauchte, und den die Bauern sehr nötig brauchten, bewies mit überraschender Deutlichkeit, bis zu welchem Grade in den Menschen die Fähigkeit entwickelt ist, Dinge zu vollbringen, die ihren Ueberzeugungen und ihrem Gewissen aufs schärfste widersprechen, ohne es auch nur zu bemerken.

Der Extrazug, dem ich begegnet war, bestand aus einem Waggon erster Klasse für den Statthalter, die Beamten und Offiziere und aus einigen Gepäckwagen, die mit Soldaten vollgepfropft waren.

Die kecken, jungen Burschen von Soldaten in ihren neuen Uniformen standen zusammengedrängt oder saßen mit herabgelassenen Beinen in den breit geöffneten Thüren der Gepäckwagen. Die einen rauchten, die anderen plauderten, scherzten, lachten mit breitem Munde, wieder andere kauten Sonnenblumensamen und spieen ihn überlegen aus. Einige von ihnen liefen über die Plattform auf eine Tonne mit Wasser zu, um zu trinken, und wenn sie den Offizieren begegneten, mäßigten sie ihren Schritt, machten ihre thörichte Bewegung, die Hand an die Stirn, und gingen mit ernsten Gesichtern, als thäten sie etwas, was nicht nur vernünftig, sondern sehr wichtig wäre, an ihnen vorüber und folgten ihnen mit ihren Blicken, dann stürzten sie noch lustiger vorwärts, so daß ihre Schritte über die Bretter der Plattform hallten, und lachten und schwatzten wie gesunde, gute Burschen zu thun pflegen, die in heiterer Gesellschaft von einem Orte nach dem andern fahren.

Sie fuhren hin, um ihre hungrigen Väter und Verwandten zu töten, wie man zu einer heiteren oder wenigstens ganz gewöhnlichen Sache fährt.

Denselben Eindruck machten auch die geputzten Beamten und Offiziere, die auf der Plattform und in dem Wartesaal erster Klasse zerstreut waren. An einem mit Flaschen besetzten Tisch saß in seiner halb militärischen Uniform der Statthalter, der Führer der ganzen Expedition, aß etwas und plauderte dabei mit den Bekannten, die ihm begegneten, ruhig über das Wetter, als wäre die Aufgabe, die ihn erwartete, etwas so Einfaches und Gewöhnliches, daß es seine Ruhe und sein Interesse an der Witterung nicht berühren könnte.

Nicht weit von dem Tisch saß, ohne etwas zu genießen, der General der Gendarmerie mit undurchdringlichem, aber finsterem Gesicht, als ob er verdrießlich wäre über die Formalität, die ihm überdrüssig wurde. Von allen Seiten kamen mit lebhaftem Geräusch die Offiziere in ihren schönen goldgestickten Uniformen herbei: die einen saßen am Tisch und tranken ihre Flasche Bier, andere standen am Buffet und kauten Piroggen, ein dritter schüttelte die Brosamen ab, die auf die Brust der Uniform gefallen waren und warf mit kecker Gebärde sein Goldstück hin, ein vierter ging hüpfend vor den Waggons unseres Zuges auf und nieder und betrachtete die Frauengesichter.

Alle diese Menschen, die zum Totschlag oder zur Züchtigung der hungrigen und wehrlosen Menschen fuhren, die sie ernähren, hatten das Aussehen von Leuten, die bestimmt wissen, daß sie thun, was man thun muß, und sich sogar ein wenig mit dem brüsten, was sie thun.

Was ist das?

Alle diese Menschen sind eine halbe Stunde von dem Ort entfernt, wo sie – um dem reichen Burschen die ihm unnützen 3000 Rubel, die er einer ganzen Gemeinschaft hungriger Bauern genommen hat, wiederzugeben – genötigt werden können, die schrecklichsten Dinge zu thun, die man sich nur vorstellen kann. Sie können, wie das in Orel war, unschuldige Menschen, ihre Brüder, töten oder züchtigen, und sie nähern sich ganz ruhig dem Ort und der Zeit, wo und wann das geschehen soll.

Man kann nicht sagen, daß diese Menschen, alle diese Beamten, Offiziere und Soldaten, nicht wüßten, was ihrer harrt und wozu sie hinfahren, denn sie haben sich darauf vorbereitet. Der Statthalter hat die Verfügungen treffen müssen wegen der Ruten, die Beamten haben die Fichtenruten kaufen, behandeln und diesen Posten in die Ausgabebücher eintragen müssen, die Soldaten haben die Befehle über die Patronen erteilen, empfangen und ausführen müssen. Sie alle wissen, daß sie hinfahren, um ihre von Hunger zu Tode gequälten Brüder zu züchtigen, vielleicht gar zu töten, und daß sie dieses Werk vielleicht schon in einer Stunde werden beginnen müssen.

Zu behaupten, sie töten sie aus Ueberzeugung, wie man gewöhnlich sagt, und wie sie selbst wiederholen, aus der Ueberzeugung von der Notwendigkeit der Aufrechterhaltung der staatlichen Ordnung, wäre ungerecht, 1. weil alle diese Leute wohl kaum jemals auch nur an die staatliche Ordnung gedacht haben; 2. weil sie keineswegs überzeugt sein können, daß das Werk, an dem sie teilnehmen, der Aufrechterhaltung, und nicht der Zerstörung des Staates diene, und 3. weil in der Wirklichkeit die Mehrheit dieser Menschen, wenn nicht alle, nicht nur niemals ihre Ruhe und ihren Genuß opfern zur Aufrechterhaltung des Staates, sondern nie eine Gelegenheit vorübergehen lassen, um auf Kosten des Staates für ihre Ruhe und ihren Genuß alles auszunützen, was nur ausgenützt werden kann; es ist also nicht möglich, daß sie dies aus dem abstrakten Prinzip des Staates heraus thun.

Was aber ist das?

Ich kenne ja doch alle diese Menschen. Wenn ich sie auch nicht alle persönlich kenne, so kenne ich doch ungefähr ihre Vergangenheit, ihre Denkungsart. Sie alle haben doch Mütter, manche haben Frauen, Kinder. Sie sind doch größtenteils gutherzige, mildgeartete, oft zartfühlende Menschen, die jede Grausamkeit, geschweige den Totschlag, hassen. Viele von ihnen sind gar nicht imstande, ein Tier zu töten oder zu quälen; überdies sind das alles Menschen, die das Christentum bekennen und die Gewalt über wehrlose Menschen für feig und schmachvoll halten. Nicht einer von diesen Menschen ist auch im gewöhnlichen Leben nur imstande, um seines kleinen Vorteils willen ein Hundertstel von dem zu thun, was der Statthalter von Orel den Menschen that. Jeder von ihnen wird sich vielmehr gekränkt fühlen, wenn man von ihm voraussetzt, daß er im Privatleben irgendetwas Derartiges thun könnte.

Und sie sind doch nur eine halbe Stunde von dem Ort entfernt, wo sie unweigerlich genötigt werden, das zu thun.

Was ist das?

Aber nicht nur *diese* Menschen, die in diesem Zuge fahren und bereit sind zu Totschlag und Züchtigung, – wie konnten die Menschen, bei denen die ganze Sache begann: der Gutsbesitzer, der Verwalter, der Richter und diejenigen, die aus Petersburg die Sache befohlen haben und an ihr mit ihren Verfügungen teilnahmen, wie konnten diese Menschen: der Minister, der Kaiser, ebenfalls gute Menschen, die das Christentum bekennen, wie konnten sie ein solches Werk beginnen und anbefehlen, da sie seine Folgen kennen? Wie können selbst die Zuschauer, die an diesem Werke teilnehmen, die im Privatleben jede Gewalt, jede Züchtigung eines Pferdes schon erregt, dulden, daß ein so entsetzliches Werk geschehe, wie können sie still dabei bleiben, ihm nicht in den Weg treten und rufen: „Nein, wir dulden es nicht, daß man hungrige Menschen dafür töte und züchtige, weil sie ihren letzten Besitz nicht herausgeben wollen, den man ihnen auf betrügerische Weise genommen hat – wir dulden es nicht.“ Aber nicht nur, daß niemand das thut, nein, die Mehrheit der Menschen, auch die, die das Werk begonnen haben, wie der Verwalter, der Gutsbesitzer, der Richter und die, die seine Teilnehmer und Anordner gewesen sind, wie der Statthalter, der Minister, der Kaiser, sind vollkommen ruhig und fühlen nicht einmal Gewissensbisse. Und ebenso ruhig sind offenbar auch all die Menschen, die da hinfahren, die Uebelthaten zu vollziehen.

Die Zuschauer, sollte man meinen, sind durch nichts an dem Werk interessiert und betrachten meist eher mit Mitgefühl als mit Mißbilligung alle diese Leute, die sich rüsten, das häßliche Werk zu vollziehen. In dem Waggon, in dem ich reiste, fuhr auch ein Kaufmann, ein Holzhändler bäuerlicher Abkunft. Er sprach offen und laut seine Billigung der Züchtigungen aus, die über die Bauern verhängt waren. „Man muß der Obrigkeit gehorchen“, sagte er, „dafür ist sie die Obrigkeit. Wollte sie ruhig zusehen, würde sie schlecht fahren. Weiß Gott, ob sie sich nicht empören würden. So geschieht ihnen recht.“

Was ist das?

Behaupten, daß all diese Leute: die Anreger, die Teilnehmer, die Dulder dieses Werkes solche Schurken sind, daß sie, trotzdem sie die Scheußlichkeit dessen kennen, was sie thun – die einen für das Gehalt, für die Vorteile, und die anderen aus Furcht vor der Strafe, – ein Werk vollziehen, das ihren Ueberzeugungen widerstrebt, das kann man auch nicht. Alle diese Menschen wissen in bestimmten Lagen für ihre Ueberzeugungen einzustehen. Keiner dieser Beamten wird ein Geldbeutelchen stehlen, wird einen fremden Brief lesen, wird sich eine Beleidigung gefallen lassen, ohne von dem Beleidiger Rechenschaft zu fordern. Auch nicht einer von diesen Offizieren wird seine Spielschuld nicht bezahlen, einen Kameraden verraten, von dem Schlachtfelde entfliehen oder die Fahne fortwerfen. Auch nicht einer von diesen Soldaten wird das Abendmahl ausspeien oder auch nur Fleisch essen am Karfreitag. Alle diese Leute sind eher bereit, Entbehrungen, Gefahren, Leiden zu ertragen, als ein Werk zu vollziehen, daß sie für schlecht halten. Es muß also in diesen Menschen eine Kraft der Gegenwirkung stecken, wenn sie ein Werk vollführen sollen, das ihrer Ueberzeugung widerstrebt.

Noch weniger kann man sagen, daß alle diese Leute solche Bestien seien, daß es ihnen sympathisch und nicht vielmehr schmerzlich sei, solche Dinge zu thun. Man braucht nur mit diesen Leuten zu thun. Man braucht nur mit diesen Leuten zu sprechen, um zu erkennen, daß sie alle, sowohl der Gutsbesitzer wie der Richter, der Minister wie der Zar, der Statthalter, die Offiziere und die Soldaten im Grunde ihrer Seele nicht nur solche Dinge nicht billigen, sondern unter dem Bewußtsein ihrer Teilnahme an ihnen leiden, wenn man ihnen die Bedeutung der Sache nahe legt. Sie geben sich nur Mühe, nicht daran zu denken.

Man braucht nur mit ihnen zu sprechen, mit allen, die an diesem Werke teilnehmen, vom Gutsbesitzer an bis zum letzten Polizisten und Soldaten, um zu sehen, daß sie alle in der Tiefe ihrer Seele wissen, daß dieses Werk ein schlechtes ist, daß es besser wäre, nicht daran teilzunehmen, und daß sie alle darunter leiden.

Als eine liberale Dame, die mit uns im Zuge fuhr, im Wartesaal erster Klasse den Statthalter und die Offiziere sah und gehört hatte, welches der Zweck ihrer Reise sei, begann sie absichtlich laut, so daß es alle hören mußten, die Verhältnisse unserer Zeit zu schmähen und die Menschen zu beschämen, die an diesem Werke teilnahmen. Es war allen unbehaglich zu Mute. Sie wußten alle nicht, wo sie ihre Augen lassen sollten, aber niemand wagte ihr etwas zu erwidern. Die anderen, die mit dem Zug gekommen waren, thaten so, als ob es nicht verlohne, auf solche Reden zu erwidern. Aber man sah es ihren umherschweifenden Augen an, daß sie sich alle schämten.

Und dasselbe beobachtete ich an den Soldaten. Auch sie wussten, daß das Werk, das sie zu vollbringen fuhren, häßlich war, aber sie wollten nicht an das denken, was ihrer harrte.

Als der Holzhändler, und zwar, wie ich glaube, unaufrichtig, nur um seine Bildung zu beweisen, darüber zu sprechen begann, wie notwendig solche Maßregeln sind, wandten sich alle Soldaten, die ihn hörten, von ihm ab, thaten, als ob sie nichts hörten, und runzelten die Stirn.

Alle diese Leute, sowohl die, die wie der Gutsbesitzer, der Verwalter, der Minister, der Zar, an der Vollführung dieses Werkes teilnahmen, wie auch die, die jetzt in dem Zuge dahin fuhren, ja sogar die, die ohne jede Teilnahme nur von der Seite her dem Vollzuge zusehen, alle wissen, daß dies Werk ein schlechtes ist und schämen sich ihrer Teilnahme, ja sogar ihrer bloßen Anwesenheit.

Warum also thaten sie, thun sie und dulden sie es?

Darüber befraget die, die, wie der Gutsbesitzer, das Werk angeregt haben, die, die wie der Richter, eine zwar formell gesetzliche, aber offenbar ungerechte Entscheidung gefällt haben, und die, die die Ausführung der Entscheidung verfügt haben, und die, die wie die Soldaten, Polizisten und Bauern, mit eigenen Händen diese Dinge vollziehen werden, die ihre Brüder schlagen, töten werden, sie alle, die Anreizer, die Helfershelfer, die Vollführer, die unthätigen Zuschauer dieser Verbrechen, alle werden im wesentlichen ein und dasselbe sagen.

Die Männer, die als Befehlende, Antreibende, Teilnehmende und Verfügende handeln, werden sagen, sie thun das, was sie thun, weil diese Dinge notwendig seien zur Aufrechterhaltung der bestehenden Ordnung; die Aufrechterhaltung der bestehenden Ordnung aber sei unentbehrlich für das Heil des Vaterlandes, der Menschheit, für die Möglichkeit eines gesellschaftlichen Lebens und die Förderung des Fortschritts.

Die Menschen der niederen Schichten, Bauern, Soldaten, die, die mit ihren eigenen Händen die Gewalt werden vollziehen müssen, werden sagen, sie thun das, was sie thun, weil dies von dem höheren Vorgesetzten vorgeschrieben ist, und die höhere Behörde weiß, was sie thut; daß die Behörde aus eben den Personen besteht, die höhere Vorgesetzte sein sollten, und daß sie weiß, was sie thut, erscheint ihnen als unzweifelhafte Wahrheit. Wenn diese unteren Vollzieher des Werkes auch die Möglichkeit eines Irrtums oder einer Verirrung zugeben, so geschieht es nur bei niedrigen behördlichen Personen; die höchste Behörde aber, von der alles ausgeht, erscheint ihnen unzweifelhaft unfehlbar. Die behördlichen Personen sowohl, wie die, die ihnen gehorchen, stimmen, wenn sie auch die Motive ihres Handeln verschieden erklären, darin überein, daß sie das, was sie thun, eben thun, weil die bestehende Ordnung eben die Ordnung ist, die notwendig ist und in der Gegenwart herrschen muß, und die zu erhalten daher die heilige Pflicht eines jeden ist.

Auf dieser Anerkennung der Notwendigkeit und daher Unveränderlichkeit der bestehenden Ordnung beruht auch die immer von allen Teilnehmern an den staatlichen Gewaltthaten zu ihrer Rechtfertigung beigebrachte Ansicht, daß, da die bestehende Ordnung unveränderlich ist, die Weigerung einer einzelnen Person die ihr auferlegten Pflichten zu erfüllen, das Wesen der Sache nicht verändern wird und nur bewirken kann, daß an Stelle des Verweigernden ein anderer tritt, der die Sache schlechter machen kann, das heißt: noch grausamer, noch schlimmer für die Menschen, an denen die Gewalt verübt wird.

Diese Ueberzeugung, daß die bestehende Ordnung die notwendige und daher unveränderliche Ordnung sei, die aufrecht zu erhalten die heilige Pflicht jedes Menschen ist, giebt auch guten und im Privatleben sittlichen Menschen die Möglichkeit, mit mehr oder weniger ruhigem Gewissen teilzunehmen an Werken wie dies Werk von Orel, zu dem sich die Menschen rüsteten, die in dem Zuge von Tula saßen.

Worauf aber gründet sich diese Ueberzeugung?

Man begreift, daß es dem Gutsbesitzer angenehm und erwünscht ist, daran zu glauben, daß die bestehende Ordnung notwendig und unveränderlich ist, denn diese bestehende Ordnung ist es, die ihm die Einkünfte von seinen Hunderten und Tausenden Morgen sichert, dank welchen er sein gewohntes, müßiges Genußleben führt.

Man begreift auch, daß der Richter gern an die Notwendigkeit dieser Ordnung glaubt, die ihm fünfzigmal so viel Einkünfte gewährt, als der fleißigste Lohnarbeiter hat. Man begreift es auch von dem Oberrichter, der sechs- und mehr tausend Rubel Gehalt bezieht und von allen höheren Beamten. Nur bei dieser Ordnung kann er als Statthalter, Staatsanwalt, Senator, Mitglied verschiedener Kammern seine Tausende Rubel Gehalt beziehen, ohne die er sofort mit seiner Familie zu Grunde gehen würde, denn außer an der Stelle, die er einnimmt, könnte er nach seinen Fähigkeiten, nach seinem Fleiße und nach seinen Kenntnissen auch nicht ein Tausendstel von dem bekommen, was er bekommt. In gleicher Lage ist der Minister, der Kaiser und jede höhere Machtperson, nur mit dem Unterschied, daß, je höher sie stehen, und je ausschließlicher ihre Stellung, um so unentbehrlicher für sie auch der Glaube daran ist, daß die bestehende Ordnung die einzig mögliche Ordnung ist, da sie außerhalb dieser nicht nur eine gleiche Stellung nicht erhalten können, sondern weit unter die anderen Menschen heruntersinken müßten. Ein Mensch, der freiwillig Schutzmann wird für ein Gehalt von zehn Rubeln, die er leicht an jeder anderen Stelle bekommen könnte, hat in geringem Maße das Bedürfnis, die bestehende Ordnung aufrecht zu erhalten, und braucht darum nicht an ihre Unveränderlichkeit zu glauben. Aber der König oder Kaiser, der an dieser Stelle Millionen bekommt, der da weiß, daß um ihn her Tausende von Menschen sind, die den Wunsch haben, ihn zu stürzen und an seine Stelle zu treten, der da weiß, daß er an keinem andern Platze ein gleiches Einkommen und gleiche Ehren haben könnte, der in den meisten Fällen bei mehr oder weniger despotischer Regierung sogar weiß, daß er, wenn er gestürzt werden sollte, gerichtet werden würde für das, was er gethan hat, da er in seiner Macht war; jeder König oder Kaiser muß an die Unveränderlichkeit und Heiligkeit der bestehenden Ordnung glauben. Je höher die Stellung ist, desto mehr glaubt der Mensch, der diese Stellung einnimmt, an die Unveränderlichkeit der bestehenden Ordnung, und mit desto größerer Gewissensruhe kann ein solcher Mensch gewissermaßen nicht für sich, sondern zur Aufrechterhaltung dieser Ordnung, häßliche und grausame Dinge vollbringen.

So liegt die Sache für alle in höheren Aemtern befindlichen Personen, die Stellungen einnehmen, vorteilhafter als die, die sie einnehmen könnten ohne die bestehende Ordnung, von dem untersten Polizeibeamten angefangen bis hinauf zu dem höchsten Machtinhaber. Alle diese Menschen glauben mehr oder weniger an die Unveränderlichkeit der bestehenden Ordnung, vor allem, weil sie ihnen Vorteile bringt.

Was aber veranlaßt die Bauern, die Soldaten, die auf einer niedrigen Stufe der Leiter stehen, die keinerlei Vorteile von der bestehenden Ordnung haben, die sich in der Lage äußerster Demütigung und Erniedrigung befinden, daran zu glauben, daß die bestehende Ordnung, in deren Folgen sie sich in ihrer unvorteilhaften und niedrigen Stellung befinden, eben die Ordnung sei, die sein muß, und die man daher sogar dadurch aufrechterhalten muß, daß man häßliche, dem Gewissen widerstreitende Dinge vollbringt.

Was veranlaßt diese Leute zu der irrtümlichen Meinung, die bestehende Ordnung sei unveränderlich, und man müsse sie aufrecht erhalten, während es doch einleuchtend ist, daß sie vielmehr nur darum unveränderlich ist, weil sie sie eben aufrecht erhalten.

Was veranlaßt diese Menschen, die man gestern vom Pfluge fortgeholt und in diese scheußlichen, unanständigen Kleider mit den blauen Kragen und goldenen Knöpfen gesteckt hat, mit Gewehren und Säbeln zum Totschlag ihrer hungrigen Väter und Brüder zu fahren? Die haben doch keinerlei Vorteile und sind nicht in der Gefahr, die Stellungen, die sie einnehmen, zu verlieren, denn ihre Stellung ist schlimmer als die, aus der man sie genommen hat.

Die herrschenden Personen der höheren Schichten, die Gutsbesitzer, die Kaufleute, die Richter, die Senatoren, die Statthalter, die Minister, die Fürsten, die Offiziere nehmen teil an solchen Dingen und erhalten dadurch die bestehende Ordnung aufrecht, weil ihnen die bestehende Ordnung vorteilhaft ist. Außerdem fühlen sie sich, die oft gute, zarte Menschen sind, auch noch darum in der Lage, an diesen Dingen teilzunehmen, weil ihre Teilnahme sich auf die Anregung, den Beschluß und die Verfügung beschränkt. Alle diese herrschenden Personen thun nicht selbst das, was sie anregen, beschließen und zu thun befehlen. In den meisten Fällen sehen sie auch gar nicht, wie all die schrecklichen Dinge vollzogen werden, die sie hervorgerufen und vorgeschrieben haben. Aber die unglücklichen Menschen der unteren Schichten, die von der bestehenden Ordnung keinerlei Vorteile haben, die sich vielmehr infolge dieser Ordnung in Mißachtung befinden, die selbst zur Aufrechterhaltung dieser für sie unvorteilhaften Ordnung mit eigenen Händen die Menschen ihren Familien entreißen, sie binden, sie in die Gefängnisse werfen; die sie bewachen, erschießen – warum thun *die* das?

Was veranlaßt die Menschen, daran zu glauben, daß die bestehende Ordnung unabänderlich ist, und daß man sie aufrecht erhalten muß?

Beruht denn nicht jegliche Gewalt nur auf ihnen, auf diesen Menschen, die mit ihren eigenen Händen schlagen, binden, einsperren und töten? Wären diese Menschen nicht vorhanden: die Soldaten oder die Polizisten, überhaupt die Bewaffneten, die auf Befehl bereit sind, Gewalt zu üben, alle diejenigen zu töten, die man ihnen bezeichnet, – nicht einer dieser Menschen, die die Urteile zu Tod, lebenslänglichem Gefängnis, Zwangsarbeit unterzeichnen, würde den Mut haben, selbst zu erhängen, einzusperren, zu quälen, auch nicht ein Tausendstel derjenigen, die er jetzt, ruhig in seinem Arbeitszimmer sitzend, zu hängen und auf jegliche Weise zu quälen verfügt, nur weil er sie nicht sieht, und weil nicht er das thut, sondern irgendwo in weiter Ferne gefügige Helfershelfer.

Aber diese Ungerechtigkeiten und Grausamkeiten, die zur Gewohnheit des bestehenden Lebens geworden sind, sind nur dadurch zur Gewohnheit geworden, weil diese Menschen vorhanden sind, die stets bereit sind, diese Ungerechtigkeiten und Grausamkeiten aufrecht zu erhalten. Gäbe es diese Menschen nicht, so wäre nicht nur niemand imstande, alle diese ungeheuren Massen der vergewaltigten Menschen zu vergewaltigen, sondern auch die Verfügenden würden sich nie entschließen können, so etwas vorzuschreiben, ja sie würden nicht wagen, auch nur an das zu denken, was sie jetzt mit Ueberzeugung vorschreiben. Wenn es diese Menschen nicht gäbe, die bereit sind, auf den Wunsch derer, denen sie sich unterordnen, jeden, den man ihnen bezeichnet, zu züchtigen und zu töten, so würde nie jemand sich entschließen, zu behaupten, was alle die nichtarbeitenden Gutsbesitzer mit Ueberzeugung behaupten, daß der Grund und Boden, der die aus Mangel an Land hinsterbenden Bauern umgiebt, Eigentum eines Menschen sei, der nicht auf ihm arbeitet, und daß die betrügerisch gesammelten Getreidevorräte unversehrt erhalten werden müssen inmitten einer vor Hunger sterbenden Bevölkerung, weil der Kaufmann Gewinn haben muß und so weiter. Wären diese Menschen nicht vorhanden, die auf den Wunsch der höheren Behörde bereit wären, jeden zu züchtigen und zu töten, denen man ihnen zu töten befiehlt, so würde es den Gutsbesitzern nie einfallen, den Bauern einen Wald zu nehmen, der unter ihren Augen aufgewachsen ist, und den Beamten, den Empfang ihrer Gehälter, die man von dem hungernden Volke dafür eintreibt, daß sie es bedrücken, für gesetzlich zu halten. Ganz zu schweigen davon, daß man Menschen hinrichtet oder verbannt, weil sie die Lüge enthüllen und die Wahrheit predigen. All dies wird nur gefordert und gethan, weil alle diese herrschenden Personen unzweifelhaft überzeugt sind, daß sie stets gehorsame Menschen an der Hand haben, die alle ihre Wünsche mittelst der Züchtigung und des Totschlags zur Ausführung bringen.

Denn nur deshalb geschehen Dinge wie die, die alle Tyrannen gethan haben, von Napoleon bis zum letzten Regimentskommandeur, der unter die Menschen schießt, weil sie die hinter ihnen stehende Macht berauscht, die aus den fügsamen Menschen gebildet ist, die breit sind, alles zu vollziehen, was man ihnen befiehlt. Alle Kraft liegt also in den Menschen, die mit ihren eigenen Händen die Werke der Gewalt vollziehen, in den Menschen, die bei der Polizei, bei den Soldaten dienen, ganz besonders bei den Soldaten, da die Polizei nur dann ihre Werke vollzieht, wenn das Heer hinter ihr steht.

Was also hat diese guten Menschen, die davon keinerlei Vorteile haben, die genötigt sind, mit ihren eigenen Händen all diese schrecklichen Dinge zu thun, und von denen alles abhängt, – was hat diese guten Menschen zu dieser sonderbaren Verirrung geführt, die sie überzeugt hat, daß die bestehende, unvorteilhafte, für sie verderbliche und peinvolle Ordnung eben die Ordnung ist, die bestehen muß?

Wer hat sie in diese merkwürdige Verirrung gebracht?

Sie haben sich doch nicht selbst überredet, sie müßten das thun, was nicht nur qualvoll, unvorteilhaft und verderblich für sie und für ihren ganzen Stand ist, der neun Zehntel der gesamten Bevölkerung ausmacht, sondern auch gegen ihr Gewissen ist.

Wie kannst du Menschen töten, wenn es im göttlichen Gesetz heißt: töte nicht? – habe ich oft die verschiedensten Soldaten gefragt und habe stets den Gefragten, wenn ich ihm das nahe rückte, woran er nicht denken mochte, in eine unbehagliche, verlegene Lage gebracht. Er wußte, daß das Gesetz Gottes: töte nicht, bindend ist, und er wußte, daß der Militärdienst bindend ist, nie aber hatte er daran gedacht, daß das ein Widerspruch ist. Der Sinn der zaghaften Antworten, die ich auf diese Frage bekommen habe, bestand nahezu immer darin, daß der Totschlag im Kriege und die Hinrichtung von Verbrechern auf einen Befehl der Regierung in dem allgemeinen Verbot des Tötens nicht enthalten ist. Wenn ich aber sagte, daß eine solche Einschränkung im göttlichen Gesetze nicht gemacht werde, und an die für alle bindende christliche Lehre der Brüderlichkeit, der Vergebung von Kränkungen, der Liebe erinnerte, die sich auf keine Weise mit dem Totschlag in Einklang bringen lasse, stimmten die Leute aus dem Volke gewöhnlich zu, stellten mir aber ihrerseits die Frage: Wie kommt es, daß die Regierung, die, nach ihren Begriffen, nicht irren kann, wenn es nötig ist, sich der Heere bedient, sie in den Krieg schickt und die Hinrichtung der Verbrecher verfügt? Wenn ich darauf antwortete, daß die Regierung, indem sie so handelt, unrecht verfährt, so geriet der Angesprochene in noch größere Verlegenheit und brach entweder das Gespräch ab oder wurde böse auf mich.

„Man muß doch ein solches Gebot wohl gefunden haben, der Priester weiß es doch schließlich nicht schlechter als unser einer", sagte mir einmal ein russischer Soldat. Und mit diesen Worten fühlte sich offenbar der Soldat beruhigt und war vollständig überzeugt, seine Führer hätten ein Gesetz aufgefunden, eben das Gesetz, dem seine Vorfahren gedient, dem die Fürsten dienen, dem die Thronerben und Millionen von Menschen dienen, und dem er selbst dient, und daß das, was ich ihm sagte, irgendein Kniff oder eine Geistreichigkeit wäre, eine Art Rätsel.

Alle Menschen unserer christlichen Welt wissen aus der Ueberlieferung, aus der Offenbarung, aus der unwidersprechlichen Stimme des Gewissens, daß der Totschlag eines der schrecklichsten Verbrechen ist, die der Mensch nur begehen kann, wie das auch im Evangelium gesagt ist, und daß diese Sünde des Totschlags nicht beschränkt sein kann auf gewisse Menschen, das heißt, daß die einen zu töten Sünde sei, die anderen zu töten, nicht. Alle wissen, wenn die Sünde des Totschlags eine Sünde ist, so ist sie immer eine Sünde, unabhängig von den Menschen, an denen sie begangen wird, wie die Sünde des Ehebruchs, des Diebstahls und jede andere. Gleichzeitig aber sehen die Menschen von Jugend auf, daß der Totschlag nicht nur anerkannt wird, sondern auch von allen denen gesegnet wird, die sie gewohnt sind, als ihre geistlichen, von Gott eingesetzten Führer zu verehren; sie sehen, daß ihre weltlichen Führer mit ruhiger Ueberzeugung den Totschlag anordnen, die Werkzeuge des Totschlags an sich tragen, sich mit ihnen brüsten und von allen verlangen, daß sie im Namen des bürgerlichen, ja sogar des göttlichen Gesetzes teilnehmen am Totschlag. Die Menschen sehen, daß hier ein Widerspruch liegt; da sie aber nicht in der Lage sind, ihn zu lösen, vermuten sie unwillkürlich, dieser Widerspruch komme nur von ihrer Unkenntnis her.

Sie können sich nicht vorstellen, daß ihre Erleuchter, die gelehrten Männer, mit solcher Zuversicht zwei scheinbar widersprechende Sätze lehren könnten: die Verbindlichkeit des christlichen Gesetzes für die Menschen und den Totschlag. Das schlichte, unverdorbene Kind, späterhin der Jüngling kann sich nicht vorstellen, daß diese Menschen, die so hoch in seiner Schätzung stehen, die er für heilig oder gelehrt hält, um irgend welcher Zwecke willen so gewissenlos sein könnten, ihn zu betrügen. Und gerade das ist immer geschehen und geschieht unaufhörlich mit ihm. Es geschieht erstens: indem allen arbeitenden Menschen, die keine Muße haben, selbst sittliche und religiöse Fragen zu prüfen, von Jugend auf bis in ihr Alter als Beispiel und unmittelbare Belehrung eingeprägt wird, daß Züchtigungen und Totschlag mit dem Christentum vereinbar sind, und daß sie für gewisse bestimmte staatliche Zwecke nicht nur erlaubt sein können, sondern angewandt werden müssen; zweitens, indem man einigen von denen, die man durch Werbung, durch die Dienstpflicht oder Verdingung ausliest, einprägt, daß die Vollstreckung von Züchtigung und Totschlag mit eigenen Händen ihre heilige Pflicht bildet, ja sogar eine herrliche, Lobes und Belohnungen werte That ist.

Die allgemeine Lüge, die alle Menschen umfangen hält, besteht darin, daß in allen Katechismen oder den Büchern, die sie ersetzen, und die jetzt bei dem Zwangsunterricht der Kinder in Anwendung sind, gesagt wird, daß die Gewalt, das heißt, die Züchtigung, die Gefängnisstrafe und die Hinrichtung gleichwie der Totschlag zur Aufrechterhaltung und zum Schutze der bestehenden Ordnung (welche sie auch immer sei, eine selbstherrliche, monarchische, der Konvent, das Konsulat, das Kaiserreich eines ersten oder eines dritten Napoleon oder Boulanger, eine Konstitution, Monarchie,

Kommune oder Republik) völlig gesetzlich seien und weder der Sittlichkeit, noch dem Christentum widersprechen.

In allen Katechismen oder Büchern, die in der Schule benützt werden, wird dies gelehrt. Und die Menschen werden so davon überzeugt, daß sie in dieser Ueberzeugung aufwachsen, leben und sterben und nie zu zweifeln beginnen.

Dies ist der eine Betrug, der allgemeine Betrug, der an allen Menschen begangen wird, der andere ist der besondere Betrug, der an den Soldaten, sie seien so oder so geworben, oder an den Polizisten begangen wird, welche die für die Erhaltung und zum Schutz der bestehenden Ordnung nötigen Züchtungen und Totschläge vornehmen.

In allen Militärinstruktionen wird mit diesen oder anderen Worten dasselbe gesagt, was in der russischen Militärinstruktion folgendermaßen ausgedrückt wird:

(§87.) Genau und ohne Widerspruch die Befehle der Vorgesetzten vollziehen heißt: die von dem Vorgesetzten empfangenen Befehle mit Genauigkeit vollziehen, ohne darüber nachzudenken, ob sie gut oder schlecht sind, und ob man sie vollziehen darf. Der Vorgesetzte selbst ist verantwortlich für alle Folgen des von ihm erteilten Befehles.

(§88.) Dem Untergebenen ist nur in dem Falle gestattet, die Befehle des Vorgesetzten nicht zu vollziehen, wenn ihm klar wird, daß er durch die Erfüllung des Befehls des Vorgesetzten ... man denkt unwillkürlich, es wird jetzt heißen: wenn ihm klar wird, daß er durch die Erfüllung des Befehls des Vorgesetzten das Gebot Gottes antastet. Weit gefehlt! *wenn ihm klar wird, daß er den Eid, die Treue und den Dienst des Herrschers antastet.*

Es heißt, der Mensch, kann und muß, solange er Soldat ist, ohne Ausnahme alle Befehle des Vorgesetzten ausführen, die für den Soldaten vornehmlich im Totschlag bestehen, folglich auch alle göttlichen und menschlichen Gesetze verletzen, nur nicht die Treue und den Dienst desjenigen, der im gegebenen Moment zufällig im Besitze der Macht ist.

So heißt es in der russischen Militärinstruktion, und ganz so, wenn auch mit anderen Worten, heißt es in allen Militär-Vorschriften. Und es kann auch nicht anders sein, da in Wirklichkeit auf diesem Betrug der Befreiung der Menschen von dem Gehorsam gegen Gott oder gegen ihr Gewissen und auf dem Ersatze dieses Gehorsams durch den Gehorsam gegen den zufälligen Vorgesetzten alle Macht des Heeres und des Staates beruht.

Das ist es, worauf der sonderbare Glaube der niederen Schichten beruht, daß die bestehende, für sie verderbliche Ordnung gerade die ist, die sein muß, und daß sie sie darum durch Züchtigung und Totschlag aufrecht erhalten müssen.

Diese Ueberzeugung beruht auf dem bewußten Betrug, den die höheren Schichten an ihnen begehen.

Und anders kann es nicht sein. Um die unteren zahlreichsten Menschenklassen zu nötigen, sich selbst zu bedrücken und zu quälen und Handlungen zu vollziehen, die ihrem Gewissen widerstreben, war es notwendig, diese untersten, zahlreichsten Klassen zu betrügen. Und so thut man auch.

In diesen Tagen habe ich wieder einen offenen Vollzug dieses schamlosen Betruges gesehen und habe mich wieder gewundert, wie widerstandslos und frech er sich vollzieht.

Im Anfange des November fuhr ich durch Tula und sah wieder an der Thür der Gouvernementsverwaltung die mir bekannte dichte Volksmenge, aus der durcheinander trunkene Stimmen und klägliches Geheul von Müttern und Frauen klang. Es war Rekrutenaushebung.

Wie immer, konnte ich auch diesmal an diesem Schauspiel nicht vorüberfahren; es zieht mich mit einer Art bösen Zaubers an. Wieder trat ich mitten in die Menge, stand da, sah zu, fragte aus und wunderte mich über die Widerstandlosigkeit, mit der dieses entsetzliche Verbrechen am hellen, lichten Tage mitten in einer großen Stadt verübt wird.

Wie in allen vergangenen Jahren hoben auch diesmal am ersten November in allen Flecken und Dörfern des hundert Millionen zählenden Rußland die Gemeindevorsteher nach den Verzeichnissen die angegebenen Kinder, oft ihre eigenen Söhne, aus, und brachten sie in die Stadt.

Unterwegs gab es ein zügelloses Trinken, bei dem die Eltern den Rekruten nicht wehrten, da sie fühlten, daß der Weg zu einem so sinnlosen Werk wie das, zu dem sie gingen, das Verlassen von Frauen und Müttern, die Loslösung von allem, was heilig ist, nur um irgend jemandes sinnlose Werkzeuge des Totschlags zu werden, zu peinlich wäre, wenn man sich nicht mit Branntwein betäubte.

Und so zogen sie hin, soffen, schimpften, rauften und verstümmelten sich. Die Nacht verbrachten sie in Ausspannungen, des Morgens berauschten sie sich wieder und versammelten sich bei der Gouvernementsverwaltung.

Der eine Teil von ihnen stand da in grünen Jacken, mit gestrickten Halstüchern, mit feuchten trunkenen Augen und wartete mit wildem, ermutigendem Geschrei oder still und nachdenklich an der Thür unter den verweinten Müttern und Frauen, bis sie an die Reihe kamen (ich hatte den

Tag getroffen, an dem gerade die Annahme war, das heißt, die Musterung der zur Einstellung bezeichneten); ein anderer Teil drängte sich im Wartezimmer des Amts.

Im Amt selbst vollzieht sich eilige Arbeit. Die Thür öffnet sich, und der Diener ruft Peter Ssidorow auf. Peter Ssidorow zuckt zusammen, bekreuzt sich und tritt in das kleine Zimmerchen durch die Glasthür ein. In diesem Zimmerchen werden die Aufgerufenen entkleidet. Der soeben gemusterte und nackt aus der Amtsstube tretende Rekrut, Peter Ssidorows Kamerad, kleidete sich schnell, am ganzen Körper zitternd, an. Peter Ssidorow hört schon und sieht schon an seinem ganzen Gesicht, daß er genommen worden ist. Peter Ssidorow will etwas fragen, aber man heißt ihn eilen und sich schleunigst entkleiden.

Er wirft seine Jacke ab, zieht mit dem einen Bein den Stiefel des andern Beines aus, legt seine Weste ab, zieht sein Hemd über den Kopf und tritt mit seinen hervorstehenden Rippen, nackt, am ganzen Körper zitternd, und den Geruch von Branntwein, Tabak und Schweiß ausströmend, mit nackten Füßen in das Amtszimmer und weiß nicht, wo er die entblößten, nervigen Arme lassen soll.

Im Amtszimmer hängt genau vor seinem Gesicht in einem großen goldenen Rahmen das Bildnis des Kaisers in Uniform und Schärpe und in der Ecke ein kleines Bildnis Christi im Hemd und mit der Dornenkrone. In der Mitte des Zimmers steht ein mit grünem Tuch überzogener Tisch, auf dem Papiere verteilt sind, und ein dreieckiges Stück mit einem Adler, das man den Spiegel zu nennen pflegt. Um den Tisch herum sitzen mit zuversichtlichem, ruhigem Aussehen die Vorgesetzten. Der eine raucht, der andere blättert in Papieren. Kaum ist Ssidorow eingetreten, so tritt ein Diener zu ihm, man stellt ihn unter das Maß, stößt ihn am Kinn, rückt seine Beine zurecht. Da kommt einer mit einer Zigarette heran – es ist der Arzt – er sieht ihm nicht ins Gesicht, sondern guckt in die Luft an ihm vorüber, berührt mit Ekel seinen Körper, mißt ihn, kneift ihn, befiehlt dem Diener, ihm den Mund zu öffnen, heißt ihn atmen und spricht ein paar Worte. Nun schreibt er ein, wer und was, endlich sagt der Arzt, ohne ihm auch nur einmal in die Augen gesehen zu haben: „Tauglich! der Nächste vor!" und setzt sich wieder mit müdem Ausdruck an den Tisch. Wieder schleppen die Soldaten einen Burschen heran, wieder heißen sie ihn eilen. Er zieht, so gut es geht, die Beinkleider an, die Stiefel, sucht sein Halstuch, seine Mütze, nimmt seine Jacke unter den Arm, dann führt man ihn in einen Saal, wo er durch eine Bank von den anderen abgeteilt ist. Hinter der Bank warten die Genommenen. Ein ebenso junger Bursche wie er, ebenfalls vom Lande, aber aus einem entfernten Gouvernement, schon ein fertiger Soldat, bewacht ihn mit scharfem Bajonett und ist bereit, ihn zu durchbohren, wenn es ihm etwa einfiele, zu entfliehen.

Unterdessen drängt sich die Menge von Vätern, Müttern, Frauen, von den Schutzleuten hin und her gestoßen, an der Tür und möchte gerne wissen, wer angenommen ist und wer nicht. Ein Abgelehnter tritt heraus und verkündet, Petruscha sei angenommen. Da ertönt ein Winseln der jungen Frau von Peter, für die das Wort „angenommen" eine Trennung von vier bis fünf Jahren, das Leben einer Soldatenfrau, als Köchin, in der Ausschweifung bedeutet.

Da kommt die Straße herauf ein Mann mit langem Haar und in einem besonderen, von den anderen abstechenden Kostüm. Er steigt aus dem Wagen und geht auf das Haus der Gouvernementsverwaltung zu. Die Polizisten bahnen ihm einen Weg durch die Menge. Der Geistliche ist gekommen, den Eid abzunehmen. Und dieser Geistliche, dem man die Ueberzeugung beigebracht hat, er sei ein besonders bevorzugter Diener Christi, tritt, oft ohne selbst den Betrug einzusehen, unter dem er steht, in das Zimmer, wo die Ausgehobenen warten, legt sich seinen Brokatlatz an, zieht die langen Haare daraus hervor, öffnet dasselbe Evangelium, in dem der Eid verboten ist, nimmt das Kreuz, dasselbe Kreuz, an dem Christus geschlagen wurde, weil er nicht gethan hat, was dieser, sein vermeintlicher Diener, zu thun befiehlt, legt sie auf das Pult, und alle diese unglückseligen, wehrlosen und betrogenen Kinder sprechen ihm die Lüge nach, die er kühn und gewohnt ausspricht. Er liest und sie sprechen nach: Ich gelobe und schwöre bei Gott, dem Allmächtigen, sein heiliges Evangelium ... und so weiter zu verteidigen, daß heißt, alle diejenigen zu töten, die man mir befehlen wird zu töten, und all das zu thun, was mir die Leute befehlen werden, die ich nicht kenne, und denen ich nur nötig bin, um die Uebeltaten zu vollziehen, durch die sie sich in ihrer Stellung halten, und durch die sie meine Brüder bedrücken. Alle ausgehobenen Burschen wiederholen gedankenlos diese gräßlichen Worte, und der Geistliche fährt weiter fort, mit dem Bewußtsein, daß er rechtmäßig und gewissenhaft sein Pflicht erfüllt habe, und alle diese betrogenen Bursche glauben, daß die thörichten, ihnen unverständlichen Worte, die sie soeben gesprochen haben, für die ganze Zeit ihres Soldatentums sie von ihren menschlichen Pflichten freigemacht und sie durch neue, mehr verbindliche Pflichten gebunden haben.

Und das vollzieht sich öffentlich, und niemand ruft den Betrügern und den Betrogenen zu: Bedenket euch und gehet auseinander! Das ist ja die schmählichste und schändlichste Lüge, die nicht bloß eure Körper, sondern auch eure Seelen vernichtet.

Niemand thut das, im Gegenteil, wenn man alle aufgenommen hat und sie herauslassen muß, tritt, wie zum Spott, der militärische Vorgesetzte mit selbstbewußten, majestätischen Gebärden in den Saal wo die betrogenen, betrunkenen Burschen eingeschlossen sind, und ruft ihnen in militärischer Weise zu: Ich grüße euch, Kinder, ich gratuliere euch zu dem „Dienst des Kaisers“, und die Armen (es hat es ihnen schon jemand beigebracht) murmeln etwas in ungewohnter, halbtrunkener Sprache, so etwas, wie daß sie sich sehr freuen.

Inzwischen steht die Menge der Väter, der Mütter, der Frauen an der Thür und wartet. Die Weiber sehen mit verweinten, starren Augen nach der Thür. Da öffnet sie sich, und schwankend und prahlend kommen die angenommenen Rekruten heraus, Petruscha und Wanjuscha und Makar, sie geben sich Mühe die Ihrigen nicht anzuschauen und nicht zu sehen. Ein Geheul der Mütter und Frauen ertönt. Die einen umarmen sich und weinen, die anderen halten sich tapfer, wieder andere trösten. Mütter und Frauen wissen, daß sie jetzt auf drei, vier, fünf Jahre verwaist sind, ohne Ernährer dastehen und klagen mit lauter Stimme. Die Väter sprechen wenig, schnalzen nur mitleidsvoll mit den Zungen und seufzen, denn sie wissen, sie sollen fernerhin die Gehilfen, die sie aufgezogen und ausgebildet haben, nicht mehr sehen; sie wissen, daß sie nicht mehr als diese friedlichen Arbeiter und Ackerbauer wiederkehren, als die sie fortgegangen sind, sondern meist als verderbte, vom einfachen Leben entwöhnte Soldatengecken.

Und die ganze Menschenmasse nimmt Platz in den Schlitten und fährt die Straße hinunter zu den Ausspannungen und Wirtschaften, und immer lauter wird es und lärmender. Die Stimmen schwirren durcheinander, Lieder, Schluchzen, trunkenes Schreien, Klagen der Weiber und Mütter, Töne der Harmonika und Schimpfreden. Alles begiebt sich in die Schenken und Wirtschaften, deren Einkünfte der Regierung zufließen, und nun beginnt das Gelage, daß in ihnen das Bewußtsein des Ungesetzlichen betäuben soll, das an ihnen geschieht.

Zwei, drei Wochen bringen sie so zu Hause zu, meist mit Zechen, d. h. in der Trunkenheit.

Zur bestimmten Zeit sammelt man sie, treibt sie wie eine Viehherde nach einer Stelle und beginnt sie zu unterrichten in soldatischen Uebungen. Ihre Lehrmeister sind solche Leute wie sie selbst, der Unterschied ist nur der, daß man die zwei, drei Jahre früher betrogen und zu Wilden gemacht hat. Die Mittel des Unterrichts sind: Betrug, Betäubung, Branntwein. Und es vergeht kein Jahr, so sind diese geistig gesunden, klugen, guten Jungen so rohe Geschöpfe geworden, wie ihre Lehrmeister.

„Und wenn dein Arrestant, Dein Vater, nun davonläuft?“ fragte ich einen jungen Soldaten.

„So kann ich ihn mit dem Bajonett durchbohren“, antwortete er mit dem eigentümlichen gedankenlosen Soldatentone. „Und wenn er sich *entfernt*, – muß ich schießen“, fügte er hinzu, sichtlich stolz darauf, daß er wußte, was er zu thun habe, wenn sein Vater sich entfernen wollte.

Und wenn dieser gute, junge Mensch bis zu diesem Zustand gebracht ist, niedriger als das Tier, dann ist er so, wie ihn die brauchen, die ihn als ein Werkzeug der Gewalt benützen. Er ist fertig: hin ist der Mensch, geschaffen ein neues Werkzeug der Gewalt.

Und all das vollzieht sich jedes Jahr, jeden Herbst, überall über ganz Rußland, am hellen, lichten Tage, inmitten einer großen Stadt, vor den Augen aller Welt, und der Betrug ist so geschickt, so schlau, daß alle ihn sehen, in der Tiefe ihrer Seele seine ganze Scheußlichkeit, all seine schrecklichen Folgen erkennen und sich nicht davon befreien können.

3

Wenn sich die Augen zum ersten Mal öffnen über diesen entsetzlichen, an den Menschen begangenen Betrug, wundert man sich darüber, wie Priester der Religion, des Christentums, der Sittlichkeit, Erzieher der Jugend, einfache, gute, vernünftige Eltern, die ja in jeder Gesellschaft vorhanden sind, irgend eine Lehre der Sittlichkeit predigen können inmitten einer Gesellschaft, in der offen anerkannt wird, wie doch von allen Kirchen und Regierungen geschieht, daß Züchtigung und Totschlag eine notwendige Bedingung des Lebens aller Menschen bilden, und daß sich mitten unter allen Menschen stets besondere Menschen befinden müßten, die bereit sind, ihre Brüder zu töten, und daß ein jeder von uns ein solcher Mensch sein kann.

Wie ist es möglich, Kinder, Jünglinge zu unterrichten, überhaupt Menschen zu bilden, gar nicht zu sprechen von der Bildung im christlichen Geiste, aber wie ist es möglich, Kinder, Jünglinge, überhaupt Menschen, welcher Sittlichkeit sie auch seien, zu unterrichten, neben dem Unterricht darüber, daß der Totschlag für die Aufrechterhaltung des allgemeinen, folglich auch unseres Wohls notwendig und darum gesetzlich ist, und daß es Menschen giebt, – und auch wir, jeder von uns kann zu diesen gehören, – die verpflichtet sind, ihren Nächsten zu züchtigen und zu töten und jede

Art Vergehen nach dem Willen derjenigen zu vollbringen, in deren Händen sich die Macht befindet. Wenn man züchtigen und töten und jede Art Verbrechen nach dem Willen derer vollführen kann und muß, in deren Händen die Macht ist, kann es keinerlei sittlichen Unterricht geben, dann giebt es nur das Recht des Stärkeren. Und so ist es auch. In Wirklichkeit herrscht in unserer Gesellschaft eine solche Lehre, für viele theoretisch gerechtfertigt durch die Theorie des Kampfes ums Dasein.

Und in der That, wie sollte die sittliche Lehre beschaffen sein, neben der man Totschlag für irgend welche Zwecke erlauben kann? Das ist ebenso unmöglich, wie irgend eine mathematische Lehre, bei der man zugeben kann, daß zwei gleich drei sei.

Es kann wohl bei der Voraussetzung, daß zwei gleich drei ist, etwas der Mathematik Aehnliches geben, aber es kann nimmermehr wirkliches mathematisches Wissen sein. Und giebt man den Totschlag zu in der Gestalt der Hinrichtung, des Krieges, des Selbstschutzes, so kann es nur etwas der Sittlichkeit Aehnliches sein, nicht aber wirkliche Sittlichkeit. Das Anerkenntnis, daß das Leben eines jeden Menschen heilig ist, ist die erste und einzige Grundlage jeder Sittlichkeit.

Die Lehre: Auge um Auge, Zahn um Zahn und Leben für Leben ist eben darum durch das Christentum verändert worden, weil diese Lehre nur die Rechtfertigung der Unsittlichkeit ist, nur der Schein der Gerechtigkeit, und weil sie keinen Sinn hat. Das Leben ist eine Größe, die weder Gewicht noch Maß hat, und die mit keiner anderen verglichen werden kann, darum hat die Vernichtung des einen Lebens für das andere keinen Sinn. Außerdem ist jedes Gesellschafts-Gesetz ein Gesetz, das die Verbesserung des menschlichen Lebens zum Zwecke hat. Wie aber könnte die Vernichtung des Lebens einzelner Menschen das Leben der Menschen verbessern. Die Vernichtung des Lebens ist keine That der Verbesserung des Lebens, sondern eine That des Selbstmords.

Die Vernichtung fremden Lebens zur Wahrung der Gerechtigkeit wäre der That eines Menschen ähnlich, der, um das Elend zu bessern, das darin besteht, daß er eine Hand verloren hat, aus Gerechtigkeit auch die andere abhauen wollte.

Aber ganz zu schweigen von der Sünde des Betruges, mit dem man das schrecklichste Verbrechen den Menschen als ihre Pflicht darstellt, ganz zu schweigen von der entsetzlichen Sünde des Mißbrauchs des Namens und der Autorität Christi zur Beglaubigung der von ihm am meisten verworfenen That, wie das bei dem Schwur geschieht, zu schweigen von dem Aergernis, durch das man nicht nur die Körper, sondern auch die Seelen dieser unmündigen zu Grunde richtet, zu schweigen von alle dem, – wie können die Menschen auch nur angesichts ihrer persönlichen Sicherheit zugeben, daß in ihrer Mitte, in der Mitte von Menschen, die ihre Lebensformen, ihre Fortschritte so hoch schätzen, sich diese schreckliche, sinnlose, entsetzliche und verderbliche Kraft gestalte, die jede organisierte Regierung bildet, die sich auf ein Heer stützt? Die schrecklichste Räuberbande ist nicht so entsetzlich wie eine solche staatliche Organisation. Jeder Räuberhauptmann ist doch dadurch beschränkt, daß die Menschen, die seine Bande bilden, wenigstens einen Teil der menschlichen Freiheit behalten und der Vollziehung von Thaten sich widersetzen können, die ihrem Gewissen widerstreben. Für die Menschen aber, die einen Teil einer regelrecht organisierten Regierung mit einem Heere bilden, gibt es bei der Disziplin, zu der man es jetzt gebracht hat, keinerlei Beschränkung. Kein Verbrechen ist so entsetzlich, daß es von Menschen nicht begangen würde, die einen Teil der Regierung und des Heeres bilden, nach dem Willen dessen, der zufällig (Boulanger, Pugatschew, Napoleon) an ihrer Spitze stehen kann.

Oft, wenn wir nicht bloß Rekrutenaushebungen, Uebungen der Soldaten, Manöver sehen, sondern auch Schutzleute mit geladenen Revolvern, Wachthabende, die mit Gewehren und Bajonetten dastehen, wenn wir (wie ich in Chamowniki, wo ich wohne), ganze Tage das Zischen und Pfeifen der Kugeln hören, die nach der Scheibe fliegen, und wenn mitten in der Stadt, wo jeder Versuch der Selbsthilfe, der Gewalt verboten ist, wo der Verkauf von Pulver, Arzneien, wo schnelles Fahren und so weiter verboten ist, wenn wir in einer solchen Stadt Tausende von disziplinierten Menschen sehen, die im Totschlag unterrichtet werden und einem Menschen gehorchen – so fragen wir uns, wie können diese Menschen, die ihre Sicherheit so hoch schätzen, dies ruhig zugeben und dulden? Ganz abgesehen von dem Schaden und der Unsittlichkeit, kann es doch nichts gefährlicheres geben als dies. Warum schauen, ich will gar nicht sagen alle Christen, aber christliche Seelenhirten, alle Menschenfreunde, Moralisten, warum schauen alle diese Menschen, die, sagen wir, nur ihr eigenes Leben, ihre Sicherheit, ihr Wohl wert halten, diesen Dingen ruhig zu? Diese Organisation wird ja doch stets gleich wirken, in wessen Händen sie sich auch befände: heute ist es diese Macht, nehmen wir an, in den Händen einer erträglichen Regierung, morgen kann sie Biron, Elisabeth, Katharina, Pugatschew, Napoleon, dieser, jener ergreifen. Und der Mensch, in dessen Händen die Macht ist, ist heute erträglich, morgen kann er eine Bestie geworden sein. Oder an seine Stelle kann sein wahnsinniger oder halbwahnsinniger Nachfolger kommen wie der König von Bayern oder Paul.

Und nicht nur die höheren Regierungsmänner, alle die kleinen Satrapen, die über das ganze Land verbreitet sind, wie die verschiedenen Baranows, die Polizeimeister, ja die Kommissare, die Regimentskommandeure können die fürchterlichsten Dinge vollbringen, ehe es gelungen ist, sie abzulösen. Und das geschieht auch unaufhörlich.

Unwillkürlich fragt man sich: Wie können die Menschen das zulassen, nicht um höherer sittlicher Rücksichten willen, sondern einfach um ihrer Sicherheit willen?

Die Antwort darauf ist: Nicht alle Menschen lassen es zu (die einen, der größere Teil, sind betrogen und unterworfen und können nichts verhindern). Es lassen es die Menschen zu, die bei einer solchen Organisation eine vorteilhafte Stellung in der Gesellschaft einnehmen; sie lassen es darum zu, weil für diese Menschen die Gefahr, daß an der Spitze der Regierung oder des Heeres ein unvernünftiger oder grausamer Mensch stehen könnte, immer geringer ist, als die Nachteile, die ihnen erwachsen könnten aus der Vernichtung der ganzen Organisation.

Der Richter, der Polizeibeamte, der Gouverneur, der Offizier wird seine Stellung ohne Unterschied unter Boulanger, unter der Republik, unter Pugatschew und unter Elisabeth einnehmen. Er verliert aber seine Stellung sicher, wenn die bestehende Ordnung zerfällt, die ihm seine vorteilhafte Stellung gewährleistet. Und daher fürchten alle diese Menschen sich nicht vor dem, der an die Spitze der Organisation der Gewalt tritt, sie fügen sich jedem und fürchten nur die Vernichtung der Organisation selbst, und darum halten sie sie stets, oft sogar unbewußt, aufrecht.

Oft wundert man sich, warum freie Menschen, die nichts dazu zwingt, die sogenannte Blüte der Gesellschaft, in den Kriegsdienst treten. In Rußland, in England, Deutschland, Oesterreich, sogar in Frankreich, und die Gelegenheit suchen, Mörder zu werden? Warum die Eltern, sittliche Menschen, die Kinder in Anstalten geben, sie auf das Kriegshandwerk vorbereiten? Warum Mütter als Lieblingsspielzeug ihren Kindern Helme, Gewehre, Säbel kaufen? (Die Kinder der Landleute spielen nie Soldaten.) Warum gute Männer und sogar Frauen, die durch nichts zum Kriegshandwerk befähigt sind, entzückt sind von den Heldenthaten der Skobelews und anderer und ihren Ruhm verkünden? Warum Menschen, die nichts dazu zwingt, die kein Gehalt dafür bekommen, wie in Rußland die Adelsmarschälle, ganze Monate emsiger Arbeit auf ein physisch schweres und sittlich qualvolles Werk verwenden – auf die Aushebung der Rekruten? Warum alle Kaiser und Könige in militärischen Uniformen gehen, warum sie Manöver, Paraden abhalten, den Soldaten Auszeichnungen geben, Generalen und Eroberern Denkmäler setzen? Warum freie, reiche Menschen es für eine Ehre halten, in Lakaiendienste zu treten zu gekrönten Häuptern, sich erniedrigen, ihnen schmeicheln und so thun, als ob sie an die besondere Größe dieser Personen glauben? Warum Menschen, die längst nicht mehr den mittelalterlichen, kirchlichen Aberglauben teilen und nicht an ihn glauben können, ernsthaft und immer wieder sich gläubig stellen und lästerliche religiöse Einrichtungen aufrecht erhalten? Warum mit solchem Eifer die Unwissenheit des Volkes nicht nur von den Regierungen, sondern auch von freien Menschen der höheren Gesellschaft bestärkt wird? Warum sie mit solcher Wut über jeden Versuch der Zerstörung religiösen Aberglaubens und auf die wahre Erleuchtung des Volks herfallen? Warum Menschen – Historiker, Schriftsteller, Dichter – die nichts mehr für ihre Schmeichelei bekommen können, längst verstorbene Kaiser, Könige, Heerführer zu Helden stempeln? Warum Menschen, die sich Gelehrte nennen, ganze Leben darauf verwenden, eine Theorie aufzustellen, nach der die Gewalt, die von den Machtinhabern über die Völker ausgeübt wird, nicht Gewalt, sondern ein besonderes Recht ist?

Oft wundert man sich, warum aus welchen Gründen eine Weltdame oder ein Künstler, der, wie man meinen sollte, sich weder mit sozialen noch militärischen Fragen abgiebt, dazu kommt, die Ausstände der Arbeiter zu verdammen und den Krieg zu predigen und immer so entschieden über die eine Seite herzufallen und die andere zu verteidigen?

Aber über all dies wundern wir uns nur so lange, bis wir begriffen haben, daß es nur geschieht, weil alle Menschen der herrschenden Klassen stets empfinden, was die Organisation, bei welcher sie die Privilegien genießen können, die sie genießen, aufrecht erhält, und was sie zerstört.

Die Weltdame stellt gar keine Erwägungen darüber an, daß, wenn es keine Kapitalisten und keine Heere mehr geben würde, die sie verteidigen, der Mann kein Geld und sie nicht ihren Salon und ihre Kostüme haben würde; und der Künstler stellt keine Erwägungen darüber an, daß er die Kapitalisten brauche, damit es Leute gebe, die Bilder kaufen; aber der Instinkt, der in diesem Falle die Erwägung ersetzt, leitet sie unfehlbar. Und so leitet ihr Instinkt mit geringen Ausnahmen alle Menschen, welche all die politischen, religiösen und wirtschaftlichen Einrichtungen, die ihnen vorteilhaft sind, aufrecht erhalten.

Aber ist es möglich, daß die Menschen der höheren Schichten diese Ordnung der Dinge aufrecht erhalten, nur weil sie ihnen vorteilhaft ist? Können diese Menschen nicht sehen, daß diese Ordnung der Dinge an sich unvernünftig ist, daß sie nicht mehr dem Grade der Erkenntnis der

Menschen entspricht und ebensowenig der allgemeinen Anschauung, und daß sie voller Gefahren ist? Müssen die Menschen der herrschenden Klassen, die ehrenhaften, vernünftigen, guten unter ihnen, unter diesen inneren Widersprüchen nicht leiden, müssen sie nicht die Gefahren sehen, mit denen diese Ordnung sie bedroht? Und wie ist es möglich, daß die Menschen der unteren Schichten, all die Millionen von ihnen, mit ruhiger Seele all diese offenbar bösen Handlungen der Züchtigung und des Totschlags vollbringen, zu denen sie gezwungen werden, nur weil sie die Strafe fürchten? Und in der That, es wäre unmöglich. Weder die einen noch die anderen könnten blind sein zu der Unvernunft ihrer Thätigkeit, wenn nicht die Staatseinrichtung diesen und jenen die ganze Unnatürlichkeit und Unvernunft der von ihnen vollführten Dinge verhüllte.

Diese Unvernunft wird dadurch verhüllt, daß bei dem Vollzuge einer jeden von diesen Handlungen so viel Aufreizer, Helfershelfer, Dulder teilnehmen, daß auch nicht einer von denen, die an der That beteiligt sind, sich sittlich verantwortlich fühlt.

Die Mörder veranlassen alle an dem Totschlag Beteiligten, dem schon getöteten Opfer einen Schlag zu versetzen, damit die Verantwortlichkeit unter eine möglichst große Zahl von Menschen sich verteile. Ganz dasselbe hat sich, in bestimmten Formen geordnet, bei der Staatseinrichtung entwickelt, bei der Vollziehung aller jener Verbrechen, ohne deren beständige Vollführung keine Staatsordnung denkbar ist. Die Staatslenker sind immer bestrebt, eine möglichst große Zahl von Bürgern zu möglichst großer Teilnahme an allen von ihnen vollzogenen und für sie notwendigen Verbrechen heranzuziehen.

In der letzten Zeit hat sich das besonders scharf ausgesprochen in der Heranziehung der Bürger in ihrer Eigenschaft als Geschworene, zum Heer in der Eigenschaft von Soldaten, zur Stadtverwaltung, bei den gesetzgebenden Körperschaften in der Eigenschaft als Wähler und Abgeordnete.

Durch die Staatseinrichtung, bei der, wie bei einem aus Rohr geflochtenen Korbe, alle Enden so verborgen sind, daß man sie nicht finden kann, wird die Verantwortlichkeit an den vollzogenen Verbrechen den Menschen so verhüllt, daß die Menschen, während sie die schrecklichsten Dinge vollbringen, ihre Verantwortung für sie nicht sehen.

In alter Zeit bezichtigte man die Tyrannen des Vollbringens von Uebelthaten, in unserer Zeit aber werden die schrecklichsten und in Neros Zeiten undenkbaren Thaten begangen, und niemand ist da, dem man die Schuld beimessen kann.

Die einen haben sie gefördert, die anderen haben den Beschluß gefasst, die dritten haben ihn bestätigt, die vierten haben ihn eingebracht, die fünften haben ihn angenommen, die sechsten haben seinen Vollzug bestimmt, die siebten haben ihn ausgeführt. Man tötet, man hängt, man säbelt Weiber, Greise und Unschuldige nieder, wie bei uns in Rußland jüngst auf dem Jusow-Werk, und wie es überall in Europa und Amerika geschieht im Kampf mit den Anarchisten und anderen, die die bestehende Ordnung antasten; man schießt nieder, man mordet, hängt Hunderttausende von Menschen oder man tötet, richtet Millionen zu Grunde, wie im Kriege, oder man vernichtet, die Seelen der Menschen in Eizelgefängnissen, in dem verrohten Zustande des Soldatentums, und niemand ist schuldig,

Auf der niedrigsten Stufe der gesellschaftlichen Leiter züchtigen Soldaten die Menschen mit Gewehren, Pistolen, Säbeln und schlagen sie tot. Und durch diese Züchtigungen und durch den Totschlag zwingen sie die Menschen, zu den Soldaten einzutreten, und sind vollkommen überzeugt, daß die Verantwortung für diese Handlungen durch die Vorgesetzten, die ihnen ihre Handlungen vorschreiben, von ihnen genommen wird.

Auf der höheren Stufe schreiben Fürsten, Präsidenten, Minister, Gerichtsvorstände diese Züchtigungen und Mordthaten und Werbethätigkeiten vor und sind fest davon überzeugt, daß sie, da sie entweder von Gott auf ihren Platz gestellt sind, oder die Gesellschaft, die sie regieren, das von ihnen fordert, was sie vorschreiben, auch nicht schuldig sein können.

In der Mitte zwischen diesen und jenen finden sich die Zwischenpersonen, die die Züchtigungen und Mordthaten und die Werbung vornehmen, und die fest überzeugt sind, daß die Verantwortung zum Teil von ihnen genommen ist durch die Vorschriften von oben, zum Teil dadurch, daß alle, die auf einer niedrigeren Stufe stehen, von ihnen diese Thätigkeit fordern.

Die Macht, die vorschreibt, und die Macht, die ausführt, die an den beiden Grenzen der Staatseinrichtung liegen, treffen wie zwei Enden, die zu einem Ringe vereinigt sind, zusammen. Die eine bedingt und stützt die andere und alle Zwischenglieder.

Ohne die Ueberzeugung, daß es eine Person oder Personen giebt, die die ganze Verantwortung der vollzogenen Thaten auf sich nehmen, würde nicht ein Soldat die Hand erheben können zu Züchtigung oder Totschlag.

Ohne die Ueberzeugung, daß dies das ganze Volk fordert, könnte nicht ein Kaiser, ein König, ein Präsident, ein Rat diese Züchtigungen und Mordthaten vorschreiben. Ohne die Ueberzeugung, daß es Personen giebt, die höher stehen, und die die ganze Verantwortung auf sich nehmen, und daß es Menschen giebt, die niedriger stehen, und die zu ihrem Wohl die Vollziehung dieser Handlungen fordern, könnte auch nicht einer von den Menschen, die sich in den Zwischenstufen zwischen den Regierenden und den Soldaten befinden, die Dinge vollziehen, die er vollzieht.

Die Staatseinrichtung ist derart, daß der Mensch, auf welcher Stufe der Gesellschaftsleiter er sich auch befände, denselben Grad von Unzurechnungsfähigkeit besitzt: je höher er auf der Stufenleiter der Gesellschaft steht, desto mehr unterliegt er der Einwirkung der Forderungen von unten, und desto weniger unterliegt er der Einwirkung der Vorschriften von oben und umgekehrt.

So befand sich in dem Falle, dessen Zeuge ich war, jeder der Menschen, die an der That teilnahmen, um so mehr unter der Einwirkung der von unten kommenden Forderungen zum Handeln und um so weniger unter der Einwirkung der Befehle von oben, je höher seine Stellung war, und umgekehrt.

Aber nicht nur, daß alle Menschen, die durch die Staatseinrichtung gebunden sind, die Verantwortung für die von ihnen vollzogenen Thaten stets auf den anderen abwälzen: der Bauer, der zu den Soldaten genommen wird, auf den Edelmann oder Kaufmann, der Offizier wird, und der Offizier auf den Edelmann, der die Stellung eines Gouverneurs einnimmt, und der Gouverneur auf den Sohn des Beamten oder Edelmanns, der die Stellung eines Ministers einnimmt, und der Minister auf ein Mitglied des kaiserlichen Hauses, das die Stellung des Kaisers einnimmt, und der Kaiser wiederum auf alle diese Beamten, Edelleute, Kaufleute und Bauern; nicht genug, daß die Menschen sich auf diese Weise frei machen von dem Bewußtsein der Verantwortung für die von ihnen vollzogenen Thaten, sie verlieren das sittliche Bewußtsein ihrer Verantwortung auch noch dadurch, daß sie durch die Bildung der staatlichen Einrichtung so fortlaufend, beständig und angestrengt sich selbst und andere davon überzeugen, daß sie alle nicht gleiche Menschen sind, sondern so verschieden untereinander „wie Stern von Stern“, daß sie anfangen, fest daran zu glauben. Und so überzeugen sie die einen davon, daß sie nicht einfache, anderen gleichende Menschen sind, sondern besondere, die ganz besonders erhöht werden müßten; den anderen prägen sie mit allen Mitteln ein, daß sie niedriger als alle Menschen stehen, und daß sie sich darum stumm dem fügen müßten, was ihnen die Höheren vorschreiben.

Auf dieser Ungleichheit und Erhöhung der einen und der Erniedrigung der anderen beruht besonders die Eigentümlichkeit der Menschen, die Unvernunft der bestehenden Ordnung des Lebens, seine Grausamkeit und

Lasterhaftigkeit nicht zu sehen, und den Betrug, den die einen begehen, und dem die anderen sich fügen.

Die einen – die, denen eingeprägt wird, daß sie mit einer besonderen, übernatürlichen Bedeutung und Größe angethan sind, berauschen sich so an dieser vermeintliche Größe, daß sie aufhören, ihre Verantwortung an den Thaten, die sie vollziehen, zu sehen; die anderen Menschen dagegen, die, denen man einprägt, daß sie nichtige Geschöpfe seien, die sich in allem den Höheren zu fügen hätten, verfallen infolge dieses beständigen Zustandes der Erniedrigung in einen sonderbaren Zustand des Rausches der Unterwürfigkeit, sie sehen unter dem Einfluß dieses Rausches auch nicht die Bedeutung ihrer Thaten und verlieren das Bewußtsein ihrer Verantwortung dafür. Die in der Mitte stehenden Menschen verfallen, indem sie sich zum Teil den Höheren unterordnen, zum Teil sich für die Höheren halten, gleichzeitig dem Rausche der Macht und der Unterwürfigkeit und verlieren dadurch das Bewußtsein ihrer Verantwortlichkeit.

Man braucht nur bei einer Parade den von seiner Größe berauschten Oberbefehlshaber zu betrachten, wie er in der Begleitung seines Stabs, alle auf prächtigen, schön herausstaffierten Pferden, in herrlichen Uniformen, Orden auf der Brust, unter den Klängen schöner und feierlicher Trompetentöne an der Front der vor Unterwürfigkeit ersterbenden Soldaten entlang reitet, die das Gewehr präsentieren, man braucht nur das mitanzusehen, um zu begreifen, daß in solchen Augenblicken, in dem Zustande höchsten Rausches der Oberbefehlshaber wie der Soldat und alle, die zwischen ihnen stehen, solche Handlungen begehen können, die sie unter anderen Verhältnissen nie vollziehen würden.

Aber der Rausch, den manche bei solchen Erscheinungen, wie Paraden, Umzügen, Kirchenfeiern, Krönungen erfahren, ist ein vorübergehender, akuter Zustand. Es giebt auch chronische, dauernde Zustände des Rausches, die ebenso Menschen durchmachen, die irgendein Machthaber von der Macht der Fürsten bis zum Polizeimann, der auf der Straße steht, wie Menschen, die der Macht gehorchen, und die sich in dem Zustand des Rausches der Unterwürfigkeit befinden, und die zur Rechtfertigung dieses ihres Zustandes, wie es stets bei allen Knechten war und ist, dem die größte Bedeutung und Würde zuschreiben, dem sie gehorchen.

Auf diese Täuschung von der Ungleichheit der Menschen und dem daraus entspringendem Rausche der Macht und der Unterwürfigkeit beruht vornehmlich die Fähigkeit der Menschen, die zu einer Staatsordnung vereinigt sind, Thaten zu vollbringen, die ihrem Gewissen widerstreben, ohne Gewissensbisse zu erdulden.

Unter dem Einfluß eines solchen Rausches – sowohl der Macht wie der Unterwürfigkeit – erscheinen die Menschen sich und anderen nicht mehr als das, was sie in Wirklichkeit sind, als Menschen, sondern als besondere Wesen – als Adlige, Kaufleute, Gouverneure, Richter, Offiziere, Fürsten, Minister, Soldaten, die nun nicht mehr den gewöhnlichen Menschenpflichten unterliegen, sondern vor allem, und ganz besonders vor den Menschenpflichten, den Pflichten des Edelmanns, des Kaufmanns, des Gouverneurs, des Richters, des Offiziers, des Fürsten, des Ministers, des Soldaten.

So that der Gutsbesitzer, der wegen des Waldes klagte, das, was er that, nur weil er sich nicht als ein einfacher Mensch erschien, der gleiche Rechte an das Leben hat, wie alle jene Menschen, die Bauern, die neben ihm lebten, sondern weil er sich als ein gewaltiger Besitzer und als Mitglied des Adelsstandes erschien und sich daher unter dem Einfluß des Rausches der Macht durch die Ansprüche der Bauern gekränkt fühlte. Nur darum reichte er, ohne der Folgen zu achten, die aus seiner Forderung entstehen könnten, ein Gesuch um Wiederherstellung seines vermeintlichen Rechtes ein.

Und ebenso thaten die Richter, die ungerechterweise den Wald dem Besitzer zusprachen, was sie thaten, nur weil sie sich nicht einfach als Menschen wie alle anderen erschienen, die daher verpflichtet wären, in allen Dingen sich nur von dem leiten zu lassen, was sie für die Wahrheit halten, sondern weil sie unter dem Rausche der Macht sich als Wahrer der Rechtspflege ansehen, die nicht irren können; und weil sie unter dem Einflusse des Rausches der Unterwürfigkeit sich als Menschen erscheinen, die verpflichtet sind, die in einem bestimmten Buche niedergeschriebenen Worte zu erfüllen, die man Gesetz nennt. Und als ebenso konventionelle Persönlichkeiten und nicht, was sie wirklich sind, erscheinen unter dem Einfluß des Rausches der Macht oder der Unterwürfigkeit den Menschen und sich selbst auch alle übrigen Teilnehmer dieses Werkes von den höchsten Vertretern der Macht, welche die Zustimmung zu dem Gesuche geben, von dem Marschall, der bei der Rekrutenaushebung die Soldaten anwirbt und dem Priester, der sie betrügt, bis zu dem letzten Gemeinen, der sich jetzt rüstet, um auf seine Brüder zu schießen. Sie alle thun, was sie thun, und rüsten sich zu der That, die ihnen bevorsteht, weil sie sich und anderen nicht als das erscheinen, was sie in Wirklichkeit sind – als Menschen, vor welchen die Frage steht: Soll ich teilnehmen oder soll ich nicht teilnehmen an dem schlechten Werke, das mein Gewissen verdammt, – sondern sich und den anderen als konventionelle Persönlichkeiten erscheinen: der eine als der Zar und Gesalbte, als ein besonderes Wesen, das berufen ist, für das Wohl von hundert Millionen Menschen zu sorgen, der andere als ein Vertreter des Adels, noch ein anderer als Priester, der durch seine Weihe eine besondere Gnade empfangen hat. Ein vierter als Soldat, der durch seinen Eid ohne Besinnen auszuführen hat, was man ihm befiehlt.

Nur unter dem Einfluß des Rausches der Macht und der Unterwürfigkeit, die aus den eingebildeten Stellungen entspringen konnten, können all diese Menschen das thun, was sie thun.

Hätten alle diese Menschen nicht die feste Ueberzeugung, daß der Titel eines Fürsten, eines Ministers, eines Gouverneurs, eines Richters, eines Adligen, eines Gutsbesitzers, eines Marschalls, eines Offiziers, eines Soldaten etwas wirklich Vorhandenes und höchst Wichtiges sei, nicht einer von diesen Menschen könnte ohne Entsetzen und Abscheu daran denken, an solchen Dingen teilzunehmen, wie er sie jetzt verübt.

Die konventionellen Stellungen, die vor hunderten von Jahren eingesetzt sind, die Jahrhunderte anerkannt haben, und die noch jetzt von der gesamten Umgebung anerkannt und durch besondere Titel und besondere Gewänder bezeichnet werden, die überdies durch aller Art Feierlichkeit und Einwirkung auf die äußeren Gefühle bestärkt werden, werden den Menschen so tief eingeprägt, daß sie, der gewöhnlichen und aller gemeinsamen Lebensbedingungen uneingedenk, sich selbst und alle Menschen nur von diesem konventionellen Gesichtspunkt zu betrachten beginnen, und nur von diesem konventionellen Gesichtspunkt bei der Beurteilung eigener und fremder Handlungen geleitet werden. So wird ein völlig geistig gesunder und edler Mensch, bloß weil man ihm irgend ein Schellenzeug oder Narrenkleid anlegt oder irgend ein Gehänge oder blaues Band über den Rücken hängt, wie es nur einem Mädchen ansteht, das sich schmücken will, und ihm dabei einbläst, er sei ein General, ein Kammerherr, ein Ritter des Andreasordens oder ähnliche Thorheiten, plötzlich dadurch selbstbewußt, stolz, ja sogar glücklich; oder umgekehrt, weil er das erwartete Schellenzeug oder den Titel verliert oder nicht erhält, wird er traurig und unglücklich, ja sogar krank. Oder, was noch auffälliger ist, ein im übrigen völlig geistig gesunder, junger, freier, ja sogar unabhängiger Mann reißt nur, weil er den Titel eines Untersuchungsrichters oder Landrats bekommen und angenommen hat, eine unglückselige Witwe von ihren unmündigen Kindern los und wirft sie oder befiehlt ihre Einsperrung ins Gefängnis, läßt ihre Kinder ohne Mutter, und all dies nur, weil dies unglückliche Geschöpf im geheimen mit Branntwein gehandelt und dadurch die Staatskasse um fünfundzwanzig Rubel beraubt hat, und empfindet dabei nicht die geringste Reue. Oder, was noch merkwürdiger ist, ein im übrigen vernünftiger und zartfühlender Mensch beginnt bloß, weil man ihm ein Blechstück oder eine

Uniform umhängt und ihm gesagt hat, daß er ein Wächter oder ein Zollsoldat ist, mit Kugeln auf die Menschen zu schießen, und weder er, noch seine Umgebung messen ihm deswegen eine Schuld bei, ja sie erklären ihn für schuldig, wenn er nicht schießt. Ich will gar nicht mehr von den Richtern und Geschworenen sprechen, die die Todesurteile fällen, und von den Militärpersonen, die Tausende töten ohne die geringste Reue, nur weil man ihnen eingeprägt hat, daß sie nicht schlechtweg Menschen sind, sondern Geschworene, Richter, Generale, Soldaten.

Dieser beständige, unnatürliche und schreckliche Zustand der Menschen im Staatsleben wird in Worten gewöhnlich so ausgedrückt: „Als Mensch bedaure ich ihn, aber als Wächter, als Richter, als General, als Gouverneur, als Fürst und als Soldat muß ich ihn töten oder züchtigen", als ob es überhaupt je irgend eine mögliche oder von Menschen anerkannte Stellung geben könnte, die die Pflichten beseitigen könnte, die jeden von uns durch unsere Stellung als Menschen auferlegt sind.

So zum Beispiel fahren bei dem Falle, von dem ich spreche, die Menschen zum Totschlag und zur Züchtigung hungriger Menschen und erkennen an, daß in dem Streite mit dem Gutsbesitzer die Bauern im Recht sind (so haben mir alle Vorgesetzten gesagt), sie wissen, daß die Bauern unglücklich, arm, verhungert sind, der Gutsbesitzer reich und keines Mitleids wert ist, und doch fahren alle diese Menschen hin, die Bauern totzuschlagen, um dem Gutsbesitzer dreitausend Rubel zu verschaffen, nur weil diese Menschen sich in diesem Augenblick nicht als Menschen erscheinen, sondern – der eine als Gouverneur, der andere als Beamter, der dritte als General der Gendarmerie, der vierte als Offizier, der fünfte als Gemeiner, und nicht die ewige Forderung des menschlichen Gewissens, sondern die zufällige, vorübergehende Forderung ihrer Stellungen als Offiziere und Soldaten für sich als verbindlich anzusehen.

So sonderbar es auch klingen mag – die einzige Erklärung dieser merkwürdigen Erscheinung ist, daß diese Menschen sich in demselben Zustande befinden, in dem sich die hypnotisierten Menschen befinden, denen man, wie es heißt, befehlen kann, sich in bestimmte, konventionelle Stellungen hineinzudenken und zu fühlen und so zu handeln, wie die Geschöpfe handeln würden, die sie darstellen. So zum Beispiel, wenn man einer hypnotisierten Person suggeriert hat, sie sei lahm, und sie zu lahmen beginnt, sie sei blind, und sie nicht sieht, sie sei ein Tier, und sie zu beißen beginnt. In einem solchen Zustande befinden sich nicht nur die Menschen, die in diesem Zuge fahren, sondern alle Menschen, die ihre gesellschaftlichen und staatlichen Pflichten vor den menschlichen und auf Kosten der menschlichen erfüllen.

Das Wesen dieses Zustandes besteht darin, daß die Menschen unter dem Einfluß des ihnen eingeprägten einen Gedankens nicht die Kraft haben, ihre Handlungen zu beurteilen, und darum ohne Ueberlegung alles das thun, was in Uebereinstimmung mit dem eingeprägten Gedanken ihnen vorgeschlagen wird, und wozu sie hingeführt werden durch Beispiel, Rat oder Anspielung.

Der Unterschied zwischen den Menschen, die auf künstliche Weise hypnotisiert werden, und denen, die sich unter dem Einfluß der staatlichen Suggestion befinden, besteht darin, daß bei den künstlich Hypnotisierten die eingebildete Stellung auf einmal, von bestimmten Personen und auf einen ganz bestimmten, kurzen Zeitraum suggeriert wird, wodurch uns diese Suggestion in scharfer staunenerregender Form erscheint, während den Menschen, die unter der staatlichen Suggestion handeln, ihre eingebildete Stellung allmählich, nach und nach, unmerklich, von Kindheit auf, und oft nicht bloß Jahre, sondern ganze Geschlechter hindurch und außerdem nicht bloß von einzelnen Personen, sondern von der ganzen Umgebung suggeriert wird.

„Aber“, wird man darauf sagen, „stets in allen Gesellschaften befindet sich die Mehrzahl der Menschen: alle Kinder, alle von der Mühe des Kindertragens, Gebärens und Nährens überbürdeten Frauen, alle die ungeheuren Massen des arbeitenden Volkes, die in die Notwendigkeit angestrengter und unaufhörlicher physischer Arbeit versetzt sind, alle die von Natur schwachen Geistes sind, alle Anormalen, mit geschwächter geistiger Thätigkeit infolge der Vergiftung durch Nikotin, Alkohol, Opium und anderer Ursachen, – stets befinden sich alle diese Menschen in einer Lage, daß sie sich, weil ihnen die Möglichkeit, selbstständig zu denken, fehlt, entweder den Menschen unterordnen, die auf einer höheren Stufe vernünftiger Erkenntnis stehen, oder den Familien und Staatstraditionen, dem, was man die öffentliche Meinung nennt, und in dieser Unterordnung liegt nichts Unvernünftiges und Widerspruchsvolles.“

Und in der That, darin liegt nichts Unvernünftiges, und die Eigentümlichkeit der wenig denkenden Menschen, sich den Weisungen der Menschen unterzuordnen, die auf einer höheren Stufe der Erkenntnis stehen, ist eine dauernde Eigenschaft der Menschen, die Eigenschaft, durch welche die Menschen, indem sie sich ein und denselben vernünftigen Elementen unterordnen, in Gesellschaften leben können: die einen – die Minderheit – indem sie sich mit Bewußtsein ein und denselben Elementen unterordnen infolge ihrer Uebereinstimmung mit den Forderungen ihrer Vernunft; die anderen – die Mehrheit – indem sie sich denselben Elementen unbewußt unterordnen, nur weil diese Forderungen öffentliche Meinung geworden sind. Eine solche Unterordnung der wenig denkenden Menschen unter die öffentliche Meinung bietet nichts Unnatürliches bis zu dem Augenblick, wo die öffentliche Meinung sich spaltet.

Aber es giebt Zeiten, in welchen ein gegen den früheren – höheren Grad der Erkenntnis der Wahrheit, der ursprünglich nur wenigen Menschen sich enthüllt, allmählich von den einen zu den anderen übergeht und so eine so große Zahl von Menschen erfaßt, daß die frühere öffentliche Meinung, die auf einem niedrigeren Grad der Erkenntnis beruhte, zu schwanken beginnt, und die neue schon im Begriff ist, sich zu bilden, aber noch nicht gebildet ist, wo die Menschen schon anfangen, ihre eigenen und anderer Menschen Handlungen auf Grund der neuen Erkenntnis zu beurteilen, und doch im Leben nach dem Gesetz der Trägheit, nach der Tradition, fortfahren, sich den Elementen unterzuordnen, die in den früheren Zeiten den höheren Grad vernünftiger Erkenntnis dargestellt haben, die sich aber jetzt schon im offenkundigen Widerspruch mit ihm befinden. Dann befinden sich die Menschen, die einerseits die Notwendigkeit fühlen, sich der neuen öffentlichen Meinung unterzuordnen, andererseits sich nicht entschließen, die alte aufzugeben, in einem unnatürlichen, schwankenden Zustande. Und in diesem Zustande befinden sich mit Bezug auf die christlichen Wahrheiten nicht bloß die Menschen dieses Zuges, sondern die Mehrzahl der Menschen unserer Zeit.

In einem solchen Zustande befinden sich in gleicher Weise die Menschen der höheren Schichten, die ausschließlich die privilegierten Stellungen genießen, und die Menschen der niederen Schichten, die ohne Murren sich dem fügen, was man ihnen vorschreibt.

Die einen, die Menschen der herrschenden Klassen, haben keine vernünftige Erklärung mehr für die von ihnen eingenommenen, vorteilhaften Stellungen und sind zu der Notwendigkeit gedrängt, zur Erhaltung dieser Stellungen die höheren, vernünftigen, guten Eigenschaften zu unterdrücken und sich selbst die Notwendigkeit ihrer Ausnahmestellung einzureden; die anderen wieder, die unteren Schichten, sind von der Arbeit niedergedrückt und absichtlich betäubt und befinden sich in einem beständigen Zustand der Suggestion, welche die Menschen der höheren Klassen unaufhörlich auf sie ausüben.

Nur dadurch kann man die sonderbaren Erscheinungen erklären, von denen unser Leben voll ist, und von denen ein auffälliges Exempel mir die guten, friedlichen Leute boten, die ich am 9. September traf, und die ich kannte, die mit ruhiger Seele hinfuhren, um das tierischste, sinnloseste, niedrigste Verbrechen zu vollziehen. Wäre in diesen Menschen nicht durch irgendein Mittel das Gewissen eingeschläfert, nicht einer von ihnen würde auch nur den hundertsten Teil von dem ausführen können, was sie auszuführen beabsichtigen und höchst wahrscheinlich auch ausführen werden.

Nicht etwa, als ob in ihnen das Gewissen nicht lebte, das ihnen verbietet, die That zu vollbringen, zu der sie sich rüsten, so gut dieses Gewissen auch vor 400, 300, 200, 100 Jahren in den Menschen lebte, die die Scheiterhaufen anzündeten, die Menschen folterten und niederhieben; es lebt in allen diesen Menschen, aber es ist eingeschläfert: bei den einen, den Vorgesetzten, bei denen, die sich in den ausschließlich privilegierten Stellungen befinden, durch Auto-Suggestion, wie es die Psychiater nennen; bei den anderen, bei den Ausführern, den Soldaten, durch eine unmittelbare, bewußte Suggestion und Hypnose, die die oberen Klassen hervorrufen.

Das Gewissen ist bei diesen Menschen eingeschläfert, aber es ist in ihnen, und durch die Auto-Suggestion und durch die Suggestion hindurch, von der sie beherrscht sind, spricht es schon in ihnen und kann jeden Augenblick erwachen.

Alle diese Menschen befinden sich in einer ähnlichen Lage wie ein hypnotisierter Mensch, dem man suggerieren und befehlen würde, eine That zu vollbringen, die alledem widerspricht, was er für vernünftig und gut hält: seine Mutter oder sein Kind zu töten. Der Hypnotisierte fühlt sich gefesselt von der auf ihn einwirkenden Suggestion. Er glaubt, er könne nicht anders. Je mehr er sich aber der Zeit und dem Ort der Vollziehung der Handlung nähert, desto stärker erhebt sich in ihm die betäubte Stimme des Gewissens, desto mehr und mehr beginnt sie zu widerstreben, zu zucken und will erwachen. Und man kann nicht vorher sagen, ob er die ihm suggerierte Handlung ausführen wird oder nicht, was die Oberhand gewinnen wird, das vernünftige Bewußtsein oder die unvernünftige Suggestion. Alles hängt von der relativen Kraft der einen und der anderen ab.

Ganz dasselbe vollzieht sich jetzt mit den Menschen dieses Zuges und überhaupt mit allen Menschen, die in unserer Zeit staatliche Gewalt ausüben und den Genuß davon haben.

Es gab eine Zeit, in der die Menschen, die ausgezogen waren zum Zwecke der Züchtigung und des Totschlags, ein Exempel zu statuieren, nicht anders heimkamen, als nach Vollzug der That, zu der sie ausgezogen waren, und wenn sie die That vollzogen hatten, nicht von Reue und Zweifel gequält wurden, sondern ruhig, nachdem die die Menschen niedergehauen, zu ihrer Familie heimkehrten, die Kinder streichelten, scherzten, lachten und sich den stillen Freuden der Familie hingaben. Damals fiel es auch den Menschen, die den Nutzen dieser Gewaltthaten hatten, den Gutsbesitzern, den Reichen, gar nicht ein, daß die Vorteile, die sie genießen, einen unmittelbaren Zusammenhang mit diesen Grausamkeiten hätten. Jetzt aber ist das anders: die Menschen wissen schon oder sind nahe daran, zu wissen, was sie thun und warum sie das thun, was sie thun. Sie können die Augen schließen, sie können ihr Gewissen zum Schweigen zwingen, aber mit den geschlossenen Augen und mit dem betäubten Gewissen können sie nicht mehr blind sein gegen die Bedeutung, die ihre Thaten haben, weder die, die sie vollbringen, noch die, die den Genuß davon haben. Es kommt vor, daß die Menschen die Bedeutung dessen, was sie getan haben, erst nach dem Vollzug der That begreifen; es kommt auch vor, daß sie es unmittelbar vor dem Vollzug begreifen. So begriffen die Leute, die in Nishnij-Nowgorod, Saratow, Orel, Jusow-Werk die Züchtigungen beaufsichtigten, die Bedeutung dessen, was sie thaten, erst nach Vollzug der That und werden jetzt von der Scham vor der öffentlichen Meinung und von ihrem Gewissen gepeinigt. Die Anordner wie die Vollstrecker leiden diese Pein. Ich habe mit Soldaten gesprochen, die solche Thaten vollzogen haben, und sie haben stets das Gespräch mit Eifer von der Sache abgelenkt, wenn sie aber darüber sprachen, so sprachen sie mit Widerwillen und Entsetzen. Es kommt auch wohl vor, daß die Menschen sich unmittelbar vor dem Vollzug der Thaten besinnen. So kenne ich einen Fall von einem Feldwebel, den zwei Bauern, während er die Ruhe herstellen wollte, geprügelt, und der darüber Bericht erstattet hatte, der aber am folgenden Tage, da er die Züchtigungen mit ansah, die an anderen Bauern vollzogen wurden, den Regimentskommandeur bat, seinen Bericht zu zerreißen und die Bauern, die ihn geschlagen hatten, laufen zu lassen. Ich kennen einen Fall, wo die Soldaten, die abkommandiert waren, jemand zu erschießen, den Gehorsam verweigerten, und ich kennen viele Fälle, wo Vorgesetzte sich weigerten Züchtigungen und Totschläge anzuordnen. Es kommt also vor, daß Leute, die die Gewalt aufrecht erhalten wollen und sie vollziehen, bisweilen lange vor dem Vollzuge der ihnen suggerierten Thaten, bisweilen sogar unmittelbar vor ihrem Vollzuge, bisweilen auch nachher sich bedenken.

Die Menschen, die in diesem Zuge fuhren, sind ausgezogen, um ihre Brüder zu züchtigen und zu töten, aber niemand weiß, ob sie das, wozu sie ausgezogen sind, thun werden oder nicht. So verborgen auch für jeden einzelnen die Verantwortung für diese That ist, so stark auch in all diesen Menschen die Suggestion dessen ist, daß sie nicht Menschen sind, sondern Gouverneure, Kommissare, Offiziere, Soldaten, und daß sie als solche Wesen ihre menschlichen Pflichten verletzen könnten, so wird doch, je näher sie dem Ort der Bestimmung kommen, immer mächtiger in ihnen der Zweifel sich erheben, ob die That, zu der sie ausziehen, geschehen muß, und dieser Zweifel wird seinen höchsten Grad erreichen, wenn sie zu dem Augenblick der Ausführung gekommen sind.

Es ist nicht möglich, daß der Gouverneur, trotz der ganzen, betäubenden Wirkung der ihn umgebenden Verhältnisse sich nicht besinnen sollte in dem Augenblick, in dem er den letzten entscheidenden Befehl zum Totschlag oder zur Züchtigung geben soll. Er weiß, daß die That des Gouverneurs von Orel die Unzufriedenheit der Besseren in der Gesellschaft hervorgerufen hat, und er hat selbst schon unter dem Einfluß der öffentlichen Meinung der Kreise, in denen er lebt, oft seine Mißbilligung darüber ausgesprochen; er weiß, daß der Staatsanwalt, der mitreisen sollte, geradezu die Teilnahme an dem Werk verweigert hat, weil er das Werk für schmachvoll hält. Er weiß auch, daß in der Regierung heute, morgen Veränderungen erfolgen können, und daß infolge dieser Veränderungen das, was gestern Verdienst war, morgen Sache der Ungnade werden kann; er weiß, daß es eine Presse giebt, ist es nicht die russische, so ist es die ausländische, die die That beschreiben und ihn für alle Ewigkeit der Schmach überliefern kann. Er fühlt schon diese neue öffentliche Meinung, die an die Stelle dessen tritt, was die alte verlangte. Und überdies kann er nicht völlig davon überzeugt sein, ob im letzten Augenblick die Vollstrecker ihm auch gehorchen werden. Er schwankt, und niemand kann vorher sagen, was er thun wird.

Und dasselbe empfinden in höherem oder geringerem Grade alle Beamten und Offiziere, die mit ihm fahren. Sie alle wissen in tiefster Seele, daß die That, die sie vollbringen sollen, schmachvoll ist, daß die Teilnahme an ihr den Menschen in den Augen vieler, deren Meinung ihnen wert ist, mit Schimpf und Schande bedeckt. Sie wissen, daß es schmachvoll ist, vor eine Braut oder eine Frau, der man gefallen möchte, nach dem Totschlag oder der Züchtigung wehrloser Menschen hinzutreten. Und außerdem zweifeln auch sie wie der Gouverneur daran, ob ihnen ihre Soldaten auch sicher gehorchen werden, und so wenig dies auch dem zuversichtlichen Aussehen entspricht, mit dem jetzt alle diese Vorgesetzten im Wartezimmer hin und her gehen, sie alle leiden nicht nur in der Tiefe ihrer Seele, sondern schwanken. Ja, darum gerade nehmen sie diese selbstbewußte Miene an, um die innere Schwankung zu verbergen. Und dieses Gefühl wächst nach dem Maße ihrer Annäherung an den Ort der Handlung.

Und so schwer es auch zu merken ist, und so sonderbar es ist, es auszusprechen, in derselben Lage befindet sich diese ganze Menge junger Burschen, der Soldaten, die so fügsam scheinen.

Sie alle sind nicht mehr dieselben Soldaten, die sie früher waren, Menschen, die das natürliche Arbeitsleben aufgegeben haben und ihr Leben ausschließlich der Ausschweifung, dem Raub und Totschlag gewidmet haben, wie römische Legionäre oder die Mietstruppen des dreißigjährigen Kriegs, oder auch nur wie die Soldaten der jüngsten Zeit, die ihre fünfundzwanzig Jahre dienten; jetzt sind es meist Menschen, die man vor kurzem von der Familie weggeholt hat, alle erfüllt von Erinnerungen an das gute, natürliche und vernünftige Leben,dem sie entrissen sind.

Sie alle, zum größten Teil Bauernkinder, wissen, zu welcher That sie fahren, sie wissen, daß die Gutsbesitzer stets ihre bäuerlichen Brüder kränken, und daß es in diesem Falle wohl ebenso sein müsse. Außerdem liest die größere Hälfte dieser Leute schon Bücher, und nicht alle Bücher sind derart, daß sie das Kriegshandwerk loben. Es giebt auch solche, in denen seine Unsittlichkeit dargethan wird. Unter ihnen dienen oft freidenkende Kameraden, Freiwillige und junge, liberale Offiziere, und längst ist in ihre Mitte das Samenkorn des Zweifels an die unbedingte Gerechtigkeit und Herrlichkeit ihrer Thätigkeit gefallen. Gewiß, sie alle sind durch die schreckliche, künstliche, Jahrhunderte hindurch fortgeschrittene Uniformierung hindurchgegangen, die jede Selbstständigkeit vernichtet, und sind so gewöhnt an blinden, mechanischen Gehorsam, daß sie bei den Worten des Kommandos: „Gebt Feuer! Marsch!“ und dergleichen sich die Gewehre von selbst erheben und die gewohnten Bewegungen vollziehen. Aber, „gebt Feuer!“ bedeutet jetzt nicht mehr: vergnügt euch, wie wenn es gilt, auf die Scheibe zu schießen, es bedeutet: tötet eure gequälten, gekränkten Väter, Brüder, die da in den Gassen stehen, zu Haufen zusammengedrängt, mit Weibern und Kindern, mit den Händen durch die Luft fuchteln und schreien. Da stehen sie, der eine mit dem dünnen Bärtchen, in dem zerfetzten Kaftan, in den Bastschuhen. Er sieht aus wie der alte Vater, der in Kasan oder Rjasan allein geblieben ist, der andere mit dem grauen Bart und dem gebeugten Rücken, mit dem großen Stock in der Hand, wie der Vatersvater, der Großvater. Der dritte dort, der junge Bursche in den hohen Stiefeln und dem roten Hemde, ganz so, wie er selbst vor einem Jahre ausgesehen hat, der Soldat, der jetzt auf ihn schießen soll. Und dort das Weib in den Bastschuhen und dem Leinenkleid, ganz wie die Mutter, die er daheim zurückgelassen ...

Soll er wirklich auf sie schießen?

Gott weiß, was jeder Soldat in der äußersten Minute thun wird. Der geringste Hinweis darauf, daß man das nicht darf, vor allem, daß es möglich ist, es nicht zu thun, ein einziges solches Wörtchen, eine einzige Andeutung wird dann genügen, um ihnen ein Halt zuzurufen.

Alle Leute, die in diesem Zuge fahren, werden, wenn sie zur Ausführung dieses Werkes kommen, zu dem sie fahren, in derselben Lage sein, in der ein hypnotisierter Mensch wäre, dem man suggeriert hat, einen Klotz zu durchhauen, und der eben losgeht auf das, was man ihm als Klotz bezeichnet hat, und schon die Axt schwingt – und der nun plötzlich sieht oder von anderen erfährt, daß das nicht ein Klotz, sondern sein schlafender Bruder ist. Er kann die That, die man ihm vorgeschrieben hat, vollziehen, kann aber auch vor ihrem Vollzuge zu sich kommen. So können auch alle diese Leute erwachen oder nicht erwachen. Erwachen sie nicht, so vollzieht sich die entsetzliche Tat, die sich in Orel vollziehen sollte. So wird auch in anderen Leuten die Auto-Suggestion und die Suggestion verstärkt, unter deren Einfluß sie handeln; erwachen sie und bleibt die That ungeschehen, so werden noch viele von denen, die von der Wendung hören, die das Werk genommen hat, sich von der Suggestion befreien, unter deren Eindruck sie stehen, oder wenigstens ihrer Befreiung näher kommen.

Aber nicht nur, wenn alle Menschen, die in diesem Zuge fahren, zu sich kommen und sich der Vollziehung des begonnenen Werkes enthalten, wenn nur einige von ihnen zu sich kommen und sich der That enthalten und mutig den anderen das Verbrecherische der That erklären, auch dann kann die Einwirkung dieser wenigen Menschen das thun, daß auch die übrigen von dieser Suggestion erwachen, unter der sie stehen, und die vorgesetzte Uebeltat nicht vollziehen.

Und ferner, wenn auch nur wenige Menschen, die nicht teilnehmen an dieser That, sondern nur zugegen sind bei den Vorbereitungen, oder die von dem Vollzuge von früher geschehenen ähnlichen Thaten gehört haben, nicht gleichgiltig bleiben, sondern frei und kühn ihren Abscheu den Teilnehmern solcher Thaten gegenüber aussprechen und ihnen die ganze Unvernunft, Grausamkeit und Lasterhaftigkeit auseinandersetzen werden, so wird auch das nicht ohne Spur vorübergehen.

So war es auch in diesem Falle. Es brauchten nur einige Menschen, Teilnehmer und Nicht-Teilnehmer an der Tat, die von der Suggestion frei sind, in dem Augenblick, wo sie sich anschicken zu diesem Werke, mutig ihre Mißbilligung über Züchtigungen, die an anderen Orten vollzogen wurden, und ihren Abscheu und ihre Verachtung gegen die Menschen, die an ihnen teilgenommen hatten, auszusprechen, es brauchten nur bei dieser That von Tula einige Personen auszusprechen, daß sie nicht daran teilzunehmen wünschten; es brauchte nur eine durchreisende Dame und andere Personen hier an der Station denen, die in dem Zuge fuhren, ihre Mißbilligung der bevorstehenden That auszudrücken; es brauchte nur einer von den Regimentskommandeuren, von denen man zur Unterdrückung von Unruhen Soldatenabteilungen forderte, seine Meinung auszusprechen, daß die Soldaten nicht Henker sein können, und die Sache hätte, dank diesen und einigen anderen einzelnen Einflüssen auf die Menschen, die sich unter der Suggestion befanden, eine ganz andere Wendung genommen, und die Soldaten hätten, sobald sie an den Ort gekommen wären, die Züchtigungen nicht vollzogen, sondern nur den Wald umgehauen und ihn dem Gutsbesitzer ausgeliefert.

Hätten nicht einige Menschen ein klares Bewußtsein davon, daß das, was sie thun, schlecht ist, und gäbe es infolgedessen keine gegenseitige Einwirkung in diesem Sinne, so würde sich vollziehen, was sich in Orel vollzogen hat. Wäre dieses Bewußtsein noch stärker und daher die Zahl dieser Einwirkungen größer, als sie war, so ist es sehr möglich, daß der Gouverneur und die Soldaten sich nicht einmal hätten entschließen können, den Wald zu fällen und ihn dem Besitzer auszuliefern. Wäre dieses Bewußtsein noch stärker und der Einwirkungen noch mehr, so ist es sehr möglich, der Gouverneur hätte sich gar nicht entschlossen, an der Ort der That zu fahren.

Wäre das Bewußtsein noch stärker und der Einwirkungen noch mehr, so ist es sehr möglich, auch der Minister hätte sich nicht entschlossen, die Weisungen zu geben, und der Kaiser, einen solchen Entschluß zu bestätigen.

Alles hängt demnach von der Kraft ab, mit der jeder einzelne Mensch sich der christlichen Wahrheit bewußt ist.

Und darum, sollte man meinen, müßte auch die Thätigkeit aller Menschen unserer Zeit, die da behaupten, daß sie für das Wohl der Menschheit zu wirken bestrebt sind, darauf gerichtet sein, in sich und in anderen die Klarheit der Forderungen der christlichen Wahrheit zu verstärken.

4

Aber wunderbar: gerade die Menschen, die in unserer Zeit mehr als alle anderen davon sprechen, daß sie sich um die Verbesserung des menschlichen Lebens bemühen, und die sich für die Führer der öffentlichen Meinung halten, behaupten, daß man dies nicht zu thun brauche, und daß zur Verbesserung der Lage der Menschen andere, viel wirksamere Mittel vorhanden sind. Diese Menschen behaupten, daß die Verbesserung des menschlichen Lebens nicht aus den inneren Anstrengungen der einzelnen Menschen um die Erkenntnis, die Klärung und die Bekennung der Wahrheit hervorgeht, sondern aus allmählichen Veränderungen der allgemeinen, äußeren Lebensbedingungen und daß daher die Kraft jedes einzelnen Menschen gerichtet sein müsse – nicht auf die Erkenntnis, die Klärung und die Bekennung der Wahrheit, sondern auf die allmähliche Veränderung der allgemeinen äußeren Bedingungen des Lebens in einer für die Menschheit nützlichen Richtung, und daß jede Bekennung der Wahrheit durch den einzelnen Menschen, die nicht in Uebereinstimmung ist mit der bestehenden Ordnung, nicht nur nicht nützlich, sondern schädlich ist, weil sie von Seiten der Machthaber Zwangsmaßregeln hervorruft, die die einzelnen Menschen verhindern, ihre auf den Dienst der Allgemeinheit gerichtete, nützliche Thätigkeit dauernd fortzuführen. Nach dieser Lehre vollziehen sich alle Veränderungen nach denselben Gesetzen, nach denen sie sich im Leben der Tiere vollziehen.

Nach dieser Lehre hätten somit alle Religionsbegründer, wie Moses und die Propheten, Konfucius, Laotse, Buddha, Christus und die anderen, ihre Lehren verkündet, und ihre Anhänger sie angenommen, nicht weil sie die Wahrheit liebten, sie aufhellten und bekannten, sondern weil die politischen, sozialen und vor allem die wirtschaftlichen Verhältnisse dieser Völker, in deren Mitte sie auftraten und ihre Lehre verbreiteten, für ihr Auftreten und die Verbreitung ihrer Lehre günstig waren.

Und darum muß die Hauptthätigkeit des Menschen, der das Streben hat, der Gesamtheit zu dienen und die Lage der Menschheit zu verbessern, nach dieser Lehre nicht auf die Aufhellung der Wahrheit und ihre Bekennung gerichtet sein, sondern auf die Verbesserung der äußeren politischen, sozialen und vor allem wirtschaftlichen Verhältnisse. Die Veränderung dieser politischen, sozialen und wirtschaftlichen Verhältnisse aber vollzieht sich, indem man einesteils der Regierung dient und liberale und fortschrittliche Elemente in sie hineinträgt, andernteils mitwirkt an der Entwicklung der Industrie und der Verbreitung sozialistischer Ideen und vor allem an der Verbreitung wissenschaftlicher Bildung.

Nach dieser Lehre ist es wichtig, nicht daß man im Leben die Wahrheit bekennt, die uns aufgegangen ist, und infolgedessen unabweislich genötigt ist, sie im Leben zu verwirklichen oder wenigstens keine Handlungen zu begehen, die der Wahrheit, die wir bekennen, widersprechen: nicht der Regierung dienen und nicht ihre Macht stärken, wenn man diese Macht für schädlich hält, nicht die Vorteile der kapitalistischen Ordnung genießen, wenn man diese Ordnung für unrechtmäßig hält, nicht den verschiedenen Zeremonien Achtung bezeugen, wenn man sie für schädlichen Aberglauben hält, nicht an Gerichten teilnehmen, wenn man ihre Einrichtung für Lüge hält. Nicht als Soldat Dienste nehmen, keinen Eid leisten, überhaupt nicht lügen, nicht niederträchtig handeln; wichtig ist danach vielmehr, ohne die bestehenden Lebensformen zu ändern und gegen die eigene Ueberzeugung sich ihnen zu fügen, den Liberalismus in die bestehenden Einrichtungen hineinzutragen: die Industrie, die sozialistische Propaganda und die Fortschritte dessen, was man Wissenschaft nennt, und die Verbreitung der Bildung zu fördern. Nach dieser Theorie kann man Gutsbesitzer, Kaufmann, Fabrikant, Richter, Beamter mit Regierungsgehalt, Soldat, Offizier bleiben und dabei nicht nur ein humaner Mensch, sondern auch ein Sozialist und Revolutionär sein.

Die Heuchelei, die bisher nur eine religiöse Grundlage hatte in der Lehre von dem Falle des Menschengeschlechts, von der Erlösung und von der Kirche hat in dieser Lehre zu unserer Zeit eine neue wissenschaftliche Grundlage erhalten und hat infolgedessen in ihre Netze alle die Menschen verstrickt, die nach dem Grade ihrer geistigen Entwicklung sich nicht mehr auf die religiöse Heuchelei stützen können. Wenn daher der Mensch, der die religiöse Lehre der Kirche bekannte, an allen Verbrechen, die der Staat vollzog, teilnehmen und den Genuß davon haben konnte und sich dabei für rein von aller Sünde halten durfte, wenn er daher nur die äußeren Forderungen seines Bekenntnisses erfüllte, so haben jetzt alle die Menschen, die an das kirchliche Christentum nicht glauben, eine ebenso feste weltliche und wissenschaftliche Grundlage dazu, sich für reine, ja sogar hochsittliche Menschen zu halten, trotz ihrer Teilnahme an den staatlichen Verbrechen und an ihrem Genusse.

So lebt nicht bloß in Rußland, sondern in der ganzen Welt – in Frankreich, England, Deutschland, Amerika – der reiche Gutsbesitzer, und für das Recht, das er den Leuten, die auf seinem Grund und Boden leben, gewährt, ihre Nahrung daraus zu ziehen, schindet er diese zum größten Teil Hunger leidenden Menschen, wie er sie nur schinden kann. Das Eigentumsrecht dieses Menschen an dem Boden gründet sich darauf, daß bei jedem Versuch der unterdrückten Menschen, ohne seine Zustimmung den Grund und Boden zu benützen, den er als sein eigen betrachtet, das Heer erscheint und die Menschen, die den Boden ergreifen wollen, durch Züchtigung und Totschlag zwingt. Es scheint einleuchtend zu sein, daß ein Mensch, der so lebt, ein schlechtes und eigensüchtiges Geschöpf ist und niemals das Recht haben kann, sich ein Christen oder liberalen Menschen zu nennen. Es scheint einleuchtend zu sein, daß das erste, was ein solcher Mensch zu thun hätte, wenn er sich nur im entferntesten dem Christentum oder dem Liberalismus nähern wollte, darin bestünde, daß er aufhörte, die Menschen mit Hilfe des von der Regierung durch Totschlag und Züchtigung aufrecht erhaltenen Anrechts an den Boden zu berauben und zu Grunde zu richten. So wäre es, wenn es nicht die Metaphysik der Heuchelei gäbe, die da sagt, vom Standpunkt der Religion ist der Besitz oder Nichtbesitz von Grund und Boden gleichgiltig für die Erlösung, und vom Standpunkt der Wissenschaft, der Verzicht auf den Besitz des Bodens wäre eine nutzlose, persönliche Anstrengung, und die Förderung menschlichen Glücks geschieht nicht auf diesem Wege, sondern auf dem der allmählichen Veränderung der äußeren Form. Und dieser Mensch begründet unbeirrt und in der festen Ueberzeugung, daß man ihm glaubt, eine landwirtschaftliche Ausstellung, eine Gesellschaft gegen die Trunksucht, schickt durch seine Frau und seine Kinder drei alten Frauen Kleider und Brühe, predigt in der Familie, im Gasthaus, in Komitees, in der Presse die evangelische oder humane Liebe zu dem Nächsten im allgemeinen, und im besonderen zu dem arbeitenden Landvolke, das er unaufhörlich peinigt und verfolgt. Und die Menschen, die sich in gleicher Lage wie er befinden, glauben ihm, rühmen ihn und erörtern mit ihm gemeinsam mit wichtiger Miene die Frage, durch welche weiteren Mittel man die Lage dieses arbeitenden Volkes verbessern könnte, auf deren Beraubung ihr Leben gegründet ist, und ersinnen zu dem Zwecke alle möglichen Mittel, nur das eine nicht, ohne das eine Verbesserung der Lage des Volkes unmöglich ist, das nämlich, daß sie aufhören, diesem Volke den zu seiner Ernährung notwendigen Grund und Boden zu nehmen.

Ein höchst merkwürdiges Beispiel solcher Heuchelei waren die Bemühungen der russischen Grundbesitzer im Laufe des letzten Jahres zur Bekämpfung der Hungersnot, die sie hervorgerufen und ausgenützt haben, indem sie nicht nur Getreide zu den höchsten Preisen, sondern auch Kartoffelstengel zu fünf Rubel für den Morgen an die frierenden Bauern zum Heizen verkauften.

Oder da lebt ein Kaufmann, dessen ganzer Handel wie jeglicher Handel auf einer Reihe von Betrügereien beruht, durch welche man, mit Ausnützung der Unwissenheit und der Not der Menschen, bei ihnen Gegenstände unter ihrem Werte ersteht und, wiederum Unwissenheit, Not und Verführung ausnützend, über ihrem Werte verkauft. Es scheint einleuchtend zu sein, daß ein Mensch, dessen ganze Thätigkeit auf dem beruht, was auch in seiner Sprache Betrug heißt, wenn die Dinge sich nur unter anderen Verhältnissen vollziehen, sich seiner Stellung schämen müßte, und daß er sich keineswegs, wenn er Kaufmann bleibt als Christ oder liberaler Mensch hinstellen kann. Aber die Metaphysik der Heuchelei sagt ihm, er könne den Ruf eines tugendhaften Menschen haben trotz der Fortführung seiner schädlichen Thätigkeit. Der religiöse Mensch müsse nur glauben, und der liberale müsse nur die Veränderungen der äußeren Bedingungen – den Fortschritt der Industrie fördern. Und dieser Kaufmann (der außerdem oft genug auch noch eine Reihe unmittelbarer Betrügereien ausführt, indem er Schlechtes als gut verkauft, falsch wägt, falsch mißt oder mit Gegenständen handelt, die das Leben des Volkes unbedingt zu Grunde richten, wie Wein, Opium), hält sich kühn, wenn er nur in Geschäften nicht direkt seine Genossen im Betruge, das heißt, seine kaufmännischen Genossen betrügt, für ein Muster der Ehrenhaftigkeit und Gewissenhaftigkeit und wird auch von anderen dafür gehalten. Wenn er aber ein Tausendstel von dem Gelde, das er gestohlen hat, für irgend ein öffentliches Institut, für ein Krankenhaus, für ein Museum, eine Lehranstalt spendet, so hält man ihn noch für einen Wohltäter des Volkes, auf dessen Betrug und Zerrüttung sein ganzer Wohlstand beruht; wenn er aber einen Teil des gestohlenen Geldes für Kirchen und Arme hergibt – auch für einen musterhaften Christen.

Oder da lebt ein Fabrikant, dessen Einnahme ganz auf dem Lohn beruht, den er dem Arbeiter genommen hat, und dessen ganze Thätigkeit auf der unnatürlichen Zwangsarbeit beruht, die ganze Generationen von Menschen zu Grunde richtet. Man sollte meinen, es müsse einleuchten, daß dieser Mensch, wenn er irgend welche christliche oder liberale Grundsätze bekennt, aufhören müßte, um seines Gewinnes willen Menschenleben zu vernichten. Aber nach der bestehenden Theorie fördert er die Industrie und braucht seine Thätigkeit nicht einzustellen, ja, es wäre ein Schaden für die Menschen und die Gesellschaft, wenn er es thäte. Und dieser Mensch, der grausame Sklavenhalter von tausend Menschen, hat für die bei seiner Arbeit verstümmelten Menschen Häuschen mit fünf Fuß großen Gärtchen errichtet, eine Kasse, eine Kapelle, ein Krankenhaus, und ist fest überzeugt, daß er dadurch mit Wucher für all die physisch und geistig zu Grunde gerichteten und dem Elend entgegengehenden menschlichen Leben heimgezahlt hat, und setzt ruhig mit stolzem Bewußtsein seine Thätigkeit fort.

Oder da lebt ein Regent oder irgend ein Staatsdiener in einem zivilen, geistlichen oder militärischen Amt, der seine Thätigkeit ausübt, um seinen Ehrgeiz oder seine Herrschsucht zu befriedigen, oder, wie es meist vorkommt, nur um das von dem durch Arbeit erschöpften und gepeinigten Volk gesammelten Gehalt zu bekommen, (Steuern, von wem sie auch genommen werden, kommen von der Arbeit her, das heißt von dem arbeitenden Volke); wenn er, was sehr selten vorkommt, nicht geradezu Staatsgelder auf ungewöhnliche Weise stiehlt, so hält er sich selbst und wird von anderen seinesgleichen für ein höchst nützliches und wohlthätiges Mitglied der Gesellschaft gehalten.

Da lebt ein Richter, ein Staatsanwalt, ein Regierungsvertreter und weiß, daß auf sein Urteil oder auf seinen Beschluß hin sofort hunderte, tausende der Familie entrissene Unglückliche in Einzelzellen, in Zwangsarbeiten sitzen, die ihren Verstand verlieren und sich mit Glas oder durch Hunger töten. Er weiß, daß diese tausende Menschen noch tausende Mütter, Frauen, Kinder haben, die unter der Trennung leiden, die des Wiedersehens mit den Beschimpften beraubt sind, die vergebens Verzeihung oder auch nur Erleichterung des Schicksals ihrer Väter, Söhne, Männer, Brüder erbitten, und dieser Richter und Regierungsvertreter ist so verhärtet in seiner Heuchelei, daß er selbst und seinesgleichen, seine Kinder, seine Frau und seine Hausgenossen fest davon überzeugt sind, daß er ein der Gesamtheit nützliches Werk thut. Und dieser Mensch, der Hunderttausende von Menschen vernichtet hat, die ihm fluchen und verzweifeln, geht dank seiner Thätigkeit, in dem Glauben an das Gute und an Gott, mit strahlendem Lächeln auf dem glatten Gesicht in die Kirche, hört das Evangelium, hält liberale Reden, streichelt seine Kinder, predigt ihnen Sittlichkeit und ist gerührt, wenn er an die Leiden anderer denkt.

All diese Menschen leben und die, die in ihrer Umgebung ihr Leben fristen, ihre Frauen, Lehrer, Kinder, Köche, Schauspieler, Jockeys und so weiter, von dem Blute, das durch diese oder die andere Weise, durch diese oder andere Blutegel dem arbeitenden Volke entzogen wird, leben dahin und verschlingen täglich jeder zu seinem Vergnügen hunderte und tausende Arbeitstage erschöpfter Arbeiter, die durch die Androhung von Totschlag zur Arbeit genötigt sind, sehen die Entbehrungen und Leiden dieser Arbeiter, ihrer Kinder, der Greise, der Frauen, der Kranken, haben Kenntnis von den Strafen, denen jeder unterliegt, der diese organisierte Plünderung antastet, und vermindern nicht nur ihren Luxus nicht, verbergen ihn nicht, sondern tragen ihn offen vor diesen bedrückten Arbeitern, die sie meist hassen, zur Schau, als wollten sie sie absichtlich reizen, zeigen ihnen ihre Parks, ihre Paläste, ihre Theater, ihre Jagden und ihre Wettrennen und fahren bei alle dem fort, sich und anderen einzureden, daß sie alle aufs höchste um das Wohl dieses Volkes, das sie unaufhörlich mit Füßen treten, besorgt sind, und fahren an Sonntagen in reichen Gewändern, in üppigen Wagen in

Häuser, die absichtlich zur Verspottung des Christentums erbaut sind, im Ornat oder ohne Ornat, in weißen Halsbinden, predigen einer dem anderen Liebe zu den Menschen, die sie alle durch ihr ganzes Leben verleugnen. Und indem sie alle dies thun, gehen diese Menschen so ganz in ihrer Rolle auf, daß sie ernstlich glauben, daß sie wirklich das sind, was sie zu sein heucheln.

Die allgemeine Heuchelei, die allen Ständen unserer Zeit in Fleisch und Blut übergegangen ist, hat einen solchen Umfang angenommen, daß in dieser Hinsicht gar nichts mehr die Menschen in Empörung versetzt. Nicht umsonst heißt Hypokrysie Schauspielerei, und schauspielern, eine Rolle spielen kann jedermann beliebig. Solche Erscheinungen, wie die, daß die Statthalter Christi Totschläger, die in Reih und Glied stehen und ihre Gewehre auf ihre Brüder gerichtet halten, im Gebet segnen, daß Priester, Hirten jedes christlichen Bekenntnisses stets, ebenso wie Henker, an Hinrichtungen teilnehmen und durch ihre Anwesenheit den Totschlag als vereinbar mit dem Christentum anerkennen (bei dem Versuch des elektrischen Tötens in Amerika war ein Pastor anwesend), – alle diese Erscheinungen setzen niemanden mehr in Erstaunen.

Jüngst war eine internationale Gefängnisausstellung in Petersburg, wo man die Werkzeuge der Züchtigung, Fesseln, Modelle von Einzelzellen, das heißt Folterwerkzeuge, schlimmer als Knute und Ruten, ausgestellt hatte. Und die empfindsamen Herren und Damen gingen umher, um sie anzusehen, und vergnügten sich darüber.

Auch das setzt niemand in Erstaunen, daß die liberale Wissenschaft zugleich mit der Anerkennung der Gleichheit, der Brüderlichkeit, der Freiheit der Menschen die Notwendigkeit des Heeres, der Hinrichtungen, der Zollkammern, der Zensur, der Reglementierung der Prostitution, der Verbannung der willigen Arbeiter, der Auswanderungsverbote, der Notwendigkeit und Gerechtigkeit der Kolonisation, die auf der Vergiftung, Beraubung und Vernichtung ganzer Menschengeschlechter, die man Wilde nennt, beruht, und so weiter zu beweisen sucht.

Man spricht davon, was dermaleinst sein wird, wenn alle Menschen das bekennen werden, was man Christentum nennt (das heißt, die verschiedenen, einander feindseligen Bekenntnisse), wenn alle gesättigt und bekleidet, von einem Ende der Welt bis zum andern miteinander durch Telegraphen, Telephone miteinander verbunden sein, miteinander durch Luftballons verkehren werden, wenn alle Arbeiter von den sozialen Lehren durchdrungen sein, und wenn die Arbeiterbünde so viel Millionen Mitglieder haben und so und so viel Geld besitzen und alle Menschen gebildet sein werden, alle Zeitung lesen, alle Wissenschaften kennen werden.

Was aber kann Nützliches und Gutes aus all diesen Vervollkommnungen hervorgehen, wenn die Menschen nicht zugleich das sprechen und thun werden, was sie für die Wahrheiten halten?

Die Nöte der Menschen entspringen doch der Verunreinigung. Die Verunreinigung aber kommt daher, daß die Menschen nicht der Wahrheit folgen, die nur eine ist, sondern den Lügen, die zahlreich sind. Das einzige Mittel, die Menschen zu vereinigen, ist die Vereinigung in der Wahrheit. Je aufrichtiger die Menschen der Wahrheit nachstreben, desto näher sind sie dieser Vereinigung.

Wie aber können die Menschen sich in der Wahrheit vereinigen oder sich auch nur ihr nähern, wenn sie nicht nur die Wahrheit, die sie kennen, nicht aussprechen, sondern meinen, man brauche dies nicht zu thun, und sich stellen, als hielten sie für die Wahrheit das, was sie nicht dafür halten.

Und daher ist keinerlei Verbesserung der Lage der Menschen möglich, so lange die Menschen heucheln, daß heißt, sich selbst die Wahrheit verbergen werden, so lange sie nicht anerkennen werden, daß ihre Vereinigung und daher auch ihr Heil nur möglich ist in der Wahrheit, und daher die Anerkennung und die Bekennung der Wahrheit, jener Wahrheit, die ihnen aufgegangen ist, nicht über alles andere stellen werden.

Mögen sich all jene äußeren Vervollkommnungen vollziehen, die religiöse und wissenschaftliche Männer nur träumen können; mögen alle Menschen das Christentum annehmen und alle jene Verbesserungen, die die zahlreichen Bellamys und Richets fordern, mit allen möglichen Zuthaten und Ergänzungen sich vollziehen, und die Heuchelei bleiben, die jetzt besteht, die Leute die Wahrheit nicht bekennen, die sie kennen, und fortfahren zu heucheln, daß sie an das glauben, an was sie nicht glauben, und das schätzen, was sie nicht schätzen, so wird die Lage der Menschen nicht bloß dieselbe bleiben, sondern sie wird immer schlechter und schlechter werden. Je satter die Menschen sein werden, je mehr Telegraphen, Telephone, Bücher, Zeitungen, Zeitschriften es geben wird, desto mehr Mittel wird es nur geben zur Verbreitung einander widersprechender Lügen und Heucheleien, und desto uneiniger und elender werden die Menschen nur sein, wie es auch jetzt ist.

Wenn auch all diese äußeren Veränderungen sich vollziehen, die Lage der Menschheit wird darum nicht besser werden. Wenn aber jeder Mensch sofort in seinem Leben, nach dem Maße seiner Kräfte die Wahrheit bekennen wird, die er kennt, oder wenigstens die Unwahrheit nicht verteidigen wird, die er verübt, indem er sie für die Wahrheit ausgibt, so würden sich sofort, in diesem Jahre 1893, Veränderungen zur Befreiung der Menschheit und zur Begründung der Wahrheit auf der Erde vollziehen, von denen wir jahrhundertelang nicht zu träumen wagen.

Nicht umsonst war die einzige Rede Christi, die nicht milde, sondern anklagende und strafende Worte enthält, gegen die Heuchelei gerichtet. Die Menschen werden entartet und vertiert und darum unter einander entzweit, nicht durch Diebstahl, nicht durch Raub, nicht durch Totschlag, nicht durch Unzucht, nicht durch Uebervorteilung, sondern durch die Lüge, die besondere Lüge der Heuchelei, die in dem Bewußtein der Menschen den Unterschied zwischen Gut und Böse aufhebt und sie dadurch der Möglichkeit beraubt, das Schlechte zu meiden und das Gute zu suchen, sie dessen beraubt, was das Wesen des wahren menschlichen Lebens ausmacht und darum auf dem Wege jeglicher Vervollkommnung der Menschheit liegt.

Die Menschen, die die Wahrheit nicht kennen und das Böse thun, und bei ihren Mitmenschen Mitleid mit ihren Opfern und Abscheu gegen ihre Thaten erwecken, thun das Böse nur denen, an denen sie es verüben; die Menschen aber, die die Wahrheit kennen und das Böse thun, das von der Heuchelei beschönigt wird, thun es sich und denen, an denen sie es verüben und noch tausenden anderen Menschen, die durch die Lüge verführt werden, mit der sie sich bemühen, das von ihnen verübte Böse zu verbergen.

Diebe, Räuber, Mörder, Betrüger, die Dinge verüben, die sie selbst und alle Menschen für böse halten, sind ein Beispiel für das, was man nicht thun muß, und wecken in den Menschen Abscheu vor dem Bösen. Die Menschen aber, die Thaten des Diebstahls, des Raubes, der Züchtigung, des Totschlags verüben und sie durch religiöse, wissenschaftliche, liberale Rechtfertigung beschönigen, wie es alle Grundbesitzer, Kaufleute, Fabrikanten und jeder Diener der Regierung unserer Zeit thut, rufen die anderen zur Nachahmung ihrer Thaten auf und thun nicht bloß denen Böses, die darunter leiden, sondern Tausenden und Millionen Menschen, die sie entsittlichen, indem sie für diese Menschen den Unterschied zwischen Gut und Böse aufheben.

Ein einziges Vermögen, das durch den Handel mit Gegenständen erworben ist, die für das Volk unentbehrlich sind oder das Volk entsittlichen, oder durch Börsenoperationen oder durch den Erwerb billigen Bodens, der nachher teurer wird, durch den Notstand des Volkes oder durch die Einrichtung von Fabriken, die Gesundheit und Leben der Menschen vernichten, oder vermittelst des Zivil- oder Militärdienstes oder durch irgend welche

Dinge, die zur Verführung der Menschen beitragen – ein Vermögen, das durch solche Dinge erworben ist, nicht nur ohne Widerspruch, sondern unter Zustimmung der Leiter der Gesellschaft, das überdies noch durch eine nach außen prunkende Wohlthätigkeit geschmückt wird, entsittlicht die Menschen ungleich mehr, als Millionen von Diebstählen, Betrügereien und Räubereien, die außerhalb der vom Gesetz anerkannten Form sich vollziehen und einer kriminellen Verfolgung unterliegen.

Ein einziges Todesurteil, daß von Menschen vollzogen wird, die sich nicht unter der Einwirkung der Leidenschaft befinden, von wohlhabenden, gebildeten Menschen, mit Zustimmung und unter Teilnahme christlicher Seelenhirten, und das wie etwas Notwendiges, ja Gerechtes hingestellt wird, entsittlicht und vertiert die Menschen mehr als Hunderte und Tausende von Morden, die von arbeitenden, ungebildeten Menschen begangen werden, vielleicht gar im Ueberschwang der Leidenschaft. Eine Hinrichtung, wie sie Shukowskij vorgeschlagen hat, eine Hinrichtung, bei der die Menschen sogar, wie Shukowskij vorschlug, religiöse Rührung empfänden, wäre die entsittlichendste That, die man sich vorstellen kann. (Siehe Band VI der Gesammelten Werke von Shukowskij.)

Jeder Krieg, auch der kürzeste, mit allen den Krieg gewöhnlich begleitenden Verlusten, Vernichtungen von Saaten, Diebstählen, geduldeten Ausschweifungen, Räubereien, Morden, mit der vermeintlichen Rechtfertigung ihrer Notwendigkeit und Gerechtigkeit, mit der Lobpreisung und Verherrlichung der Kriegstaten, mit Gebeten für die Feldzeichen, für das Vaterland und mit der Heuchelei der Sorge um die Verwundeten und so weiter – entsittlicht in einem Jahre die Menschen mehr, als Millionen Räubereien, Brandstiftungen und Mordthaten, die im Laufe von Hunderten von Jahren von einzelnen Menschen unter dem Einfluß der Leidenschaft begangen werden.

Ein sittsam in den Grenzen des Anstandes geführtes Luxusleben einer wohlanständigen, sogenannten tugendhaften Familie, die jedoch für sich allein so viele Arbeitstage verzehrt, wie zur Ernährung Tausender von Menschen nötig wären, die in Bettelarmut neben dieser Familie leben – entsittlicht die Menschen mehr als tausend unsinnige Orgien ungebildeter Kaufleute, Offiziere, Arbeiter, die sich der Trunkenheit und der Ausschweifung ergeben, die zum Vergnügen Spiegel, Teller und Tassen zerschlagen.

Eine feierliche Prozession, eine Kirchenandacht, eine Predigt der Lüge von der Kanzel oder dem Katheder, an die die Prediger selbst nicht glauben, bringt unvergleichlich mehr Uebel hervor als Tausende von Betrügereien und Nahrungsmittelfälschungen und dergleichen.

Man spricht von der Heuchelei der Pharisäer. Aber die Heuchelei der Menschen unserer Zeit übertrifft weitaus die verhältnismäßig unschuldige Heuchelei der Pharisäer. Sie hatten wenigstens ein äußeres religiöses Gesetz, bei dessen Erfüllung sie ihre Pflichten in Bezug auf ihren Nebenmenschen übersehen konnten, und diese Pflichten waren damals noch nicht klar beleuchtet; in unserer Zeit aber giebt es kein religiöses Gesetz, daß die Menschen von ihren Pflichten gegen alle ihre Nächsten ohne Ausnahme befreite.

Ich zähle die rohen und dummen Menschen nicht, die auch jetzt noch glauben, die Sakramente oder die Absolution eines Papstes könnten ihre Sünden lösen.

Im Gegenteil, das evangelische Gesetz, das wir alle in dieser oder jener Form bekennen, weist direkt auf diese Pflichten hin, und außerdem sind gerade diese Pflichten, die damals nur von wenigen Propheten in nebelhaften Ausdrücken ausgesprochen waren, jetzt schon so deutlich klargestellt, daß sie zum Gemeinplatze geworden sind, die jeder Schulknabe und jeder Zeitungsschreiber wiederholt. Und darum, sollte man meinen, dürften die Menschen unserer Zeit keineswegs mehr so thun, als ob sie diese ihre Pflichten nicht kennten.

Die Menschen unserer Zeit, die die Vorteile haben aus der durch die Gewalt aufrecht erhaltenen Ordnung der Dinge und gleichzeitig versichern, sie lieben ihre Nächsten, und die gar nicht bemerken, daß sie mit ihrem ganzen Leben diesen ihren Nächsten Uebles thun, gleichen einem Manne, der beständig die Menschen beraubte, und der, wenn er endlich ergriffen wird, mit erhobenem Messer neben seinem verzweifelt nach Hilfe schreienden Opfer stünde und versicherte, er hätte nicht gewußt, daß das, was er gethan, dem, den er geplündert hat und abzuschlachten bereit war, unangenehm gewesen wäre. So wenig wie dieser Räuber und Mörder ableugnen könnte, was jedermann sieht, so dürften auch, sollte man meinen, die Menschen unserer Zeit, die auf Kosten der Leiden der bedrückten Menschen leben, sich und anderen nicht mehr einreden, daß sie den Menschen, die sie unaufhörlich berauben, wohlwollen, und daß sie nicht wüßten, auf welche Weise sie das erlangen, was sie genießen.

Wir können uns nicht mehr einreden, daß wir nicht Kunde hätten von den hunderttausenden Menschen in Rußland allein, die immer in den Gefängnissen und den Zwangsarbeiten sitzen, nur zur Sicherung unseres Eigentumes und unserer Ruhe; daß wir keine Kenntnis hätten von den Gerichten, an denen wir selbst teilnehmen, und die auf unsere Bitte die Menschen zu Gefängnis, Verbannung und Zwangsarbeit verurteilen, die unser Eigentum und auch unsere Sicherheit angegriffen haben, und unter denen Menschen sind, nicht um ein Haar schlechter als die, die über sie zu Gericht sitzen, sie ins Verderben bringen und entsittlichen; daß wir nicht gewußt hätten, daß wir alles, was wir haben, nur dadurch haben, daß es für uns gewonnen und geschützt wird durch Totschlag und Züchtigung.

Wir können uns nicht so stellen, als sähen wir den Polizeimann nicht, der mit geladenem Revolver vor dem Fenster auf und nieder geht, um uns zu schützen, während wir unser schmackhaftes Mahl verzehren, oder ein neues Stück ansehen, oder die Soldaten, die jeden Augenblick bereit sind, mit Gewehr und Patronen dorthin zu gehen, wo man unser Eigentum antasten will.

Wir wissen doch sehr gut, wenn wir in Ruhe unser Mahl zu Ende essen und das neue Stück mitansehen, wenn wir auf dem Feste, beim Korso, beim Wettrennen oder auf der Jagd ruhig bis zu Ende ausharren dürfen, so verdanken wir das nur der Revolverkugel des Polizeimannes und der Waffe der Soldaten, die den hungrigen Leib des Enterbten durchbohren würde, der von seinem Winkel aus mit knurrendem Magen unseren Vergnügungen zusieht und bereit ist, sie zu stören, sobald der Polizeimann mit dem Revolver fortginge oder es keinen Soldaten in der Kaserne gäbe, der gewärtig wäre, auf unseren ersten Ruf zu erscheinen.

Wie daher ein Mensch, den man am hellen, lichten Tage beim Raube ertappte, uns keineswegs überzeugen könnte, er habe gegen den Beraubten seine Hand erhoben, nicht, um ihm seinen Geldbeutel abzunehmen, und er hätte ihm nicht gedroht, um ihn abzuschlachten, so, sollte man meinen, können auch wir uns und anderen nicht einreden, daß die Soldaten und Schutzleute mit den Revolvern uns nicht etwa darum umgeben, um uns zu schützen, sondern zur Abwehr äußerer Feinde, zur Erhaltung der Ordnung, zur Zerstreuung und zu Paraden, und daß wir nicht gewußt hätten, daß die Menschen nicht gern Hungers sterben, die kein Recht haben, sich ihre Nahrung aus dem Boden zu erarbeiten, daß sie auch nicht gern unter der Erde arbeiten, im Wasser, in der Hölle, 10–14 Stunden den Tag, in der Nacht, in Fabriken, in Werken, um Gegenstände für unseren Luxus herzustellen. Man sollte meinen, es ist unmöglich zu leugnen, daß dies einleuchtet. Und doch geschieht eben dies.

Und obgleich es unter den Reichen wirkliche Menschen giebt, wie ich sie zum Glück immer häufiger und häufiger antreffe, besonders unter der Jugend und den Frauen, die, wenn man sie nur daran erinnert, wie und wofür sie ihre Vergnügungen erkaufen, die Wahrheit nicht zu verbergen bemüht sind, die sich an den Kopf fassen und sagen: „Ach, sprechen Sie nicht davon. Wenn es so ist, so kann man ja nicht leben" – obgleich es solche aufrichtige Menschen giebt, die ihre Sünde sehen, wenn sie sich auch von ihr nicht befreien können, hat sich doch die ungeheure Mehrzahl der Menschen unserer Zeit so in ihre Rolle der Heuchelei eingelebt, daß sie kühn leugnet, was jedem Sehenden in die Augen springt.

„Alles das ist falsch", sagen sie; „niemand zwingt das Volk zur Arbeit bei den Grundbesitzern und in den Fabriken. Das ist Sache freier Verständigung. Der Großgrundbesitz und die Kapitalien sind notwendig, denn sie organisieren die Arbeit und geben sie der Arbeiterklasse. Die Arbeiten in den Fabriken und den Werken sind gar nicht so entsetzlich, wie ihr sie schildert. Und wenn es Mißbräuche in den Fabriken giebt, so wendet die Regierung und die Gesellschaft Maßregeln an, sie zu beseitigen und die Mühen der Arbeiter noch leichter, ja sogar angenehm zu machen. Die arbeitende Klasse ist an die physische Arbeit gewöhnt und zunächst zu nichts anderem befähigt. Die Armut des Volkes kommt durchaus nicht vom Bodenbesitz her, auch nicht von der Bedrückung der Kapitalisten, sie hat andere Ursachen: sie kommt von der Unbildung, der Rohheit, der Trunksucht des Volkes. Und wir, die leitenden Menschen, die wir dieser Verarmung durch eine weise Verwaltung entgegenarbeiten, und wir, die Kapitalisten, die wir dem entgegenwirken durch die Verbreitung nützlicher Erfindungen, und wir, die Geistlichkeit, die wir durch religiöse Belehrung wirken, und wir, die Liberalen, durch Begründung von Arbeitergenossenschaften, durch Vermehrung und Verbreitung von Bildung, vergrößern auf diese Weise, ohne unsere Stellung zu verändern, den Wohlstand des Volkes. Wir wollen nicht, daß alle so arm seien wie die Armen, wir wollen, daß alle so reich seien wie die Reichen. Daß man die Menschen züchtige und totschlage, um sie zur Arbeit zu Gunsten der Reichen zu zwingen, ist ein Sophisma; die Soldaten werden nur dann gegen das Volk geschickt, wenn das Volk seinen eigenen Vorteil nicht begreift und sich empört und die Ruhe antastet, die für das allgemeine Wohl nötig ist. Ebenso notwendig ist die Zügelung der Uebelthäter, für die Gefängnisse, Galgen, Zwangsarbeiten eingerichtet sind. Wir möchten sie selbst überflüssig machen und arbeiten in dieser Richtung."

Die Heuchelei, die von zwei Seiten aufrecht erhalten wird: durch eine Quasi-Religion und eine Quasi-Wissenschaft, hat in unserer Zeit einen solchen Umfang angenommen, daß man, wenn wir nicht mitten darin lebten, kaum glauben würde, daß die Menschen zu einem solchen Grade des Selbstbetruges kommen können. Die Menschen sind in unserer Zeit zu einem so merkwürdigen Zustand gekommen, daß ihr Herz so verroht ist, daß sie Augen haben und nicht sehen, Ohren und nicht hören und nicht verstehen.

Die Menschen leben schon lange ein Leben, das ihrem Bewußtsein widerspricht. Wäre nicht die Heuchelei, sie könnten dieses Leben nicht leben. Diese ihrem Bewußtsein widersprechende Ordnung des Lebens hat nur Bestand, weil sie von der Heuchelei verhüllt ist.

Und je größer die Kluft zwischen der Wirklichkeit und dem Bewußtsein der Menschen ist, desto mehr breitet sich auch die Heuchelei aus. Aber die Heuchelei hat ihre Grenzen. Und ich glaube, wir sind in unserer Zeit an diese Grenze gelangt.

Jeder Mensch unserer Zeit befindet sich mit dem unwillkürlich angeeigneten christlichen Bewußtsein in einer Lage, die völlig der eines schlafenden Menschen gleicht. Er sieht im Traum, er müsse das thun, was er, wie er auch im Traum weiß, nicht thun sollte. Er weiß es im Innersten seines Bewußtseins, und doch kann er, als wäre es ihm unmöglich, seine Lage zu verändern, nicht Halt machen und aufhören, das zu thun, wovon er weiß, daß er es nicht thun sollte. Und wie es im Schlafe vorkommt, wird seine Lage immer qualvoller und qualvoller und erreicht endlich den letzten Grad der Anspannung. Da beginnt er bisweilen an der Wirklichkeit dessen, was er sieht, zu zweifeln und macht eine Anstrengung des Bewußtseins, um die Versuchung, die ihn gebannt hält, zu zerreißen.

In dieser Lage befindet sich der Durchschnittsmensch unserer christlichen Welt. Er fühlt, daß alles, was er selbst thut, und was um ihn her geschieht, etwas Thörichtes, Scheußliches, Unmögliches, seinem Bewußtsein Widersprechendes ist, er fühlt, daß diese Lage immer qualvoller und qualvoller wird und schon die äußerste Grenze der Spannung erreicht hat.

Es ist unmöglich; es ist unmöglich, daß die Menschen unserer Zeit mit unserem uns schon in Fleisch und Blut übergegangenen christlichen Bewußtsein von der Würde des Menschen, von der Gleichheit der Menschen, mit unserem Bedürfnis des friedlichen Zusammenlebens, des Zusammenlebens und der Vereinigung der Nationen, wirklich so leben sollten, daß jede unserer Freuden, jeder unserer Genüsse erkauft werde durch die Leiden, durch das Leben unserer Brüder, und daß wir dabei jeden Augenblick nur um ein Haar breit davon entfernt sein sollten, wie wilde Tiere einer auf den anderen, Volk auf Volk zu stürzen, mitleidslos Arbeit und Leben zu vernichten, nur weil irgendein unsinniger Diplomat oder Herrscher einem andern unsinnigen Diplomaten und Herrscher irgend eine Dummheit gesagt oder geschrieben hat. Es ist unmöglich. Und doch sieht jeder Mensch unserer Zeit, daß eben dies geschieht, und daß eben dies seiner wartet. Und die Lage wird immer qualvoller und qualvoller.

Und wie der Mensch im Traum nicht glaubt, daß das, was ihm als Wirklichkeit erscheint, auch Wirklichkeit sein sollte, und erwachen möchte zu der andern wahren Wirklichkeit, so kann auch der Durchschnittsmensch unserer Zeit in tiefster Seele nicht glauben, daß die entsetzliche Lage, in der er sich befindet, und die immer schlechter und schlechter wird, Wirklichkeit sei, und er will erwachen zu der wahren Wirklichkeit, zu der Wirklichkeit des in ihm schon lebenden Bewußtseins.

Und wie der Mensch im Schlafe nur die Anstrengung des Bewußtseins zu machen und sich nur zu fragen braucht: Ist es nicht ein Traum? damit im Augenblick die Lage, die ihm so hoffnungslos erscheint, erschüttert werde und er zu einer ruhigen und freudigen Wirklichkeit erwache, so braucht auch der zeitgenössische Mensch nur eine Anstrengung des Bewußtseins zu machen und an der Wirklichkeit dessen zu zweifeln, was ihm seine eigene und die ihn umgebende Heuchelei vorspiegelt, und sich zu fragen: Ist es nicht eine Täuschung? damit er sofort wie der erwachende Mensch empfindet, daß er aus der eingebildeten und schrecklichen Welt übergehe in die wahre, ruhige, freudige Wirklichkeit.

Und dazu braucht der Mensch keinerlei großen Thaten zu vollbringen. Dazu braucht er nur eine innere Anstrengung des Bewußtseins zu machen.

5

Kann aber der Mensch diese Anstrengung machen?

Nach der bestehenden und für die Heuchelei notwendigen Theorie ist der Mensch nicht frei und kann sein Leben nicht ändern.

„Der Mensch kann sein Leben nicht ändern, weil er nicht frei ist; er ist aber nicht frei, weil alle seine Handlungen bedingt sind durch vorhergehende Ursachen. Und was der Mensch auch thäte, es giebt immer diese oder jene Ursachen, aus welchen er diese oder jene That begangen hat, und darum kann der Mensch nicht frei sein und sein Leben selbst verändern“, sagen die Verteidiger der Metaphysik der Heuchelei. Und sie hätten vollkommen recht, wenn der Mensch in Bezug auf die Wahrheit ohne Bewußtsein und ohne Bewegung wäre, das heißt, wenn er, nachdem er einmal die Wahrheit erkannt, stets bei einem und demselben Grade der Erkenntnis verharrte. Der Mensch ist aber ein Wesen mit Bewußtsein, das einen immer größeren und größeren Grad der Wahrheit erkennt; und wenn daher der

Mensch nicht frei ist zur Vollbringung dieser oder jener Thaten, weil für jede That eine Ursache vorhanden ist, so befinden sich doch die Ursachen dieser Thaten, die für den mit Bewußtsein begabten Menschen darin bestehen, daß er diese oder jene Wahrheit als eine genügende Ursache der That anerkennt, in der Gewalt des Menschen.

So ist der Mensch, der nicht fei ist von der Vollbringung dieser oder jener Handlungen, frei in dem, was die Vollbringung dieser Handlungen hervorruft. Aehnlich wie der Maschinist zwar nicht darin frei ist, die schon vollzogene oder eben sich vollziehende Bewegung des Dampfwagens zu verändern, doch aber darin, im vorhinein seine zukünftige Bewegung zu bestimmen.

Was auch der mit Bewußtsein begabte Mensch thue, er handelt so und nicht anders, nur weil er jetzt anerkennt, daß die Wahrheit darin bestehe, daß er so handeln müsse, wie er handelt, oder weil er früher einmal sie anerkannt hat, jetzt aber aus Trägheit, aus Gewohnheit so handelt, weil er es früher einmal als Pflicht anerkannt hat.

In diesem und in jenem Falle war die Ursache seines Handelns nicht eine bestimmte Erscheinung, sondern die Anerkennung dessen, daß eine bestimmte Meinung die Wahrheit war, und somit die Anerkennung dessen, daß die eine oder die andere Erscheinung eine genügende Ursache der Handlung war.

Ob der Mensch ißt oder sich der Speise enthält, ob er arbeitet oder ruht, der Gefahr entflieht oder sich ihr aussetzt, er handelt, wenn er ein Mensch mit Bewußtsein ist, wie er handelt, nur weil er im Augenblick das für nötig, für vernünftig hält. Er hält dafür, daß die Wahrheit darin bestehe, so und nicht anders zu handeln, oder er hat schon lange vorher dafür gehalten.

Die Anerkennung aber einer bestimmten Wahrheit oder ihre Nichtanerkennung hängt nicht von äußeren, sondern von ganz anderen Ursachen ab, die sich in den Menschen selbst befinden, und so kommt es sehr oft, bei allen, dem Anschein nach günstigen Vorbedingungen, zur Anerkennung der Wahrheit, daß der eine Mensch sie nicht anerkennt, ein anderer dagegen unter ganz ungünstigen Bedingungen, ohne jeden erkennbaren Grund sie anerkennt. Wie es auch im Evangelium heißt: „Es kann niemand zu mir kommen, es sei denn, daß ihn ziehe der Vater“ (Joh. 6, 44.), das heißt: die Anerkennung der Wahrheit, die die Ursache aller Erscheinungen des menschlichen Lebens bildet, hängt nicht von äußeren Erscheinungen ab, sondern von gewissen inneren Eigenschaften des Menschen, die der Beobachtung nicht unterliegen.

Und so fühlt sich der Mensch, der in seinen Handlungen nicht frei ist, stets frei in dem, was die Ursachen seiner Handlungen bildet – in der Anerkennung oder Nichtanerkennung der Wahrheit, und er fühlt sich frei, nicht nur unabhängig von äußeren Ereignissen, die außerhalb seiner Person vorgehen, sondern auch von seinen eigenen Handlungen.

So bleibt der Mensch, der unter dem Einfluß der Leidenschaft eine Handlung begangen hat, die der Wahrheit widerspricht, der er sich bewußt ist, doch frei in ihrer Anerkennung oder Nichtanerkennung, das heißt: er kann ohne die Wahrheit anzuerkennen, seine Handlung für notwendig halten und sich ihrethalben rechtfertigen, und er kann, bei Anerkennung der Wahrheit, seine Handlung für schlecht halten und sich für schuldig erklären.

So bleibt der Spieler oder Trunkenbold, der der Versuchung nicht widerstanden hat und seiner Leidenschaft unterlegen ist, doch frei, um das Spiel oder das Trinken für ein Uebel oder für eine indifferente Unterhaltung anzusehen. Im ersten Falle macht er sich, wenn er sich nicht sofort von seiner Leidenschaft befreit, um so eher von ihr frei, je aufrichtiger er die Wahrheit anerkennt; im zweiten Fall vergrößert er seine Leidenschaft und beraubt sich jeder Möglichkeit der Befreiung.

Ganz so bleibt der Mensch, der die Glut nicht ausgehalten, und der seinen Kameraden nicht gerettet hat und dem brennenden Hause entflohen ist, die Freiheit, als Wahrheit anzuerkennen, daß der Mensch mit der Gefahr seines Lebens anderen Leben dienen muß, seine Handlung für schlecht zu halten und sie deshalb zu verurteilen oder, ohne die Wahrheit anzuerkennen, seine Handlungen für natürlich, notwendig zu halten und sich als schuldlos anzusehen. In dem ersten Falle, in dem Falle, daß er die Wahrheit anerkennt, ungeachtet seiner Abweichung von ihr, schafft er sich eine ganze Reihe unvermeidlich aus dieser Anerkenntnis hervorgehender Handlungen der Selbstverleugnung; im zweiten Falle schafft er eine ganze Reihe von egoistischen, den ersten widersprechenden Handlungen.

Nicht etwa, daß der Mensch die Freiheit hätte, stets jede Wahrheit anzuerkennen oder nicht anzuerkennen. Es giebt Wahrheiten, die längst von dem Menschen selber anerkannt sind, oder die durch Erziehung, Ueberlieferung auf ihn gekommen sind und von ihm auf Treu und Glauben angenommen wurden, deren Befolgung ihm zur Gewohnheit, zur zweiten Natur geworden ist, und es giebt Wahrheiten, die ihm nur unklar in weiter Ferne vorschweben. Der Mensch ist gleich unfrei in der Nichtanerkennung der ersten und in der Anerkennung der zweiten. Aber es giebt eine dritte Gattung von Wahrheiten, solche, die für den Menschen noch nicht zum unbewußten Motive des Handelns geworden sind, die ihm aber doch schon mit solcher Klarheit aufgegangen sind, daß er sie nicht umgehen kann und unweigerlich so oder so zu ihnen Stellung nehmen, sie anerkennen oder nichtanerkennen muß. In Bezug auf diese Wahrheiten gerade tritt die Freiheit des Menschen in die Erscheinung.

Jeder Mensch befindet sich in seinem Leben in seinem Verhältnis zur Wahrheit in der Lage eines Wanderers, der in der Dunkelheit wandelt bei dem Lichte einer vor ihm schreitenden Fackel; er sieht nicht, was die Fackel noch nicht erleuchtet, er sieht auch das nicht, was er schon zurückgelegt hat und was schon wieder in der Dunkelheit liegt, und er hat nicht die Macht, sein Verhältnis zu dem einen wie zu dem andern zu verändern; wohl aber sieht er, an welcher Stelle seines Weges er auch stünde, das, was die Fackel beleuchtet, und besitzt stets die Macht, diese oder jene Seite des Weges, auf dem er schreitet, zu wählen.

Für jeden Menschen giebt es stets Wahrheiten, die ihm unsichtbar sind, die seinem geistigen Auge noch nicht enthüllt sind, und andere Wahrheiten, die er schon durchlebt, vergessen und sich zu eigen gemacht hat, und es giebt bestimmte Wahrheiten, die bei dem Lichte seiner Vernunft vor ihm aufgetaucht sind und seine Anerkennung heischen. Und hier in der Anerkennung oder Nichtanerkennung eben dieser Wahrheiten tritt das in die Erscheinung, was wir als unsere Freiheit empfinden.

Die ganze Schwierigkeit und scheinbare Unlösbarkeit der Frage von der Freiheit des Menschen kommt daher, daß die Menschen, die diese Frage lösen wollen, sich den Menschen als unbeweglich in seinem Verhältnis zur Wahrheit vorstellen.

Der Mensch ist unzweifelhaft unfrei, wenn wir ihn uns als unbeweglich vorstellen, oder wenn wir vergessen, daß das Leben der Menschen und der Menschheit nur eine fortwährende Bewegung von der Dunkelheit zum Licht ist, von einer niedrigeren Stufe der Wahrheit zu einer höheren, von einer mit Irrtümern mehr durchsetzten Wahrheit zu einer von ihnen mehr befreiten Wahrheit.

Der Mensch wäre unfrei, wenn er keine Wahrheit kennen würde, er wäre ganz ebenso nicht frei, ja, er hätte gar keinen Begriff von der Freiheit, wenn ihm die ganze Wahrheit, die ihn im Leben leiten sollte, ein für allemal in ihrer ganzen Reinheit ohne einen Zusatz von Irrtümern enthüllt wäre. Der Mensch aber ist nicht unbeweglich in Bezug auf die Wahrheit, und jeder einzelne Mensch erkennt, sowie auch die gesamte Menschheit, allmählich, nach dem Maße seines Fortschreitens im Leben, einen immer größeren und größeren Grad der Wahrheit und befreit sich immer mehr und mehr von Irrtümern.

Daher befinden sich die Menschen stets in einem dreifachen Verhältnis zur Wahrheit: die einen Wahrheiten haben sie sich schon so sehr zu eigen gemacht, daß sie ihnen zu unbewußten Ursachen ihrer Handlungen geworden sind. Andere fangen erst an, sich ihnen zu enthüllen, und noch andere sind ihnen, obwohl sie sich sie noch nicht zu eigen gemacht haben, bis zu dem Grade der Klarheit enthüllt, daß die Menschen unweigerlich so oder so zu ihnen Stellung nehmen, sie anerkennen oder nicht anerkennen müssen.

Und in der Anerkennung oder Nichtanerkennung dieser Wahrheiten eben ist der Mensch frei.

Die Freiheit des Menschen besteht nicht darin, daß er unabhängig von dem Gange des Lebens und den schon vorhandenen und ihn beeinflussenden Ursachen willkürliche Handlungen vollziehen kann, sondern darin, daß er, indem er die ihm enthüllten Wahrheiten anerkennt und sie bekennt, ein freier und freudiger Vollstrecker des ewigen und endlosen Werkes werden kann, daß durch Gott oder das Leben der Welt vollzogen wird; und, indem er diese Wahrheit nicht anerkennt, ihr Knecht werden und gewaltsam und qualvoll dorthin gezogen werden kann, wohin er nicht gehen will.

Die Wahrheit zeigt nicht nur den Weg des menschlichen Lebens, sie enthüllt ihm auch den einzigen Weg, den das menschliche Leben gehen kann. Und daher werden alle Menschen unweigerlich frei oder unfrei den Weg der Wahrheit wandeln: die einen, indem sie selbst das ihnen vorgeschriebene Werk des Lebens vollbringen, die anderen, indem sie sich, ohne es zu wollen, dem Gesetz des Lebens unterordnen. Die Freiheit des Menschen liegt in dieser Wahl.

Eine solche Freiheit in so engen Grenzen erscheint dem Menschen so nichtig, daß sie sie nicht bemerken; die einen (die Deterministen) halten diesen Bruchteil der Freiheit für so gering, daß sie ihn gar nicht anerkennen, die anderen, die Verteidiger der vollen Freiheit, schätzen, da ihnen ihre eingebildete Freiheit vorschwebt, diesen Grad der Freiheit, der ihnen nichtig erscheint, gering. Die Freiheit, die zwischen den Grenzen der Unkenntnis der Wahrheit und der Anerkennung eines bestimmten Grades der Wahrheit liegt, erscheint den Menschen nicht als Freiheit, um so mehr, als der Mensch, ob er die ihm enthüllte Wahrheit anerkennen will oder nicht, unweigerlich genötigt sein wird, sie im Leben zu erfüllen.

Ein Pferd, das mit anderen vor den Wagen gespannt ist, besitzt nicht die Freiheit, nicht vor dem Wagen zu laufen. Und wenn es nicht anzieht, so wird der Wagen es an die Beine schlagen. Es wird in der Richtung gehen, wo der Wagen hingeht, und wird ihn, ohne es zu wollen, ziehen. Aber abgesehen von dieser beschränkten Freiheit, hat es die Freiheit, den Wagen selbst zu ziehen oder von ihm mitgeschleppt zu werden. So ist es auch mit dem Menschen.

Ob diese Freiheit groß oder klein ist im Vergleich zu der phantastischen Freiheit, die wir gern haben möchten – diese Freiheit allein ist unzweifelhaft vorhanden, und diese Freiheit ist Freiheit, und in dieser Freiheit liegt das Glück, das dem Menschen erreichbar ist. Und nicht allein, daß diese Freiheit dem Menschen das Glück giebt, sie ist auch das einzige Mittel zur Vollbringung des Werkes, das durch das Leben der Welt sich vollzieht.

Nach der Lehre Christi hat der Mensch, der den Sinn des Lebens in dem Bereiche sieht, in dem es unfrei ist, in dem Gebiete der Folgen, das heißt, der Handlungen, kein wahres Leben; ein wahres Leben hat nach der christlichen Lehre nur der, der sein Leben in den Bereich verlegt hat, in dem es frei ist – in den Bereich der Ursachen, das heißt, des Erkennens und Anerkennens der enthüllten Wahrheiten, des Bekennens und der daraus unweigerlich folgenden – wie der Wagen dem Pferde folgt – Erfüllung der Wahrheit.

Wenn der Mensch sein Leben in sinnlichen Dingen sucht, so thut er Dinge, die stets in Abhängigkeit von räumlichen und zeitlichen, außer ihm liegenden Ursachen stehen; ja, er selbst thut gar nichts, er glaubt nur zu thun, in Wirklichkeit aber geschehen alle diese Dinge, von denen er glaubt, daß er sie thue, durch ihn von einer höheren Kraft, und er ist nicht der Schöpfer des Lebens, sondern sein Sklave; wer aber sein Leben in der Anerkennung und Bekennung der ihm enthüllten Wahrheiten sucht, vereinigt sich mit dem Urquell des All-Lebens und vollzieht nicht mehr persönliche, einzelne, von den Voraussetzungen des Raums und der Zeit abhängige Dinge, sondern Dinge, die keine Ursache haben und selbst die Ursache alles übrigen bilden und eine unendliche, durch nichts beschränkte Bedeutung haben.

Die Menschen der heidnischen Lebensauffassung, die das Wesen des wahren Lebens, das in der Anerkennung und Bekennung der Wahrheit besteht, verachten und ihre Anstrengungen zur Verbesserung ihres Lebens auf äußere Handlungen richten, gleichen den Menschen auf den Dampfschiffen, die, um ans Ziel zu gelangen, den Dampfkessel ersticken wollten, der sie verhindert, die Ruderer unterzubringen, und die im Sturme sich bemühen wollten, anstatt mit schon fertigem Dampf und fertiger Schraube, mit Rudern, die nicht bis ans Wasser reichen, von der Stelle zu kommen.

„Das Himmelreich leidet Gewalt, und die Gewalt thun, die reißen es zu sich" (Matth. XI, 12), und eben diese Gewalt der Lossagung von den Veränderungen der äußeren Bedingungen, der Anerkennung und Bekennung der Wahrheit, ist die Gewalt, durch die das Himmelreich gewonnen wird, und die in unserer Zeit angewendet werden muß und kann.

Die Menschen brauchen nur zu begreifen, daß sie aufhören müssen, sich um die äußeren und allgemeinen Dinge zu kümmern, in denen sie nicht frei sind, und daß sie nur ein Hundertstel der Energie, die sie auf die äußeren Werke verwenden, auf das verwenden müssen, worin sie frei sind, auf die Anerkennung und Bekennung der Wahrheit, die vor ihren Augen steht, auf die eigene und der Menschen Befreiung von der Lüge und der Heuchelei, die die Wahrheit verbergen, damit ohne die Anstrengungen des Kampfes sofort die lügnerische Ordnung des Lebens vernichtet werde, die die Menschen quält und ihnen mit noch schlimmerer Not droht, und damit das Reich Gottes verwirklicht werde oder wenigstens die erste Stufe dazu, zu der die Menschen nach ihrer Erkenntnis schon reif sind.

Wie ein Anstoß genügt, damit die ganze von Salz gesättigte Flüssigkeit im Augenblick sich in Kristalle verwandle, so genügt jetzt vielleicht die kleinste Anstrengung, damit die den Menschen schon enthüllte Wahrheit Hunderte, Tausende, Millionen ergreife – damit die der Erkenntnis entsprechende, öffentliche Meinung sich befestige und infolge ihrer Befestigung die ganze Ordnung des bestehenden Lebens verändere. Diese Anstrengung zu machen, liegt in unserer Hand.

Wollte nur jeder von uns sich bemühen, die christliche Wahrheit, die uns in den verschiedensten Formen von allen Seiten umgiebt und sich in unser Herz schmeichelt, zu begreifen und anzuerkennen; wollten wir nur aufhören, zu lügen und zu heucheln, daß wir diese Wahrheit nicht sehen, oder daß wir sie zu erfüllen wünschen, nur nicht in dem, was sie vor allem andern von uns verlangt; wollten wir nur diese Wahrheit anerkennen, die uns zu sich ruft, und sie kühn bekennen, sofort würden wir sehen, daß Hunderte, Tausende, Millionen von Menschen sich in der gleichen Lage wie wir befinden, daß sie ebenso wie wir die Wahrheit sehen, ebenso wie wir fürchten, vereinsamt zu bleiben, wenn sie sie anerkennen, und ebenso wie wir erst warten, daß die anderen sie anerkennen. Wollten die Menschen nur aufhören zu heucheln, sofort würden sie sehen, daß diese grausame Lebensordnung, die sie einzig und allein bindet und ihnen als etwas Festbegründetes, Notwendiges, Heiliges, von Gott Eingesetztes erscheint, ganz und gar wankt und sich durch die Lüge der Heuchelei hält, die wir mit anderen unseresgleichen stützen.

Aber wenn es so ist, wenn es wahr ist, daß es von uns abhängt, die besondere Ordnung des Lebens zu vernichten, haben wir das Recht, sie zu vernichten, wenn wir nicht klar wissen, was wir an ihre Stelle setzen sollen? Was wird aus der Wahrheit werden, wenn die bestehende Ordnung der Dinge aufhört?

„Was wird dort hinter den Mauern der von uns verlassenen Welt sein?" (Herzen.)

Schrecken ringsumher – Wüste, Oede, Willkür – wie soll man gehen, wenn man nicht weiß, wohin; wie soll man aufgeben, wenn man nicht sieht, was man erwirbt!

Hätte Kolumbus solche Betrachtungen angestellt, er hätte nie die Anker gelichtet. Wahnsinn war es, auf den Ozean, den noch niemand befahren hatte, nach einem Lande zu steuern, dessen Vorhandensein eine Frage war. Mit diesem Wahnsinn hat er die neue Welt entdeckt. Gewiß, wenn die Völker von einem eingerichteten Hotel garni in ein anderes – noch besseres – übersiedeln könnten, das wäre leichter, schade nur, daß niemand da ist, der die neuen Quartiere herrichten soll. Die Zukunft ist schlimmer als der Ozean – ein Nichts – sie wird so sein, wie sie die Umstände und die Menschen machen werden.

„Seid ihr zufrieden mit der alten Welt, so bemüht euch, sie zu erhalten, sie ist sehr hinfällig und hat keine Dauer mehr; ist es euch aber unerträglich, in einem ewigen Widerstreit der Ueberzeugung und des Lebens zu leben, anders zu denken und anders zu handeln, so geht hinaus aus den getünchten, mittelalterlichen Gewölben in euren Schrecken. Ich weiß sehr gut, das ist nicht leicht. Ist es denn ein Scherz sich von allem zu trennen, was dem Menschen gewohnt ist von dem Tage seiner Geburt, womit er verwachsen, worin er aufgewachsen ist? Die Menschen sind zu den schrecklichsten Opfern bereit, nur nicht zu denen, die das Leben von ihnen fordert. Sind sie bereit, unsere Zivilisation, unsere Lebensweise, unsere Religion, unsere geltende, bedingte Sittlichkeit zu opfern? Sind sie bereit, auf alle die Früchte zu verzichten, die sie mit solchen Mühen erarbeitet haben, Früchte, mit denen wir uns seit drei Jahrhunderten brüsten, sind sie bereit, zu verzichten auf alle Bequemlichkeiten und Genüsse unserer Existenz, eine wilde Jugend einem gebildeten Greisenalter vorzuziehen, ihr Erbschloß abzubrechen, nur um die Freude, an dem Aufbau eines neuen Hauses teilzunehmen, das unzweifelhaft spät nach uns gebaut wird?" (Herzen V, 55.)

So schrieb vor nahezu einem halben Jahrhundert ein russischer Schriftsteller, der mit seinem durchdringenden Geiste schon damals klar sah, was jetzt schon jeder noch so wenig denkende Mensch unserer Zeit sieht: die

Unmöglichkeit der Fortführung des Lebens auf den früheren Grundlagen und die Notwendigkeit der Feststellung neuer Lebensformen.

Von dem gewöhnlichsten, niedrigsten, weltlichen Gesichtspunkte ist es schon klar, daß es unvernünftig ist, unter dem Gewölbe zu verbleiben, das die Last des Gebäudes nicht tragen kann, und daß man es verlassen muß. Und in der That ist es schwierig, sich eine Lage zu denken, die jammervoller wäre als die, in der sich jetzt die christliche Welt mit ihren gegeneinander gerüsteten Völkern befindet, mit ihren beständig, unaufhaltsam wachsenden Steuern zur Aufrechterhaltung dieser gesteigerten Rüstungen, mit dem immer leidenschaftlicher erglühenden Hass des Arbeiterstandes gegen die Reichen, mit dem über aller Häupten schwebenden Damoklesschwerte des Krieges, das jeden Augenblick niederzufallen bereit ist und notwendig früher oder später niederfallen muß.

Keine Revolution kann für die große Masse des Volkes jammervoller sein als die ununterbrochen bestehende Ordnung oder, besser gesagt, Unordnung unseres Lebens mit seinen täglichen Opfern an unnatürlicher Arbeit, Bettelarmut, Trunkenheit, Ausschweifung und mit all dem Entsetzen eines drohenden Krieges, der in einem Jahre mehr Opfer verschlingen muß als alle Revolutionen dieses Jahrhunderts.

Was wird aus uns und aus der ganzen Menschheit werden, wenn jeder von uns das erfüllen wird, was Gott durch das in uns gelegte Gewissen fordert? Wird es mir nicht schlimm ergehen, weil ich ganz in der Macht eines Herrn, in der von ihm errichteten und geleiteten Fabrik das ausführe, was er mich thun heißt, was mir aber, der ich die letzten Ziele des Herrn nicht kenne, sonderbar vorkommt?

Aber es ist nicht einmal die Frage: „Was wird sein?“, die die Menschen beunruhigt, wenn sie zögern, den Willen des Herrn zu vollbringen; sie beunruhigt die Frage, wie sie leben sollen, ohne die so gewohnten Vorbedingungen unseres Lebens, die wir Wissenschaften, Kunst, Zivilisation, Kultur nennen. Wir empfinden für uns persönlich die ganze Schwere des gegenwärtigen Lebens, wir sehen auch, daß die Ordnung dieses Lebens, wenn sie fortdauern sollte, uns unweigerlich zu Grunde richtet. Gleichzeitig aber wollen wir, daß die Vorbedingungen dieses unseres Lebens, die aus ihm hervorgewachsen sind: unsere Wissenschaften, unsere Künste, unsere Zivilisationen, unsere Kulturen, bei der Veränderung unseres Lebens unversehrt bleiben.

Das ist gerade so, wie wenn ein Mensch, der in einem alten Hause wohnt und unter der Kälte und den Unbequemlichkeiten dieses Hauses leidet, der überdies weiß, daß dieses Haus jeden Augenblick einfallen kann, mit einem Umbau nur unter *der* Bedingung einverstanden wäre, daß er es nicht zu verlassen brauchte, einer Bedingung, die einer Verweigerung des Umbaus gleichkäme. „Was wird geschehen, wenn ich das Haus auf eine gewisse Zeit verlasse, aller Bequemlichkeiten beraubt, und das neue Haus nicht gebaut wird, oder wenn es anders gebaut wird und ich darin nicht das finde, woran ich gewöhnt bin?“ Je nun, wenn das Material da ist, wenn die Bauleute vorhanden sind, so spricht alle Wahrscheinlichkeit dafür, daß das neue Haus besser sein wird als das alte, und zugleich ist es nicht nur wahrscheinlich, sondern unzweifelhaft, daß das alte Haus einstürzen und diejenigen unter seinen Trümmern begraben wird, die darin zurückgeblieben sind. Ob die früheren gewohnten Gegenstände des Lebens sich erhalten, ob sie verschwinden, ob ganz neue, bessere entstehen, – aus den alten, unmöglich und verderblich gewordenen Vorbedingungen unseres Lebens muß man unweigerlich hinausgehen und der Zukunft entgegenschreiten.

„Die Wissenschaften, die Künste, die Zivilisationen, die Kulturen werden zunichte werden!“

All dies sind ja doch nur verschiedene Erscheinungsformen der Wahrheit. Die bevorstehende Veränderung aber wird sich nur vollziehen im Geiste einer Annäherung an die Wahrheit und ihrer Verwirklichung. Wie sollten da die Erscheinungsformen der Wahrheit infolge ihrer Verwirklichung zunichte werden? Sie werden andere, bessere, höhere sein, keineswegs aber werden sie zu nichte werden. Zu nichte wird das in ihnen werden, was in ihnen lügenhaft war. Was in ihnen Wahrheit ist, das wird nur mehr erblühen und wachsen.

6

Bedenket euch, Menschen, und glaubet an das Evangelium, an die Lehre vom Heil. Wenn ihr euch nicht bedenket, so werdet ihr ganz so zu Grunde gehen, wie die Menschen zu Grunde gingen, die Pilatus erschlagen hat, und wie die zu Grunde gingen, die der Turm von Siloah unter seinen Trümmern begraben hat, wie die Millionen und Abermillionen Menschen untergegangen sind, die getötet haben und getötet worden sind, hingerichtet haben und hingerichtet worden sind, die gepeinigt haben und gepeinigt worden sind, wie jener Mensch zu Grunde ging, der die Kornkammern zuschüttete und sich auf ein langes Leben vorbereitete und noch in derselben Nacht verstarb, mit der er das Leben beginnen wollte. Bedenket euch, Menschen, und glaubet an das Evangelium, hat Christus vor achtzehnhundert Jahren gesagt, und sagt er jetzt mit größerer Ueberzeugungskraft durch die von ihm prophezeite und jetzt eingetretene Not und Unvernunft unseres Lebens, das die äußersten Grenzen der Not und Unvernunft erreicht hat.

Heute nach so vielen Jahrhunderten vergeblicher Bemühungen, durch die heidnische Ordnung der Gewalt unser Leben zu sichern, sollte man meinen, muß es für jeden einleuchtend sein, daß alle auf dieses Ziel gerichteten Anstrengungen nur neue Gefahren in das Leben, in das persönliche wie das gesellschaftliche, hineintragen, nicht aber es sichern.

Wie wir uns auch nennen mögen, was für Gewänder wir auch anlegen mögen, und womit und bei welchen Priestern wir uns salben mögen, so viel Millionen wir auch haben mögen, wieviel Schutzwachen auf unserem Weg stehen mögen, wieviel Polizeimänner unsere Reichtümer bewachen mögen, wieviel sogenannte Verbrecher, Revolutionäre, Anarchisten wir hinrichten mögen, was für Thaten wir selbst vollbringen mögen, welche Staaten wir gründen, welche Festungen und Türme, vom babylonischen bis zum Eiffelturm wir errichten mögen – vor uns stehen stets zwei unabwendbare Bedingungen unseres Lebens, die seinen ganzen Inhalt vernichten: 1. der Tod, der jeden Augenblick jeden von uns treffen kann, 2. die Vergänglichkeit aller von uns vollbrachten Dinge, die gar schnell spurlos zunichte werden. Was wir auch thun mögen, ob wir Reiche gründen, Paläste und Denkmäler errichten, Gedichte und Lieder schaffen – alles das ist von kurzer Dauer, alles geht vorüber, ohne eine Spur zurückzulassen. Und so sehr wir uns dies auch verbergen mögen, wir können doch nicht blind sein dagegen, daß der Inhalt unseres Lebens nicht in unserem persönlichen Dasein, das unabwendbarem Leiden und dem vermeintlichen Tode unterworfen ist, noch in irgend einer weltlichen Einrichtung oder Ordnung bestehen kann.

Wer du auch seist, der du dieses liest, denke nach über deine Stellung, über deine Pflichten – nicht über die Stellung des Gutsbesitzers, des Kaufmanns, des Richters, des Kaisers, des Präsidenten, des Ministers, des Priesters, des Soldaten, die dir die Menschen für vorübergehende Zeit zuschreiben, nicht über die vermeintlichen Pflichten, die diese Stellung dir auferlegt, sondern an deine wahre, ewige Stellung eines Wesens, das nach eines Willen nach einer ganzen Ewigkeit des Nichtdaseins aus dem Unbewußtsein hervorgegangen ist, und das jeden Augenblick nach eines Willen zurückkehren kann an den Ort, von dem es ausgegangen ist. Denke nach über deine Pflichten: nicht über deine vermeintlichen Pflichten des Gutsbesitzers gegen seine Habe, des Kaufmanns gegen sein Kapital, des Kaisers, des Ministers, des Beamten gegen den Staat, sondern über deine wahren

Pflichten, die aus deiner wahren Stellung eines Wesens hervorgehen, das ins Leben gerufen und mit Vernunft und Liebe begabt worden ist.

Ob du auch das thust, was der von dir verlangt, der dich in die Welt gesandt hat, und zu dem du sehr bald zurückkehrst! Ob du auch das thust, was er von dir verlangt? Ob du auch das thust, wenn du als Gutsbesitzer, Fabrikant die Erzeugnisse, die Mühen der Armen an dich nimmst und dein Leben auf dieser Beraubung der Arbeiter aufbaust, oder als Regierender, als Richter den Menschen Gewalt anthust und sie verurteilst, oder als Krieger dich zu Kriegen rüstest, kämpfest, plünderst und tötest?

Du sagst, die Welt ist so eingerichtet, daß dies unvermeidlich ist, daß du dies nicht nach deinem Willen thust, sondern dazu genötigt bist. Aber ist das möglich, daß in dich mit solcher Kraft der Abscheu gegen die Leiden der Menschen, gegen Züchtigung, gegen Totschlag gelegt sei, daß in dich ein solches Verlangen nach Menschenliebe gelegt sei und noch ein größeres Verlangen, von Menschen geliebt zu werden, daß du deutlich sähest, daß nur bei der Anerkennung der Gleichheit aller Menschen, bei der Bereitwilligkeit, einander zu dienen, die Verwirklichung des höchsten den Menschen zugänglichen Glückes möglich ist, das dir dein Herz, deine Vernunft, der Glaube, den du bekennst, dasselbe sagen, daß dir die Wissenschaft dasselbe sage, und daß du trotz alledem aus irgend welchen unklaren, wirren Vorstellungen genötigt sein solltest, stets das Entgegengesetzte zu thun, daß du als Gutsbesitzer oder Kapitalist genötigt sein solltest, dein ganzes Leben auf der Bedrückung des Volkes aufzubauen, oder daß du als Kaiser, als Präsident gezwungen sein solltest, Heere zu befehligen, das heißt, Führer und Leiter von Totschlägern zu sein, oder daß du als Regierungsbeamter gezwungen sein solltest, den armen Menschen ihr blutig verdientes Geld zu nehmen, um es zu genießen und den Reichen zu verteilen, oder als Richter, als Geschworener gezwungen, sein solltest, verirrte Menschen zu Qual und Tod zu verurteilen, weil ihnen die Wahrheit nicht offenbart wurde, oder – worauf vor allem alles Uebel der Welt beruht – daß du, jeder junge Mann, zu den Soldaten gehen mußt und gegen deinen Willen und gegen alle menschlichen Empfindungen dich verpflichten, dem Willen fremder Menschen zu folgen, alle die zu töten, die jene zu töten befehlen.

Das ist unmöglich.

Wenn dir die Menschen auch sagen, all dies sei notwendig zur Erhaltung der bestehenden Ordnung des Lebens, und die bestehende Ordnung mit ihrer Bettelarmut, ihrem Hunger, ihren Gefängnissen, ihren Todesurteilen, ihren Heeren, ihren Kriegen sei für die Gesellschaft notwendig, und wenn diese Ordnung angetastet würde, würde die schlimmste Not folgen, so sagen das doch nur die, denen diese Ordnung des Lebens vorteilhaft ist, all die anderen aber – und es sind ihrer zehnmal mehr –, die unter dieser Lebensordnung leiden, denken und sagen das Gegenteil. Und du selbst weißt im Innersten deiner Seele, daß dies nicht wahr ist, daß die bestehende Ordnung dieses Lebens ihre Zeit abgelebt hat und unvermeidlich auf neuen Elementen umgestaltet werden muß, und daß es daher keineswegs notwendig ist, mit Aufopferung aller menschlichen Empfindungen sie aufrecht zu erhalten.

Vor allem aber, wenn man auch zugeben will, daß die bestehende Ordnung notwendig ist, warum fühlst du dich verpflichtet, auf Kosten aller besseren menschlichen Empfindungen sie aufrecht zu erhalten? Wer hat dich zur Amme dieser zerbröckelnden Ordnung gemacht? Weder die Gesellschaft, noch der Staat, noch die Menschen haben dich darum gebeten, diese Ordnung aufrecht zu erhalten. Dadurch, daß du den Platz eines Gutsbesitzers, eines Kaufmanns, eines Kaisers, eines Priesters, eines Soldaten einnimmst, und du weißt sehr gut, daß du deine Stelle eingenommen, angenommen hast – nicht etwa mit dem selbstverleugnerischen Zweck, eine für das Glück der Menschen notwendige Ordnung des Lebens aufrecht zu erhalten, sondern um deiner selbst willen: um deines Vorteils, deines Ehrgeizes, deiner Ruhmsucht, deiner Trägheit, deiner Feigheit willen.

Wenn du nicht nach dieser Stellung strebtest, würdest du nicht all das thun, was man ununterbrochen thun muß, um diese Stellung festzuhalten. Versuche nur, höre nur auf, die komplizierten, schrecklichen, ränkevollen, niederträchtigen Dinge zu thun, die du unaufhörlich thust, um deine Stellung aufrecht zu erhalten, und du wirst sie sofort verlieren. Versuche nur, wenn du ein Regent oder ein Beamter bist, nicht zu lügen, gemein zu handeln, an Gewaltthaten und Todesurteilen teilzunehmen; wenn du ein Priester bist, nicht zu betrügen; wenn du ein Krieger bist, nicht zu töten; wenn du ein Gutsbesitzer, ein Fabrikant bist, dein Eigentum nicht durch Richter und Gewaltthaten zu verteidigen, und du wirst sofort die Stellung verlieren, die – wie du sagst – dir aufgezwungen ist und die dir eine Last sein soll.

Es ist unmöglich, daß ein Mensch gegen seinen Willen in eine Stellung gebracht werde, die seinem Bewußtsein widerstrebt.

Wenn du dich in dieser Stellung befindest, so ist es nicht, weil es für irgend jemand notwendig wäre, sondern weil du es willst. Und da du weißt, daß diese Stellung deinem Herzen, deiner Vernunft, deinem Glauben, ja der Wissenschaft, an die du glaubst, widerspricht, so mußt du nachdenken über die Frage, ob du das thust, was zu thun deine Pflicht ist, wenn du in dieser Stellung verharrst, und –vor allem – wenn du dich bemühst, sie zu rechtfertigen.

Du hättest ja die Gefahr auf dich nehmen können, dich zu irren, wenn du die Zeit hättest, deinen Irrtum einzusehen und auszubessern, und wenn das, um dessentwillen du dich in die Gefahr begibst, irgendwelche Bedeutung hätte. Wenn du aber bestimmt weißt, daß du jeden Augenblick dahinschwinden kannst ohne die geringste Möglichkeit für dich oder für die, die du in deinen Irrtum hineinziehst, ihn gut zu machen, und wenn du außerdem weißt, daß auch alles, was du in der äußeren Einrichtung der Welt machen würdest, sehr schnell und ebenso bestimmt wie du selbst dahinschwindet, ohne eine Spur zurückzulassen, so leuchtet es ein, daß es gar keine Ursache giebt, sich in die Gefahr eines so schrecklichen Irrtums zu begeben.

Das ist doch so klar und deutlich, wenn wir nur durch die Heuchelei die uns unzweifelhafte Wahrheit nicht verdunkelten.

„Teile, was du hast, mit den anderen, sammle keine Reichtümer, sei nicht hoffärtig, plündere, peinige, töte niemand; füge keinem andern zu, was du nicht willst, das man dir thue“, ist nicht vor achtzehnhundert, sondern vor fünftausend Jahren gesagt worden, und es könnte keinen Zweifel an der Wahrhaftigkeit dieses Gesetzes geben, wenn nicht die Heuchelei bestünde, man dürfte, wenn auch nicht thun, so doch wenigstens nicht bekennen, daß man dies immer thun muß, und daß, wer dieses nicht thut, schlecht thut.

Du aber sagst, es giebt noch ein allgemeines Wohl, um dessentwillen man von diesen Regeln abweichen kann und muß; und für dieses allgemeine Wohl kann man töten, züchtigen plündern. Besser, daß ein Mensch zu Grunde gehe, als das ganze Volk, sagst du, und unterzeichnest dem einen, dem zweiten und dem dritten ein Todesurteil, richtest den Lauf deines Gewehres auf diesen Menschen, der für das allgemeine Wohl sterben muß, setzest ihn ins Gefängnis, nimmst ihm seine Habe.

Du sagst, du thust diese grausamen Dinge, weil du dich als ein Mensch der Gesellschaft und des Staates fühlst, der verpflichtet ist, ihm zu dienen und seine Gesetze als Grundbesitzer, als Kaiser und als Krieger zu erfüllen. Aber außer deiner Zugehörigkeit zu dem bestimmten Staat und den daraus entspringenden Pflichten giebt es für dich noch eine andere Zugehörigkeit zu dem unendlichen Leben der Welt und zu Gott, und Pflichten, die aus dieser Zugehörigkeit entspringen.

Und wie deine Pflichten, die aus deiner Zugehörigkeit zu einer bestimmten Familie, zu einer bestimmten Gesellschaft entspringen, sich stets den höheren Pflichten unterordnen, die aus der Zugehörigkeit zum Staate entspringen, so müssen auch deine Pflichten, die aus deiner Zugehörigkeit zum Staate entspringen, unbedingt den Pflichten untergeordnet werden, die aus deiner Zugehörigkeit zum Leben der Welt, zu Gott, entspringen.

Und wie es unvernünftig wäre, die Telegraphenstangen umzuhauen, um einer Familie oder einer Gesellschaft die Heizung zu sichern und ihren Wohlstand zu vermehren, weil dies die Gesetze antastet, die das Wohl des Staates schützen, ebenso unvernünftig ist es, um einen Staat zu sichern oder seinen Wohlstand zu vergrößern, zu züchtigen, Todesurteile zu fällen, einen Menschen zu töten weil dies die unzweifelhaften Gesetze antastet, die das Heil der Welt wahren.

Deine Pflichten, die aus deiner Zugehörigkeit zu dem Staate hervorgehen, müssen der höheren, ewigen Pflicht untergeordnet sein, die aus deiner Zugehörigkeit, zu dem unendlichen Leben der Welt oder zu Gott hervorgeht, und können ihnen nicht widersprechen, wie das vor achtzehnhundert Jahren die Jünger Christi gesagt haben (Apostelgeschichte IV, 19): Richtet ihr selbst, ob es vor Gott recht sei, daß wir euch mehr gehorchen denn Gott, und (V, 29): Man muß Gott mehr gehorchen denn den Menschen.

Man versichert dir, du müßtest, damit die gestern von einigen Menschen, in einem bestimmten Winkel der Welt eingesetzte, beständig sich verändernde Ordnung der Dinge nicht angetastet werde, Handlungen von Züchtigungen, Peinigungen, Totschlag einzelner Menschen vollziehen, die die ewige von Gott oder der Vernunft eingesetzte, unveränderliche Ordnung der Welt antasten.

Ist das möglich?

Und darum kannst du nicht umhin, nachzudenken über deine Stellung eines Gutsbesitzers, eines Kaufmanns, eines Richters, eines Kaisers, eines Ministers, eines Priesters, eines Soldaten, die mit Bedrückung, Gewaltthaten, Betrug, Züchtigungen, Totschlag verbunden ist, und ihre Unrechtmäßigkeit anerkennen.

Ich sage nicht, du sollst, wenn du ein Gutsbesitzer bist, im Augenblick deinen Grund und Boden den Armen geben; wenn du ein Kapitalist bist, du sollst sofort dein Geld, deine Fabrik den Arbeitern geben, wenn du ein Fürst, ein Minister, ein Beamter, ein Richter, ein General bist, du solltest sofort auf deine vorteilhafte Stellung verzichten; wenn du ein Soldat bist (das heißt, wenn du die Stellung einnimmst, auf die alle Gewaltthaten sich stützen), du solltest ohne Rücksicht auf alle Gefahren der Verweigerung des Gehorsams sofort auf deine Stellung verzichten.

Thust du das, so thust du das allerbeste; aber es kann sein, – und es ist sehr wahrscheinlich – daß du gar nicht die Kraft haben wirst, das zu thun: du hast Verbindungen, Familie, Untergebene, Vorgesetzte, du kannst unter so einem starken Einfluß von Versuchungen stehen, daß du nicht die Kraft haben wirst, das zu thun; aber die Wahrheit als Wahrheit anerkennen und nicht lügen – das kannst du zu jeder Zeit. Nicht behaupten, du bliebest Gutsbesitzer, Fabrikant, Kaufmann, Künstler, Schriftsteller, weil das für die Menschen nützlich ist, du dienest als Gouverneur, als Staatsanwalt, als Fürst, nicht weil es dir angenehm, weil es süße Gewohnheit ist, sondern zum Heile des Menschen, du bliebest Soldat, nicht weil du Strafe fürchtest, sondern weil du das Heer für notwendig hältst zur Sicherung des Lebens der Menschen – nicht so vor dir selbst und den Menschen lügen, das kannst du stets. Du kannst es nicht bloß, du mußt es, denn nur darin allein, in der Befreiung von der Lüge und in der Bekennung der Wahrheit besteht das einzige Werk deines Lebens.

Und du brauchst nur dies zu thun, und von selbst wird sich auch deine Stellung unvermeidlich verändern.

Eines, eines nur, in dem du frei bist und allvermögend, ist dir im Leben gegeben, alles übrige liegt außer deiner Macht. Dies eine besteht darin, daß du die Wahrheit erkennst und sie bekennst.

Und gerade dadurch, daß andere ebenso klägliche, verirrte Menschen wie du, dir versichert haben, du seiest Soldat, Kaiser, Gutsbesitzer, Kapitalist, Priester, General, beginnst du das Uebel, das unzweifelhaft deiner Vernunft und deinem Herzen widerspricht, einleuchtend zu machen: du beginnst zu züchtigen, zu plündern, die Menschen zu töten, dein Leben aufzubauen auf den Leiden der anderen, und vor allem, anstatt das einzige Werk deines Lebens zu erfüllen, die dir bekannte Wahrheit anzuerkennen und zu bekennen, giebst du dir Mühe, zu heucheln. Du kennest sie nicht, verbirgst sie dir und anderen und thust damit, was geradewegs dem einzigen Werk widerspricht, zu dem du berufen bist.

Und unter welchen Umständen thust du das? Du, der du jeden Augenblick sterben kannst, unterschreibst ein Todesurteil, kündigst Krieg an, ziehst in den Krieg, richtest, peinigst, beraubest die Arbeiter, schwelgest inmitten von Bettlern und lehrst den schwachen Menschen, die dir glauben, es müsse das alles so sein, darin liege die Pflicht der Menschen, und läufst dadurch Gefahr, daß in demselben Augenblick, wo du dies thust, eine Bakterie oder eine Kugel dich erfasst, du röchelst und hinstirbst und in alle Ewigkeit die Möglichkeit verlierst, das Uebel gut zu machen und zu ändern, das du anderen und vor allem dir selbst zugefügt hast, indem du unnütz das Leben verloren hast, das dir einmal in der ganzen Ewigkeit gegeben war, da du in ihm nicht das eine gethan hast, was du unzweifelhaft hättest thun müssen.

So einfach, so alt dies ist und so sehr wir uns auch durch Heuchelei und durch die Auto-Suggestion, die aus dieser hervorgeht, betäuben, nichts kann die Unzweifelhaftigkeit dieser einfachen und klaren Wahrheit erschüttern, daß keine äußerlichen Anstrengungen unser Leben sichern können, daß unvermeidlich mit unabwendbaren Leiden verbunden ist und das mit dem noch unabwendbareren Tode endet, der für jeden von uns jeden Augenblick eintreten kann, und daß unser Leben daher keinen andern Sinn haben kann, als nur die stündliche Befolgung dessen, was die Kraft von uns verlangt, die uns ins Leben gesandt hat und die uns in diesem Leben den einen unzweifelhaften Führer zur Seite gegeben hat: die vernünftige Erkenntnis. Und daher kann diese Kraft von uns nicht verlangen, was unvernünftig und unmöglich ist: die Gestaltung unseres zeitlichen, fleischlichen Lebens, des Lebens der Gesellschaft oder des Staates. Diese Kraft fordert von uns das, was einzig unzweifelhaft und vernünftig und möglich ist: daß wir dem Gottesreiche dienen, das heißt, daß wir mitwirken an der Begründung der größten Einigung alles Lebenden, die nur möglich ist in der Wahrheit und daher an der Anerkennung der uns enthüllten Wahrheit und ihrer Bekennung, sie fordert eben das, was allein stets in unserer Macht ist.

„Trachtet am ersten nach dem Reiche Gottes und nach seiner Gerechtigkeit, so wird euch solches alles zufallen“ (Matth. VI, 33). Der einzige Sinn des Lebens des Menschen besteht darin, daß er der Welt diene, indem er mitwirkt an der Begründung des Gottesreiches. Das aber kann nur geschehen durch die Anerkennung der Wahrheit und ihre Bekennung durch jeden einzelnen Menschen.

„Das Reich Gottes kommt nicht mit äußerlichen Geberden. Man wird euch nicht sagen, siehe, hier oder da ist es, denn sehet, das Reich Gottes ist inwendig in euch.“ (Lukas XVII, 20)

Jasnaja Poljana 14./26. Mai 1893

Kommentiertes Inhaltsverzeichnis

VII
Die Bedeutung der allgemeinen Wehrpflicht

Die allgemeine Wehrpflicht ist keine politische Zufälligkeit, sondern die äußerste Grenze des Widerspruches, der in der gesellschaftlichen Lebensauffassung liegt. Das Entstehen der Macht in der Gesellschaft. Die Grundlage der Macht ist die körperliche Gewalt. Damit die Macht die Möglichkeit habe, Gewalt zu üben, ist ihr die Organisation bewaffneter Menschen – das Heer – notwendig. Das Entstehen der Macht, das heißt, der Gewalt in der Gesellschaft ist der Keim der Zerstörung der gesellschaftlichen Lebensauffassung. Das Verhältnis der Macht zu den Massen; das Verhältnis der Regierung zu den Arbeitern, das heißt den unterworfenen Menschen. Die Regierungen bemühen sich, die Arbeitenden in der Ueberzeugung von der Notwendigkeit der staatlichen Gewalt zum Schutze gegen äußere Feinde zu erhalten. Das Heer aber ist hauptsächlich zur Abwehr gegen die eigenen Unterthanen, die unterdrückten Arbeiter, notwendig. Caprivis Rede. Alle Privilegien der herrschenden Klassen werden durch die Gewalt gesichert. Das Anwachsen der Heere vor der allgemeinen Wehrpflicht. Die allgemeine Wehrpflicht zerstört all die Vorteile des gesellschaftlichen Lebens, die der Staat zu schützen berufen ist. Die allgemeine Wehrpflicht ist das äußerste Maß des Gehorsams, das heißt, sie fordert im Namen des Staates den Verzicht auf alles, was dem Menschen teuer sein kann. Ist der Staat notwendig? Die Opfer, die er von den Bürgern durch die allgemeine Wehrpflicht verlangt, lassen sich durch nichts mehr rechtfertigen. Und es ist für den Menschen vorteilhafter, sich den Forderungen des Staates nicht zu fügen, als sich ihnen zu fügen.

VIII
Es ist unvermeidlich, daß die Menschen unserer Welt die christliche Lehre: „Widerstrebe nicht dem Uebel mit Gewalt!“ annehmen

Das Christentum ist keine Gesetzgebung, sondern eine neue Auffassung des Lebens, und darum war es nicht verbindlich und wurde nicht von allen Menschen in seiner ganzen Bedeutung, sondern nur von wenigen angenommen. Die übrigen haben es nur in verstümmelter Gestalt angenommen. Das Christentum ist außerdem eine Prophezeihung über die Vergänglichkeit des heidnischen Lebens, und darum über die Notwendigkeit der Annahme der christlichen Lehre. Das Nicht-Widerstreben mit Gewalt ist eine der Seiten der christlichen Lehren, die in unserer Zeit unweigerlich von den Menschen angenommen werden muß. Zwei Arten der Entscheidung jedes Kampfes giebt es. Die erste Art besteht darin, allgemeine Definitionen des Uebels zu finden, die für alle verbindlich sind, und gegen dies Uebel mit Gewalt zu kämpfen. Die zweite Art – die christliche – besteht darin, überhaupt nicht gegen das Uebel mit Gewalt zu kämpfen. Obwohl die Erfolglosigkeit der ersten Art schon erkannt war, wurde sie doch weiter angewendet, und erst mit dem allmählichen Fortschreiten der Menschheit wurde es klarer, daß es eine allgemeine Definition des Uebels nicht giebt und nicht geben kann. Jetzt aber ist es für alle klar, und wenn es eine Gewalt giebt, die bestimmt ist, gegen das Uebel zu kämpfen, so ist das nicht deshalb, weil man es auch jetzt noch für nötig hält, sondern weil die Menschen sich nicht von ihm zu befreien vermögen. Die Schwierigkeit der Befreiung hängt von der listigen und komplizierten Art der staatlichen Gewalt ab. Diese Gewalt wird durch vier Mittel aufrecht erhalten: Einschüchterung, Bestechung, Hypnose und Anwendung der militärischen Kraft. Die Befreiung von der staatlichen Gewalt kann sich nicht vollziehen durch den Sturz der staatlichen Macht. Die Menschen sind durch die Gräßlichkeit des heidnischen Lebens zu der Notwendigkeit gebracht, die von ihnen umgangene Lehre Christi mit ihrem Nicht-Widerstreben anzuerkennen. Zu dieser Notwendigkeit der Annahme der christlichen Lehre führt auch das Bewußtsein ihrer Wahrhaftigkeit, die in unserer Welt verbreitet ist. Diese Erkenntnis steht im vollsten Widerspruch mit unserem Leben. Das leuchtet besonders ein durch die allgemeine Wehrpflicht. Aber die Menschen sehen infolge der Gewohnheit und der Einwirkung der vier Mittel der staatlichen Gewalt diesen Widerspruch des Christentums mit den Pflichten des Soldaten nicht. Die Menschen sehen diesen Widerspruch auch dann nicht, wenn ihnen mit voller Klarheit die Machtvertreter selbst die ganze Unsittlichkeit der Pflichten des Soldaten vor Augen führen. Der Aufruf zur Wehrpflicht ist die äußerste Prüfung für jeden Menschen. Er ist das Angebot der Wahl zwischen der Annahme der christlichen Lehre des Nicht-Widerstrebens und dem knechtischen Gehorsam gegen die bestehende Staatsordnung. Die Menschen sagen sich gewöhnlich von allem Heiligen los und fügen sich den Forderungen der Staatsordnung, als fänden sie keinen Ausweg. Für die Menschen der heidnischen Lebensauffassung giebt es auch keinen andern Ausweg und wird es keinen geben, wenn auch die Kriegsnöte noch entsetzlicher werden. Eine Gesellschaft, die aus solchen Menschen besteht, muß zu Grunde gehen, und keinerlei gesellschaftliche Umgestaltung kann sie retten. Das heidnische Leben hat die äußerste Grenze erreicht. Es vernichtet sich selbst.

IX
Die Annahme der christlichen Lebensauffassung befreit die Menschen von den Nöten unseres heidnischen Lebens

Das äußere Leben der christlichen Völker ist heidnisch, aber sie sind schon von der christlichen Erkenntnis durchdrungen. Der Ausweg aus diesem Widerspruch liegt in der Annahme der christlichen Lebensauffassung. Nur in ihr ist jeder Mensch frei, und sie nur befreit ihn von jeder menschlichen Macht. Diese Befreiung vollzieht sich nicht durch die Veränderung der Auffassung des eigenen Lebens. Die christliche Lebensauffassung verlangt die Lossagung von der Gewalt und befreit, indem sie den Menschen befreit, der sie angenommen hat, die Welt von jeder äußeren Macht. Der Ausweg aus der gegenwärtigen, scheinbar ausweglosen Lage, liegt darin, daß jeder Mensch, der fähig ist, sich die christliche Lebensauffassung anzueignen, sie annehmen und nach ihr leben muß. Die Menschen aber halten diesen Weg für zu langsam und sehen das Heil in den äußeren Veränderungen des Lebens und der Teilnahme der staatlichen Macht. Das wird zu nichts führen, da die Menschen selbst das Uebel hervorrufen, unter dem sie leiden. Das geht ganz besonders deutlich aus der gehorsamen Erfüllung der Militärpflicht hervor, die zu verweigern für jedermann vorteilhafter ist, als sich ihr zu fügen.

Die Befreiung der Menschen wird sich nur dadurch vollziehen, daß jeder einzelne Mensch sich selbst befreit, und die hie und da auftauchenden Fälle einer solchen Befreiung bedrohen die Staatsordnung mit Erschütterung. Die Lossagung der Menschen von den nichtchristlichen Forderungen der Regierung lockert die Macht der Regierung und befreit die Menschen. Und darum sind die Fälle solcher Lossagung schrecklicher für die staatliche Macht als alle Verschwörungen und alle Gewalt. Die Eidesverweigerung in Rußland, die Verweigerung der Steuern, der Pässe, der Polizeipflichten, der Teilnahme am Gericht, der Dienstpflicht. Einzelheiten einer solchen Verweigerung der Dienstpflicht. Fälle solcher Verweigerung in anderen Staaten. Die Regierungen wissen nicht, was sie mit den Menschen beginnen sollen, die auf Grund der christlichen Lehre ihren Forderungen widerstreben, die sie bloßstellen und ohne sie fertig werden. Diese Menschen zerstören ohne Kampf, von innen heraus, die Grundlage der Regierung. Solche Menschen zu bestrafen, hieße sich selbst vom Christentum lossagen und die Verbreitung der Erkenntnis fördern, in deren Namen diese Weigerungen geschehen. Damit ist die Lage der Regierung eine verzweifelte, und die Menschen, die die Unnützlichkeit der persönlichen Befreiung predigen, halten die Zerstörung der bestehenden gewalthaberischen, staatlichen Ordnung nur auf.

X

Die Unnützlichkeit der staatlichen Gewalt für die Vernichtung des Uebels. Der sittliche Fortschritt der Menschen vollzieht sich nicht nur durch die Erkenntnis der Wahrheit, sondern auch durch die Bildung einer öffentlichen Meinung

Das Christentum zerstört den Staat. Aber was ist notwendiger: die Annahme des Christentums oder der Bestand des Staates? Es giebt Menschen, die die Notwendigkeit der staatlichen Ordnung verteidigen, und es giebt Menschen, die, auf gleiche Grundlagen gestützt, die Notwendigkeit der staatlichen Ordnung leugnen. Mit abstrakten Betrachtungen kann man weder das eine noch das andere beweisen. Die Frage wird gelöst durch den Grad der Erkenntnis des Menschen, der ihm verbietet oder gestattet, an der staatlichen Ordnung teilzunehmen. Die Erkenntnis der Unnützlichkeit und Unsittlichkeit der Teilnahme an der staatlichen Ordnung, die den christlichen Forderungen widerspricht, löst für jeden diese Frage unabhängig von der Teilnahme des Staates. Beweis der Verteidiger des Staates als einer Form des gesellschaftlichen Lebens, die zum Schutze der Guten gegen die Bösen so lange nötig sind, als nicht alle Völker und alle Mitglieder des Staates Christen geworden sind. Es herrschen, das heißt, es sind im Besitze der Gewalt, stets die Schlechtesten. Die ganze Geschichte ist eine Geschichte der Ergreifung der Macht durch die Schlechteren zu Ungunsten der Besseren. Die Anerkennung der Notwendigkeit des Kampfes gegen das Uebel mit Hilfe der Gewalt durch die Machtinhaber ist gleichbedeutend mit ihrer Selbstvernichtung. Die Vernichtung der staatlichen Gewalt kann die Menge der Gewalt nicht vergrößern. Die Vernichtung der Gewalt ist nicht nur möglich, sie vollzieht sich sogar vor unseren Augen. Aber sie vernichtet sich nicht durch die staatliche Gewalt, sondern dadurch, daß die Menschen, wenn sie mit Gewalt die Macht erlangt haben, ihre Eitelkeit und die Eitelkeit ihrer Früchte einsehen, immer besser werden und unfähig werden, die Gewalt zu gebrauchen. Diesen Prozeß machen die einzelnen Menschen und ganze Völker durch. Auf diesem Wege dringt das Christentum in das Bewußtsein der Menschen ein, und nicht nur trotz der von der Macht angewandten Gewalt, sondern durch sie; und darum ist die Beseitigung der Macht nicht nur nicht gefährlich, sondern vollzieht sich beständig durch das Leben selbst. Der Einwurf der Verteidiger der staatlichen Ordnung, daß die Verbreitung des Christentums kaum je möglich sei. Die Ausbreitung der christlichen Wahrheiten, die die Gewalt verwerfen, vollzieht sich nicht bloß auf dem innern stetigen Wege der Erkenntnis der Wahrheit durch das prophetische Gefühl und durch die Erkenntnis der Eitelkeit der Macht und der Lossagung der einzelnen Menschen von ihr, sondern auf einem andern, äußeren Wege, durch den auf einmal größere Massen von Menschen von niedrigerer Entwicklung bloß aus Vertrauen zu den ersten die neue Wahrheit annehmen. Ein bestimmter Grad der Ausbreitung der Wahrheit schafft eine öffentliche Meinung, die eine große Masse von Menschen, die sich bis dahin dieser Wahrheit widersetzt hat, auf einmal zwingt, die neue Wahrheit anzuerkennen. Dabei kann sich der Verzicht aller Menschen auf die Gewalt sehr bald vollziehen, und zwar dann, wenn die christliche öffentliche Meinung sich gebildet hat. Die Anerkennung der Notwendigkeit der Gewalt verhindert die Bildung einer christlichen öffentlichen Meinung und trübt sie.

Die Gewalt veranlaßt die Menschen, der geistigen Kraft, die allein die Menschen bewegt, zu mißtrauen. Weder Völker noch einzelne Menschen sind durch die Gewalt unterworfen worden. Sie sind nur durch die öffentliche Meinung unterworfen worden, der keine Gewalt widerstehen kann. Wilde Völker und wilde Menschen kann man nur dadurch unterwerfen, daß man unter ihnen die christliche öffentliche Meinung verbreitet. Die christlichen Völker aber thun zu dieser Unterwerfung alles, was nur die werdende christliche Meinung zerstören kann. Man darf diese mißglückten

Versuche nicht zum Beweise für die Unmöglichkeit der Unterwerfung der Menschen durch das Christentum anführen. Die Gewalt, die die öffentliche Meinung verdirbt, hindert nur die gesellschaftliche Ordnung, das zu sein, was sie sein soll, und bei der Beseitigung der Gewalt würde die christliche öffentliche Meinung ihre Ausbreitung finden. Was auch immer auf die Beseitigung der Gewalt käme, dieses unbekannte Zukünftige kann nicht schlechter sein, als die gegenwärtige Lage, und darum ist kein Grund, es zu fürchten. Die Erkenntnis des Unbekannten und das Streben nach ihm ist das Wesen des Lebens.

XI
Die christliche öffentliche Meinung keimt schon in unserer Gesellschaft und wird unvermeidlich die gewalthaberische Ordnung unseres Lebens zerstören. Wie das sein wird

Die Lage und die Ordnung unserer Gesellschaft ist entsetzlich, aber sie hält sich durch die öffentliche Meinung und kann von ihr nicht zerstört werden. Im Geiste der Menschen verändert sich schon die Anschauung von der Gewalt, und der Kreis von Menschen, die bereit sind, der Regierung zu dienen, wird immer kleiner; die Diener des Staates selbst schämen sich ihrer Stellung und erfüllen daher oft nicht ihre Pflicht. Alle diese Erscheinungen sind Anzeichen der aufkeimenden öffentlichen Meinung, die sich immer weiter und weiter ausbreitet und dahin gelangen wird, daß es niemanden mehr geben wird, der in Regierungsdienste tritt. Außerdem wird es immer klarer und klarer, daß diese Dienste selbst und die Menschen, die sie ausüben, ganz überflüssig sind. Die Menschen beginnen schon das Ueberflüssige aller Einrichtungen der Gewalt zu begreifen. Die Zeit der Befreiung der Menschen ist nicht bekannt, aber sie hängt von den Menschen selbst ab, davon, inwieweit jeder Mensch von dem Lichte leben wird, das in uns ist.

XII
Schluß
Thut Buße, denn das Reich Gottes ist nah', vor der Thür

1

Begegnung mit einem Zuge, in dem Soldaten fuhren zur Niederwerfung hungernder Bauern. Warum sie fuhren. Wie die Beschlüsse der höchsten Behörde ausgeführt werden, im Falle der Unbotmäßigkeit der Bauern. Der Fall von Orel als ein Muster der Züchtigungen und der Morde, wie sie zur Befestigung der Rechte der Reichen ausgeübt werden. Alle Privilegien der Reichen beruhen auf solche Gewaltthaten.

2

Die Zusammensetzung des Zuges von Tula und das Verhalten der Personen, die darin waren. Wie können diese Menschen solche Dinge machen? Die Ursache liegt weder in der Erkenntnis noch in der Ueberzeugung, weder in der Grausamkeit, noch in der Kleinmütigkeit, noch in der Unklarheit über das Unsittliche solcher Dinge. Sie machen diese Dinge, weil diese Dinge notwendig sind zur Aufrechterhaltung der bestehenden Ordnung. Die bestehende Ordnung aber aufrecht zu erhalten ist, nach ihrer Meinung, die Pflicht eines jeden. Worauf der feste Glaube an die Notwendigkeit und Unveränderlichkeit der bestehenden Ordnung beruht. Für die oberen Klassen beruht dieser Glaube darauf, daß die bestehende Ordnung ihnen Vorteile bringt. Was aber veranlaßt die Menschen der unteren Klassen, die keinerlei Vorteile davon haben und mit eigenen Händen zur Aufrechterhaltung dieser Ordnung dienen, Dinge zu treiben, die ihrem Gewissen widerstreben, an die Unveränderlichkeit der bestehenden Ordnung zu glauben? Es kommt daher, daß die unteren Klassen von den oberen getäuscht werden, sowohl über die Notwendigkeit der bestehenden Ordnung, als auch über die Gesetzlichkeit der zu ihrer Aufrechterhaltung notwendigen Gewalt. Die allgemeine Täuschung. Die besondere Täuschung über die Militärpflicht. Die Rekrutenaushebung.

3

Wie können die Menschen die Anerkennung der Gesetzmäßigkeit des Mordes neben der Predigt der Sittlichkeit zulassen und das Vorhandensein einer militärischen Organisation der Gewalt, die beständig die Sicherheit der Gesellschaft bedroht, in ihrer Mitte dulden? Es dulden sie nur die Höheren, für die eine solche Organisation vorteilhaft ist, da sie ihre Ausnahmestellung aufrecht erhält. Es dulden sie die Höheren und vollführen sie die Niederen trotz der Erkenntnis der Unsittlichkeit der Gewaltthaten, ferner auch, weil, dank der staatlichen Ordnung, die sittliche Verantwortung für diese Dinge auf eine größere Zahl von Teilnehmern sich verteilt und jeder den andern für verantwortlich hält und nicht sich. Außerdem ist der Mangel der Erkenntnis der sittlichen Verantwortlichkeit auch die Folge des Betrugs der Ungleichheit der Menschen und des daraus entspringenden Rausches – für die höheren der Macht, und für die niedrigen des knechtischen Wesens. Der Zustand dieser Menschen, die Dinge vollziehen, die ihrem Gewissen widerstreben, gleicht dem Zustand von Hypnotisierten, die unter dem Einfluß der Suggestion von Menschen handeln. Worin sich die Unterwerfung unter die Suggestion des Staates von der Unterwerfung unter die in der Erkenntnis höher stehenden Menschen und unter die öffentliche Meinung unterscheidet. Die bestehende Ordnung, die aus einer überlebten öffentlichen Meinung hervorgeht, und die der schon bestehenden neuen öffentlichen Meinung widerspricht, wird nur durch die Einschläferung des Gewissens aufrecht erhalten, die durch die Selbstsuggestion der oberen Klassen und durch die Hypnose der unteren durch die höheren erzeugt wird. Das Gewissen oder das vernünftige Bewußtsein dieser Menschen kann erwachen, und es giebt Fälle, wo es erwacht. Und darum kann man nicht sagen, ob diese Menschen das thun werden, was sie sich vorgenommen haben. Alles hängt von dem Grade der Erkenntnis der Ungesetzlichkeit der Gewaltthaten ab, und diese Erkenntnis kann erwachen unmittelbar in dem Menschen selbst oder mittelbar durch die Einwirkung früher erwachter Menschen.

4

Alles hängt von der Kraft ab, mit der jeder einzelne Mensch sich der christlichen Lehre bewußt ist. Aber die führenden Männer unserer Zeit halten nicht für nötig, die christliche Wahrheit aufzuhellen und sie zu erkennen. Und zur Verbesserung des menschlichen Lebens halten sie die Veränderung der äußerlichen Lebensbedingungen, in den Grenzen, welche die Machthaber zulassen, für genügend. Auf dieser wissenschaftlichen Theorie der Heuchelei, welche die religiöse Heuchelei abgelöst hat, gründen sich die reichen Klassen die Rechtfertigung ihrer Stellung. Dank dieser Heuchelei können sie unter Anwendung der Gewalt, der Lüge für ihre ausschließliche und vorteilhafte Stellung einer dem anderen gegenüber die Christen spielen und sich beruhigen. Eben diese Heuchelei gestattet Menschen, die das Christentum bekennen, teilzunehmen an den Einrichtungen der Gewalt. Keinerlei äußere Verbesserungen des Lebens verringern die Lebensnöte. Die Nöte kommen von der Verunreinigung. Die Verunreinigung kommt daher, daß man der Lüge folgt und nicht der Wahrheit. Die Einigung ist nur möglich in der Wahrheit. Die Heuchelei hindert diese Einigung, da die Menschen in ihrer Heuchelei sich und anderen die Wahrheit verbergen, die sie kennen. Die Heuchelei verkehrt alle Verbesserungen des Lebens ins Schlechte. Die Heuchelei verdreht den Begriff von gut und böse und steht daher der Vervollkommnung der Menschen im Wege. Die offenen Uebelthäter und Verbrecher thun den Menschen weniger Böses als die, die von der gesetzmäßigen Gewalt leben und sich durch die Heuchelei decken. Alle erkennen die Ungesetzlichkeit unseres Lebens und würden sie längst abgestellt haben, wenn sie nicht von der Heuchelei verdeckt wäre. Wir sind aber, will es scheinen, an der Grenze der Heuchelei angelangt und wir brauchen nur eine Anstrengung des Bewußtseins zu machen, um, wie ein Mensch unter einer Schlafdecke, zu einer anderen Wirklichkeit zu erwachen.

5

Kann der Mensch diese Anstrengung machen?

Nach der bestehenden Theorie der Heuchelei hat der Mensch nicht die Freiheit, sein Leben zu verändern. Der Mensch ist nicht frei in seinen Handlungen, aber er ist frei in der Anerkennung oder Nichtanerkennung einer ihm schon bekannten Wahrheit. Die Anerkennung der Wahrheit ist die Ursache der Handlungen. Das dreifache Verhältnis des Menschen zu den Wahrheiten. Die Ursache der scheinbaren Unlösbarkeit der Frage über die Freiheit des Menschen. Die Freiheit des Menschen besteht nur in der Anerkennung der Wahrheit, die sich ihm enthüllt; eine andere Freiheit giebt es nicht. Die Anerkennung der Wahrheit giebt Freiheit und zeigt den Weg, den der Mensch freiwillig oder unfreiwillig gehen muß. Die Anerkennung der Wahrheit und der wirklichen Freiheit giebt dem Menschen die Möglichkeit, Mitarbeiter an dem göttlichen Werke zu sein und nicht Knecht, sondern Schöpfer des Lebens. Die Menschen müssen nur die Anstrengung machen, sich von der Sorge um die Verbesserung des äußeren Lebens loszusagen, um alle Kräfte auf die Anerkennung und Bekennung der ihnen bekannten Wahrheit zu richten. Und sofort würde die qualvolle bestehende Ordnung zusammenstürzen und ein den Menschen schon erreichbarer Grad des Gottesreiches eintreten. Dazu braucht es nur, daß man aufhört zu lügen und sich zu verstellen. Aber was erwartet uns denn in der Zukunft? Das Qualvolle der Fragen, was mit der Menschheit sein wird, wenn die Menschen anfangen werden, die Befehle ihres Gewissens zu erfüllen, und wie das Leben sein wird ohne die uns gewohnten Bedingungen unseres Kulturlebens, wird beseitigt durch die Vorstellung, daß durch die Verwirklichung der Wahrheit nichts Wahres und Gutes verschwinden kann, sondern nur von der Beimischung von Lüge befreit und verstärkt werden kann.

6

Das Leben hat die äußerste Grenze der Not erreicht und kann durch keinerlei Einrichtungen gesichert werden. Unser ganzes Leben und alle seine Einrichtungen haben keinen Sinn. Thun wir, indem wir Stellungen und Pflichten gegen den Staat anerkennen, das, was Gott von uns will? Wir befinden uns in einer solchen Lage nicht darum, weil die Welt so eingerichtet ist, weil es unvermeidlich ist, sondern weil wir es wollen, weil es einigen von uns vorteilhaft ist. Unser ganzes Bewußtsein widerspricht dieser Lage und Thätigkeit, und der Ausweg daraus ist, die christliche Wahrheit anzuerkennen: den anderen nicht thun, was man nicht will, daß es uns geschehe. Wie die Verpflichtungen gegen uns selbst sich den Verpflichtungen gegen die Menschen unterordnen müssen, so müssen die Pflichten gegen die Menschen sich den Pflichten gegen Gott unterordnen. Der Ausweg aus dieser Lage liegt darin, daß wir, wollen wir schon nicht auf einmal auf unsere Stellung und unsre Rechte verzichten, unsere Schuld anerkennen, uns nicht rechtfertigen und nicht heucheln. Der einzige Sinn des Lebens besteht darin, die Wahrheit zu erkennen und sie zu bekennen. Die Anerkennung unserer staatlichen Stellung und Thätigkeit nimmt unserem Leben jeden Sinn. Gott will von uns, daß wir, solange wir leben, dem Reiche Gottes dienen, das heißt, die größte Einigung alles Lebenden herstellen, und die ist nur in der Wahrheit möglich.

Ulrich Klemm

Nachwort: Leo Tolstoi und das Reich Gottes

„Wo Liebe ist, da ist Gott“
Leo Tolstoi 1885

Prolog

Das vorangestellte Zitat, „Wo Liebe ist, da ist Gott“, ist der Titel eines späten Textes Tolstois, der 1885 entstand und zu seinen *Volkserzählungen* zählt.[1] Dies sind Geschichten, die oftmals auf mündlich überlieferte Legenden, Märchen und Sagen zurückgehen, die Tolstoi von Pilgern und anderen hörte. Sie haben eine klare und prägnante Botschaft, handeln von Handwerkern und Bauern und wurden von Tolstoi für das „einfache Volk“ geschrieben. Ihr Kern ist das Narrativ und der Imperativ von der sittlichen Vervollkommnung sowie eines Lebensweges des gewaltfreien Widerstands gegen das Böse in der Welt.

Die *Volkserzählungen* sind sowohl eine Hommage Tolstois an das russische Volk als auch ein Aufruf für eine moralische Lebensführung nach den Evangelien des neuen Testaments. Sie dienen ihm vor allem der Volksbildung.[2] In besonderer Weise werden hier Tolstois religiös-ethische und gesellschaftliche Vorstellungen von der Liebe Gottes als Fundament einer gewaltfreien Gesellschaft sichtbar. Es verschmelzen pädagogische Intentionen mit religiösen Überzeugungen und einer gesellschaftspolitischen Vision von einem friedlichen Zusammenleben der Menschen. Es sind

---

1 Tolstoj, L.: Volkserzählungen. Bd. 16 der Ausgabe: L. N. Tolstoj: Sämtliche Werke. III. Serie: Dichterische Schriften. Jena 1907

2 Tolstoi, L.: Libertäre Volksbildung. Neu herausgegeben und kommentiert von U. Klemm. Frankfurt/M. 2004

„Erbauungstexte“, weniger literarische Meistertexte, und sie nehmen eine besondere Stellung in Tolstois literarischem Schaffen ein. Für ihn selbst waren diese Volkserzählungen, die erst später in der Rezeption seiner Werke diese Bezeichnung erhielten, von großer Bedeutung.

Tolstois Motiv in diesen Volkserzählungen – das Streben nach Selbsterkenntnis in einem auf Liebe beruhenden Leben – das er literarisch-pädagogisch umsetzte, begegnet uns einige Jahre später in Form einer wortgewaltigen Schrift der Religionskritik und der persönlichen Stellungnahme: *Das Reich Gottes ist inwendig in Euch oder das Christentum als neue Lebensauffassung, nicht als eine mystische Lehre.*[3]

Tolstoi als Herausforderung

Es ist immer noch oder auch immer wieder eine große Herausforderung, über Tolstoi (1828–1910) zu schreiben. Bereits zu seinen Lebzeiten war es nicht leicht, ihn in seiner vielfältigen, schriftstellerischen und multimedialen Präsenz zu erfassen und zu definieren. Zu facettenreich ist sein Wirken und seine Persönlichkeit als Literat, Philosoph, Pädagoge, Visionär, Lebensreformer, Gesellschaftskritiker, theologischer Denker und Kosmopolit.

Tolstoi war andererseits aber auch in einer außergewöhnlich privilegierten Situation: Er war finanziell unabhängig, nicht an Institutionen und Konventionen als Wissenschaftler oder Unternehmer gebunden. Er stand nicht im Dienst von irgendjemandem, hatte keine gesellschaftlichen, politischen oder materiellen Karriereziele. Er war in diesem Sinne ein autonomer Geist und hatte auf Grund seines Herkommens aus dem russischen Hochadel zudem eine öffentliche Reputation, die ihm Türen öffnete.

Seine unzähligen Bücher, Romane, Schriften und Essays, die seit Ende des 19. Jahrhunderts weltweit und oftmals parallel in verschiedenen Übersetzungen in einer Sprache erschienen, seine intensive Briefkultur, die er global mit hunderten von Menschen gleichzeitig pflegte sowie seine Begegnungskultur, die er mit Menschen aus aller Welt auf seinem Landsitz Jasnaja Poljana unterhielt und auch seine internationale Medienpräsenz,

3 Tolstoj, L.: Das Reich Gottes ist inwendig in Euch oder das Christentum als neue Lebensauffassung, nicht als eine mystische Lehre. 2 Bände. Band 6 und 7 der Ausgabe: L. N. Tolstoj: Sämtliche Werke. I. Serie: Sozial-ethische Schriften. Leipzig: Eugen Diederichs 1903

machten Tolstoi zu einer globalen öffentlichen Persönlichkeit, die ebenso gehasst wie geliebt wurde.

Tolstoi wurde zu einem der bekanntesten, einflussreichsten und meistgelesenen Denker und Dichter an der Schwelle zum 20. Jahrhundert. Und er wurde auch weltweit für viele Menschen zu einer moralischen Instanz für einen globalen Friedensprozess und ein gewaltfreies Leben im Horizont der christlichen Bergpredigt. Mit seinen zahllosen politischen, gesellschafts- und kulturkritischen sowie religionskritischen Schriften und Pamphleten[4] und vor allem auch mit seinem literarischen Schaffen ab den 1880er Jahren, erreichte er mit unzähligen Übersetzungen weltweit ein Millionenpublik. Der französische Schriftsteller Roman Rolland beschrieb dies folgendermaßen und überschwänglich in seiner Tolstoi-Biografie, die erstmals 1911 in Paris erschien und seit 1922 in einer deutschen Übersetzung vorliegt: „Das Licht, das mit Tolstoi erlosch, war für unsere Generation das klarste, dass unsere Jugend erhellte. In der schwer umschatteten Dämmerung zu Ende des 19. Jahrhunderts war er der trostbringende Stern, dessen Anblick unsere Seelen anzog und ihnen Frieden gab".[5] Edith Hanke stellt dies deutlich nüchterner und aus dem Blick der Literaturrezeption als einen „Tolstoi-Boom" in Deutschland dar, der Mitte der 1880er Jahre entstand und um die vorletzte Jahrhundertwende seinen Höhepunkt hatte.[6] Hanke macht in diesem Zusammenhang auch auf die beiden kulturkritischen Erneuerungsentwürfe aufmerksam, die diesen Zeitraum um 1900 bewegten: der selbstbewusste Individualismus Nietzsches und der sich selbst opfernde und in Achtsamkeit lebende Mensch Tolstois.[7] Diese beiden geistigen Pole rahmten die damalige Kulturdebatte und wiesen zwei Wege ins 20. Jahrhundert.

Ihre kulturhistorische Bedeutung wird sichtbar, wenn wir die Rezeptionsgeschichte beider Autoren betrachten. In einem zeitgenössischen Bei-

---

4 Hanke, E.: Prophet des Unmodernen. Leo N. Tolstoi als Kulturkritiker in der deutschen Diskussion der Jahrhundertwende. Tübingen 1993; Sandfuchs, W.: Dichter - Moralist - Anarchist. Die deutsche Tolstojkritik 1880-1900. Stuttgart 1995

5 Rolland, R.: Vie de Tolstoi. Paris 1911; dt. Leipzig 1922, S. 1

6 Hanke, E.: „Wo ist der Ausweg?" - Die Tolstoi-Gesamtausgabe im Eugen Diederichs Verlag. In: Ulbricht, J. H. / Werner, M. G. (Hrsg.): Romantik, Revolution und Reform. Der Eugen Diederichs Verlag im Epochenkontext 1900-1949. Göttingen 1999, S. 135; Hanke, E.: Prophet des Unmodernen, Tübingen 1993; Sandfuchs, W.: Dichter – Moralist – Anarchist, Stuttgart 1995

7 Hanke, E.: „Wo ist der Ausweg?", Göttingen 1999, S. 153

trag von 1903 heißt es, dass zu diesem Zeitpunkt in Russland „reichlich sechs Millionen“ Tolstoi-Bände auf dem Markt waren zuzüglich ca. 600.000 Übersetzungen.[8]

Bereits zu seinen Lebzeiten erschienen unzählige Biografien und Interpretationen seiner Werke und nach seinem Tod 1910 nahm dies noch zu. Zu einer weltweiten Veröffentlichung seiner Werke trug dabei wesentlich die 1891 von Tolstoi vollzogene Verzichterklärung auf das Urheberrecht an seinen ab 1881 publizierten Schriften.

Trotz oder vielleicht gerade wegen dieser daran anschließenden Fülle und Welle an Übersetzungen, Rezeptionen, Interpretationen und Sekundärmaterial zu Tolstoi, entdeckt jede Generation seit Tolstois Tod Neues und Altes und beschäftigt sich mit der Auslegung seiner Werke. Dies passiert z. B. auch immer wieder im Zuge von Neuübersetzungen seiner literarischen Werke oder mit der Entdeckung verschiedener und verschollen geglaubter Fassungen seiner Werke. Ein Beispiel dafür ist sein Weltbestseller Krieg und Frieden, von dem erst vor wenigen Jahren eine „Urfassung“[9] gefunden und diese in verschiedene Sprachen übersetzt wurde.

Obgleich Tolstois literarisches und politisches Denken, Handeln und Schaffen seit den 1880er Jahren in erster Linie religiös-ethisch motiviert war und er mit dieser Intention bis in das erste Drittel des 20. Jahrhunderts weltweit diskutiert wurde, ist dieser Rezeptionsaspekt nach 1945 eher in den Hintergrund getreten. Darauf macht eine umfangreiche interdisziplinäre Studie aus den 2010er-Jahren aufmerksam, die erstmals seit vielen Jahren wieder Tolstoi als einen theologischen Denker und Kirchenkritiker würdigt, diskutiert und in einen aktuellen wissenschaftlichen Diskurs stellt.[10] Ziel dieser für die zukünftige Tolstoi-Forschung wegweisenden Studie ist es, „den späten Tolstoj als ernstzunehmenden religiösen und theologischen Denker (zu) rehabilitieren“.[11]

Es gibt bis heute nicht *die* Tolstoi-Biografie und auch nicht *die* Werkinterpretation. Es gibt nicht einmal *die* Gesamtausgabe seiner Werke. Seit den 1920er Jahren wird in der Sowjetunion bzw. in Russland an einer

8 Zit. n. Hanke, E.: „Wo ist der Ausweg?“, Göttingen 1999, S. 137

9 Tolstoi, L.: Krieg und Frieden. Die Urfassung. Frankfurt/M. 2003

10 George, M. / Herlth, J. / Münch, Chr. / Schmid, U. (Hrsg.): Tolstoj als theologischer Denker und Kirchenkritiker. Göttingen 2014

11 George / Herlth / Münch / Schmid (Hrsg.): Tolstoj als theologischer Denker und Kirchenkritiker, Göttingen 2014, S. 15

solchen gearbeitet. Die bislang umfangreichste neunzigbändige russische Werkausgabe erschien im Zeitraum von 1928–1958.[12]

Tolstois religiöse Schriften sind nur schwer klassifizierbar. Sie haben ebenso einen religiösen und theologischen Charakter, wie auch einen philosophischen und einen gesellschaftskritischen. Sie haben einen Bezug zum Christentum, zur Bergpredigt und zur Idee eines *Gottesreiches auf Erden*. Sie sind aber auch radikal kirchenkritisch und anarchistisch in Bezug auf Institutionen wie Staat, Kirche, Eigentum und das Rechtssystem und sie sind – aus heutiger Sicht – kapitalismuskritisch in einem umfassenden Sinne.[13]

Aktuelle soziale Bewegungen wie *Fridays for Future*, die *Occupy*-Bewegung, *Black Lives Matter* oder die Bürgerproteste in Weißrussland gegen staatliche Tyrannei stehen heute für ein Bewusstsein, das vor 150 Jahren mit Tolstoi seinen Anfang hatte: gewaltfreier Widerstand gegen Ungerechtigkeit, staatliche und kirchliche Herrschaft sowie gegen die Macht des Eigentums und des Kapitals.

Tolstois *Reich Gottes*-Schrift kann in diesem Sinne als „Niederschlag seines *theologischen* Denkens bezeichnet (werden), und zwar im Sinne einer *Theologie*, die als intuitive, analytische oder künstlerische Auseinandersetzung mit den Quellen und der Praxis des religiösen, namentlich des christlichen Glaubens außerhalb kirchlicher Bekenntnisgebundenheit steht"[14]

In Tolstois religiösen Schriften wie auch in seinen späten literarischen Arbeiten – z. B. den *Volkserzählungen* – sind persönliche und spirituelle Gotteserfahrungen (jedoch nicht im Sinne eines „persönlichen" Gottes) ein zentrales Thema religiöser Existenz. Er versteht Theologie als eine lebenspraktische Hilfe für den Alltag und nicht als einen theoretischen Überbau, der „gelehrt" werden muss. Die allmähliche Selbstvervollkommnung des Menschen im Horizont der gegenseitigen und gewaltfreien Hilfe und Liebe ist für Tolstoi das Ziel christlicher Ethik. Diese Botschaft sieht er in den Worten von Jesus Christus in der Überlieferung der Bergpredigt gebündelt.

Im Kern sind es nur einige wenige Botschaften, die Tolstoi in seiner religiösen Literatur und Belletristik in den letzten Jahrzehnten seines Schaf-

12 Kuße, H.: Tolstoj und die Sprache der Weisheit. Göttingen 2010, S. 149-150

13 Eltzbacher, P.: Der Anarchismus. Berlin 1900 (Reprint Berlin [West] 1977)

14 George / Herlth / Münch / Schmid (Hrsg.): Tolstoj als theologischer Denker und Kirchenkritiker, Göttingen 2014, S. 16

fens immer wieder und in unterschiedlichen Formaten und Formen als seinen christlichen Glauben verkündet:

- Gott ist Leben – Leben ist göttlich,
- das Göttliche befindet sich im Menschen und nicht außerhalb „im Himmel" oder „im Jenseits",
- das „Böse" auf der Welt ist existent und kann nur mit Liebe und gegenseitiger Hilfe begegnet und verändert werden,
- Gewaltfreiheit und Nächstenliebe ist der einzige mögliche sittliche Lebensweg,
- staatliche und kirchliche Institutionen führen zu Gewalt und Herrschaft von Menschen über Menschen,
- Eigentum, Reichtum und Kapital befördern Egoismus, Ausbeutung sowie Gewalt gegen Menschen.

In seiner Schrift *Das Reich Gottes ist inwendig in Euch oder das Christentum als eine neue Lebensauffassung, nicht als eine mystische Lehre*[15] wird Tolstoi zum Revolutionär gegen Staat, Kirche, Rechtssystem und Eigentum im Horizont seiner Lehre vom „Nicht-Widerstand gegen das Böse durch Gewalt"[16] gegen Gewalt und seinem „Gesetz der Liebe".[17] Dieses Verständnis entwickelt er entlang seiner Interpretation des Evangeliums – „der Lehre Christi" – in dem sich nach dem christlichen Glauben Gott offenbart.

„Widerstrebe nicht dem Übel mit Gewalt" bedeutet für Tolstoi Verweigerung – Verweigerung des Kriegsdienstes, Verweigerung von Steuerzahlungen, Verweigerung gegenüber staatlicher und kirchlicher Autorität und die Verweigerung von wirtschaftlicher Ausbeutung.

Bereits im Titel dieser Schrift werden zwei zentrale Aspekte seiner Lehre deutlich: Das *Reich Gottes* ist im Menschen selbst bereits vorhanden und muss nicht verkündet werden. Es bedarf der Selbsterkenntnis und nicht der Predigt, um den Weg Gottes zu vollziehen. Und: Das Christentum, das

15 Tolstoj, L.: Das Reich Gottes ist inwendig in Euch, Leipzig 1903

16 Tolstoi, L.: Gottes Reich ist in Euch oder das Christentum nicht als eine mystische Lehre, sondern als neue Lebensanschauung. Vollständige, vom Verfasser genehmigte Übersetzung des russischen Original-Manuskripts von L. A. Hauff. Berlin o. J. [1894], S. 24

17 Siehe auch Eltzbacher, P.: Anarchismus, 1900 (1977); Klemm, U.: Volksbildung und christlicher Anarchismus. Zur Pädagogik Leo N. Tolstojs. In: Harms, J. (Hrsg.): Christentum und Anarchismus. Frankfurt/M. 1988

Tolstoi in der Bergpredigt des Matthäusevangeliums dargestellt sieht und sich im „Gesetz der Liebe“ operationalisierte, ist keine mystische Lehre (= Religion), sondern eine pragmatische Lebensauffassung.

Tolstoi als Suchender

Tolstoi ist ein Faszinosum: genial im Denken, widersprüchlich im Leben und bis zu seinem Tod von einer gewaltigen Schaffenskraft getrieben. Sein Bedürfnis, sich der Welt mitzuteilen, war grenzenlos und machte ihn zu einem großartigen Selbstvermarkter und zu einem PR-Strategen in eigener Sache. Die Inszenierung Tolstois in Fotos und durch Künstler[18] wirken bis heute nach und erzeugen das Narrativ eines alten weis(ß)en Mannes im Bauernkittel.

Dies alles wurde getragen und befördert durch eine weltweite Tolstoi-Community, die als „Tolstoi-Bewegung“ ab Ende des 19. Jahrhunderts politische, künstlerische, religiöse, lebensreformerische und pädagogische Milieus auf der ganzen Welt erreichte und beeinflusste.

Eine weltweite Friedensbewegung, eine Kriegsdienstverweigerungsbewegung und auch die weltweite Verbreitung des Vegetarismus ist durch Tolstoi wesentlich beeinflusst worden.

Die Motivation Tolstois, die wir seit seiner „pädagogischen Phase“ Anfang der 1860er Jahre bei ihm beobachten, ist geprägt durch die Suche nach dem „Ganzen“.

Es ist gleichsam die Sehnsucht nach dem, was Goethe Faust zu Beginn des gleichnamigen Dramas in einem Monolog sagen lässt: „dass ich erkenne, was die Welt im Innersten zusammenhält [...]“. Anders als Dr. Faust verschreibt sich Tolstoi jedoch nicht der Magie bzw. dem Teufel, sondern der Vernunft – im Anschluss an Jean-Jacques Rousseau, von dem er als Jugendlicher fasziniert ist und dessen Ideen von Gesellschaft, Gerechtigkeit und Freiheit ihn sein Leben lang begleiten.

In diesem Sinne ist Tolstoi ein Suchender und ein Pilger auf dem Weg zur Wahrheit: „Wo ist der Ausweg?“ fragt er 1900 in einer kleinen Schrift.[19]

18 Z. B. durch den russischen Maler Ilia Repin; Tschurak, G. S.: Ilja Repin und Lew Tolstoi. In: Wesenberg, A. / Hartje, N. / Werner, A.-M. (Hrsg.): Ilja Repin. Auf der Suche nach Russland. Berlin 2005, S. 44-49

19 Tolstoi, L.: Wo ist der Ausweg? In: Tolstoi L.: Aufruf an die Menschheit. Leipzig 1901, S. 50-69

Er geht bei der Suche nach einer Antwort auf diese für ihn basale und existentielle Frage in verschiedene Richtungen: Er sucht literarisch, ästhetisch, pädagogisch, politisch, historisch und auch religiös-spirituell. Er sucht nach der „russischen Seele" im Bauerntum, die für ihn das „gute Leben" verkörpert, ohne dabei slawophil zu werden. Auf all diesen Wegen hinterlässt er im Laufe seines Lebens vielfältige Spuren, die ein Gesamtbild Tolstois widerspiegeln: widersprüchlich und faszinierend.

Das Zweite, was Tolstoi sein Leben lang auszeichnet und prägt, ist die Frage „Was tun?" Die Suche nach dem richtigen Weg und dem richtigen Leben zur Wahrheit ist bei ihm verbunden mit dem richtigen Handeln. Das richtige „Tun" ist für Tolstoi keine akademische oder philosophische Frage. Es ist das praktische Tun, die Tätigkeit, das ständige Bemühen im Alltag. Tätigkeit schafft Bewusstsein und Einsicht. Tätigkeit hat bei Tolstoi zwei Seiten: Auf der einen Seite die Verweigerung: Die Weigerung, Tiere und Menschen zu töten, die Weigerung Tyrannen, der Kirche oder dem Staat zu folgen und zu dienen – und auf der anderen Seite die Ermöglichung der gegenseitigen Hilfe und Barmherzigkeit in der Gemeinschaft.

In diesem Sinne war Tolstoi kein Visionär. Die Vorstellung eines Paradieses, eines jenseitigen *Reich Gottes*, eines Nirwanas oder einer zukünftigen kommunistischen Ideal-Gesellschaft, waren für ihn zu abstrakt, weltfremd und sogar gefährlich. Der politische Philosoph Isaiah Berlin (1909–1997) schrieb in seinem Essay *Der Igel und der Fuchs*[20] über Tolstoi dazu: „Dennoch sehnte er sich nach einem universellen Erklärungsprinzip, das heißt nach der Wahrnehmung von Ähnlichkeiten, gemeinsamen Ursprüngen, eines einzigen Zwecks oder einer Einheit in der augenscheinlichen Vielheit der sich wechselseitig ausschließenden Brocken und Stücke, aus denen die Welt besteht".[21]

Als Suchender wurde Tolstoi auch zum Revolutionär. Sein revolutionäres Manifest ist dabei die Bergpredigt mit ihrem „Gesetz der Liebe". Befreiung aus irdischer Knechtschaft durch Staat und Kirche und die Befreiung von transzendentalen Mythen der Religion erfolgen in der Erkenntnis, dass das Reich Gottes (= Liebe) in jedem Menschen verankert ist und nur der Weg der Liebe Erlösung bringt. In diesem Sinne wendet sich Tolstoi auch gegen alle revolutionären Bewegungen, die einen gewaltsamen Umsturz zum Ziel haben. Das Revolutionäre ist nicht die Revolution, sondern

20 Berlin, I.: Der Igel und der Fuchs. Frankfurt/M. 2009 (erstm. englisch 1953), hier 2009

21 Berlin, I.: Der Igel und der Fuchs, Frankfurt/M. 2009, S. 48

die Selbsterkenntnis. Er schreibt dazu: „Die Befreiung des Menschen wird sich nur dadurch vollziehen, dass jeder einzelne Mensch sich selbst befreit [...]. Die Lossagung der Menschen von den nichtchristlichen Forderungen der Regierung lockert die Macht der Regierung und befreit die Menschen. Und darum sind die Fälle solcher Lossagung schrecklicher für die staatliche Macht als alle Verschwörungen und alle Gewalt."[22] Und weiter heißt es: „Die Zeit der Befreiung der Menschen ist nicht bekannt, aber sie hängt von den Menschen selbst ab, davon, inwieweit jeder Mensch von dem Lichte leben wird, das in uns ist."[23]

Tolstoi als Religions- und Kirchenkritiker

Tolstois Hinwendung zur Religion, seine „religiöse Wende", erfolgte nach über 40 Lebensjahren in den 1870er Jahren und ist in seiner weltberühmten „Beichte"[24] prägnant dokumentiert. Diese „Beichte" geht aus einem wesentlich umfangreicheren Werk hervor und ist von Tolstoi separat veröffentlicht worden. Sie zählt zwischenzeitlich zu den weltweit bekanntesten nicht literarischen Werken von ihm und wurde in zahlreichen Übersetzungen und auch unterschiedlichen Varianten verbreitet. Sie entstand wahrscheinlich 1879 und wurde erstmals 1884 in Genf im Verlag *M. Elpidine* veröffentlicht. In Deutschland erschien sie erstmals 1886 im Verlag *Duncker & Humblot* (Leipzig) mit dem Titel *Bekenntnisse* und in der Übersetzung von H. von Samson-Himmelstjerna. In der Löwenfeld-Ausgabe der Werke Tolstois erschien die Beichte 1901 (Band 1 der I. Serie Sozial-ethische Schriften, Leipzig).[25]

Leo Tolstoi gilt als radikaler Religions- und Kirchenkritiker des späten 19. und frühen 20. Jahrhunderts und wurde in diesem Zusammenhang 1901 vom *Heiligen Synod* der orthodox-christlichen Kirche Russlands exkommuniziert. Erstaunlich ist, dass dies erst relativ spät durch die russische Kirche erfolgte und dann aber eher noch zur weltweiten Popularisierung seiner Kritik beitrug.

22 Tolstoj, L.: Das Reich Gottes ist inwendig in Euch, Leipzig 1903, Bd. 2., S. 341

23 Tolstoj, L.: Das Reich Gottes ist inwendig in Euch, Leipzig 1903, Bd. 2., S. 345

24 Tolstoj, L.: Meine Beichte. Leipzig 1901

25 Tolstoj, L.: Sämtliche Werke. Serie I: Bd. 1-12 (Sozial-ethische Schriften); Serie II: Bd. 1-2 (Theologische Schriften); Serie III: Bd. 1-19 (Dichterische Schriften). Ausgabe von Raphael Löwenfeld. Jena 1901-1911; Neuausgabe in 35 Bänden, Jena 1910-1912

Mit seiner libertären und pazifistischen Ethik beeinflusste er befreiungstheologische Ansätze im 20. Jahrhundert und prägte ein neues Verständnis vom *Reich Gottes* als einem politisch-religiösen Weg zur Befreiung und Emanzipation.

Vier Grundsätze prägen sein ethisches und politisches Denken und Handeln und spiegeln seine *Reich Gottes*-Idee wider:

- Religion ist eine Angelegenheit der Vernunft,
- daraus folgt das „Gesetz der Liebe“ und der „gegenseitigen Hilfe“ als anthropologische-ethische Grundannahmen,
- Gewaltfreiheit wird zum dominanten sozialen Imperativ der *Reich Gottes*-Idee,
- statt einer politisch-gesellschaftlichen Revolution steht die Selbstvervollkommnung im Mittelpunkt einer politischen Strategie.

Prägendes Merkmal von Tolstois *Reich Gottes*-Schrift ist sein radikaler und konsequenter Antimilitarismus und Antietatismus: Widerstrebe dem Übel nicht mit Gewalt sowie Ungehorsam gegenüber hierarchischen Institutionen wie Staat und Kirche leiten sein religiös-politisches Denken. Diese beiden Begründungssäulen prägen seine *Reich Gottes*-Idee und machen sie zu einer pragmatischen „Hier und Jetzt-Strategie“ für eine bessere Welt.

Pragmatisch zeigt sich dies in der Verweigerung des Wehrdienstes und der Propagierung des Vegetarismus.

Das *Reich Gottes* ist für Tolstoi der Weg aus der Knechtschaft des Menschen durch das „Gesetz der Liebe“, dass das Gesetz Christi ist, wie es in der Bergpredigt verkündet wird.

Tolstois Gottesverständnis bzw. vom *Reich Gottes* fokussiert sich für ihn in der Lehre vom gewaltlosen Widerstand gegen das Böse. Diese Lehre von der „Liebe als Gesetz Gottes“ – auch im Sinne einer „Feindesliebe“ – findet er in den Worten von Jesus Christus in der Bergpredigt: „Ich aber sage euch, dass ihr nicht widerstreben sollt dem Übel“ (Matthäus 5, 39). Die „Feindesliebe“ wird zum Proprium seiner christlichen Lehre.

In einem Brief an den „Geistlichen S. K.“ vom 25. Dezember 1908 präzisiert er diesen Gottesbegriff von der Liebe: „Für mich persönlich ist die höchste Auffassung von Gott, die mich völlig befriedigt, diejenige, die im ersten Brief des Johannes Kap. 4, Vers 7, 12 und 16 zum Ausdruck gelangt. Nämlich, dass Gott die Liebe ist. Schließt ein solcher Gottesbegriff auch jede Hinwendung zu ihm als zu einer Persönlichkeit, jedes Leben, jede Bitte, sogar das Gebet aus, so schließt er dafür in sich ein die Anerkennung des Gottes der Liebe in einem selber, und infolgedessen die Notwendigkeit seines Offenbarens zu jeder Stunde unseres Lebens durch Liebe zu ihm, d. h. durch die Liebe zur Selbstvervollkommnung, zu jedem Lebendigen und besonders zu den Menschen als zu denjenigen Geschöpfen, in denen ganz der gleiche Gott lebt, der die Liebe ist. Dasselbe hat Christus gesagt Matthäi 22, Vers 36 und 40".[26]

Daraus leitet Tolstoi für den Alltag der Menschen das Gesetz der Gewaltfreiheit ab, d. h. dem Übel, dem Bösen und der Tyrannei nicht mit Gewalt zu Begegnung. Das ist gleichsam Tolstois politische Antwort auf gesellschaftliche Verhältnisse.

In einem Brief an die „Polin N. N." schreibt er dazu: „Die Befreiung aller versklavten Menschen, Stände und Völker, darunter auch der Polen, beruht keineswegs darin, dass gegen die russische und österreichische Regierung gekämpft wird, und man sich mit Gewalt von ihnen befreit, vielmehr in etwas dem durchaus Entgegengesetzten: nämlich darin, dass man aufhört, in seinen Landsleuten: den Polen ausschließlich geliebte, unterjochte Brüder zu sehen, vielmehr alle Menschen, sowohl die einem stammesgleichen Polen, wie die einem fremden und feindlichen Russen als gleich nahestehende Brüder anerkennt, zu denen, wer sie auch sein mögen, durchaus keine anderen Beziehungen erlaubt sind, als diejenigen der Liebe, die die Möglichkeit ausschließen, dass irgend eine Gewalttat gegen irgendjemanden ausgeübt werde. Die Befreiung beruht in der Anerkennung des Gesetzes der Liebe – in seiner vollen Bedeutung, d. h. in der Anerkennung auch des mit ihm unzertrennlich verbundenen Gesetzes des Nichtwiderstandleistens"[27]

Tolstoi wehrt sich gegen die Messianität der Gestalt Christi und der ihm zugeschriebenen Erlöserfunktion. Erlösung ist kein Vorgang des *Glaubens*. Nur die *Erkenntnis*, das Streben danach, d. h. das Eins-Werden des persönlichen Ich mit dem Göttlichen, führt zum Ziel, dem *Weg der Liebe*.

Aus diesem Blickwinkel arbeitet er eine neue Sicht der Bergpredigt heraus, die bewusst gegen die Vorstellungen der christlichen Kirchen gerichtet ist. Christus ist weder der Erlöser der Menschheit noch Gottes Sohn, noch ist Gott als ein persönlicher zu verstehen. So ist Tolstois Vorstellung eines *Gottesreiches auf Erden* auch nichts Jenseitiges. Sie bedeutet vielmehr die irdische Teilhabe am göttlichen Wesen – an der Liebe.

26 Tolstoi, L.: Religiöse Briefe. Übersetzt und herausgegeben von Karl Nötzel. Sannerz u. Leipzig o. J. [1922], S. 254

27 Tolstoi, L.: Religiöse Briefe, [1922], S. 289 f.

Tolstoi propagiert statt politischer Ziele die *individuelle Vervollkommnung*, propagiert statt Gewalt die Verweigerung und versteht seine Revolutionsidee nicht als eine proletarische und klassengebundene, sondern als eine *Menschheitsbewegung*. Er ist Moralist. Holger Kuße spricht bei Tolstoi von der „Sprache der Moral".[28]

Diese Elemente seiner religiösen Gesellschaftskritik basieren auf der Interpretation der Bergpredigt (Neues Testament, Matthäusevangelium Kapitel 5–7) und manifestieren sich für ihn in fünf zentralen Geboten:[29]

- „Du sollst nicht mit deinem Bruder zürnen;
- du sollst dich unter keinem Vorwande von deinem Weibe scheiden;
- du sollst niemandem einen Eid leisten;
- du sollst nicht widerstreben dem Übel;
- du sollst auch deine Feinde lieben; d. h. diejenigen, die nicht deine Volksgenossen sind".

Das *Reich Gottes*

Tolstoi greift mit dem *Reich Gottes*-Thema eine zentrale Frage des christlichen Glaubens auf. Die Verwirklichung des *Reich Gottes* und das nahende *Reich Gottes* sind die zentrale Botschaft von Jesu Christus, wie sie im Neuen Testament und hier vor allem in der Bergpredigt (Matthäus Kapitel 5–7) dargestellt wird.

Das christliche „Vaterunser"-Gebet, in dem vom Reich Gottes gesprochen wird – „Dein Reich komme. Dein Wille geschehe auf Erden wie im Himmel ..." (Matthäus 6, 10) – eint weltweit seit 2000 Jahren Christen unterschiedlicher Richtungen und gehört zu einem konstituierenden Merkmal und Ritual des christlichen Gottesdienstes.

Diese *Reich Gottes*-Idee ist das Epizentrum der christlichen Heilslehre und -Versprechung sowie der gemeinsame Nenner der gläubigen Christen. Jesus Christus als Gottes Sohn ist der zentrale Botschafter dieser Vorstellung. Das *Reich Gottes* bezeichnet in der Bibel den Herrschaftsbereich, in dem der Wille Gottes umgesetzt wird: „Vater unser im Himmel, geheiligt werde dein Name, dein Reich komme ..." (Vaterunser-Gebet und

28 Kuße, H.: Tolstoj und die Sprache der Weisheit, Göttingen 2010, S. 53
29 Tolstoi, L.: Worin besteht mein Glaube? Eine Studie. Leipzig 1885, S. 79-124

Matthäus 6, 10). Die *Reich Gottes*-Idee fordert die Menschen zur Umkehr auf. Sie ist ein „Geschenk Gottes".

Die Verkündigung erfolgt dabei nicht als „Konzeption", sondern über Gleichnisse, mit denen das *Reich Gottes* beschrieben und definiert wird. Mit Christus ist das *Reich Gottes* angebrochen, jedoch noch nicht vollendet. Bis heute ist diese Verkündigung entsprechend auch ein Thema in der Bibelwissenschaft und der Systematischen Theologie und wird z. B. unter der Fragestellung „Wie nahe oder fern ist das Reich Gottes? Welche Rolle spielt der Gedanke der Parusie [Wiederkehr Jesu als Gottessohn und Messias, U. K.] in der Reich-Gottes-Verkündigung Jesu? Welcher Zusammenhang besteht zwischen Jesu Heilsbotschaft vom Reich Gottes und der Heilsbedeutung seiner Kreuztodes?"[30]

Die *Reich Gottes*-Idee gehört, ohne an dieser Stelle eine vertiefende Rezeptionsgeschichte betreiben zu können, zu einem zentralen christlich-jüdisch kulturgeschichtlichen Narrativ der letzten 2000 Jahre mit entsprechenden Konsequenzen für Gesellschaft, Politik, Geschichte und Bewusstsein der Menschen. Anders gesagt: Die *Reich Gottes*-Idee prägt in einem christlich-jüdischen Kulturkreis direkt oder indirekt Gesellschaft und Politik.

Es verwundert deshalb auch nicht, dass sich Tolstoi, der zu den Wurzeln des Christentums Zugang bekommen wollte, mit dem Reich Gottes als seiner Kernbotschaft auseinandersetzte. Bei einer tiefer gehenden Kritik am christlichen Abendland und seinen kapitalistischen Ausprägungen kommt man mehr oder weniger schnell auch zu den christlichen Wurzeln und der Rolle der Kirche für Staat und Gesellschaft. Erinnert sei in diesem Zusammenhang an die religionssoziologische Leitstudie von Max Weber *Die protestantische Ethik und der Geist des Kapitalismus*,[31] der aus soziologischer Sicht diesem Zusammenhang wegweisend zu Beginn des 20. Jahrhunderts nachging. Auch wenn aus heutiger Sicht Tolstois Text an einigen Stellen langatmig, kleinteilig und zeitgeschichtlich überholt ist (aus diesem Grund wurden auch in der vorliegenden Ausgabe die ersten sechs Kapitel aus dem ersten Band nicht aufgenommen), stößt er zum Kern heutiger gesellschaftlicher Verfasstheit vor, wenn er das Gewaltmonopol des Staates in den Blick nimmt. Sowohl strukturelle Gewalt als auch persön-

30 Böttigheimer, Ch.: Die Reich-Gottes-Botschaft Jesu. Verlorene Mitte christlichen Glaubens. Freiburg 2020, S. 12-13

31 Weber, M.: Die protestantische Ethik und der Geist des Kapitalismus. Tübingen 1934

liche Gewalt gehen vom Staat aus und erzeugen wiederum Gegengewalt. Die Gewaltbereitschaft der Gesellschaft ist ein konstituierendes Merkmal staatlicher Verfasstheiten. Dieser Zustand ist für Tolstoi die Folge der Abkehr vom christlichen Gesetz der Liebe, sowohl beim Staat als auch bei der Kirche. Der Ausweg aus diesem existentiellen Dilemma ist für ihn die Rückbesinnung auf das *Reich Gottes*, das „inwendig" im Menschen angelegt ist und das „Gesetz der Liebe" als Lebensauffassung verkörpert.

Dieser Weg der Selbsterkenntnis drückt sich in Tolstois Revolutionsverständnis eines libertären Christentums aus.

Epilog

Zusammengefasst heißt das für Tolstois kirchen- und religionskritisches Hauptwerk, *Das Reich Gottes ist inwendig in Euch oder das Christentum als eine neue Lebensauffassung, nicht als eine mystische Lehre*, das im Zeitraum von 1890 bis 1893 entstand, erstmals 1894 in der russischen Originalausgabe und in der Herausgeberschaft von Raphael Löwenfeld in Berlin erschien und hier in der Ausgabe von 1903[32] in einer gekürzten Fassung mit den Kapiteln VII–XII neu publiziert wird:

- Ausgangspunkt seiner Lebensauffassung ist das Christentum, allerdings nicht in dem Verständnis der etablierten christlichen Kirchen;
- im Gegenteil: seine Lebensauffassung wendet sich gerade gegen diese „Lehre", die aus seiner Sicht Unheil, Ungerechtigkeit, Unterdrückung und Krieg hervorgebracht hat;
- diese radikale Abkehr vom Mainstream der etablierten Kirchen und Religionen wird vor allem im Tolstois Gottesbegriff deutlich. Gott ist kein „Wesen" mit einem Willen und einem „Sohn" als Botschafter für die Menschen, Gott ist keine Persönlichkeit im Jenseits, die die Erde erschaffen hat. Gott ist weder ein „Schöpfer" noch ein „Vater" oder eine transzendente Gestalt. Dies ist, so würden wir heute im Sinne Tolstois sagen können, eine weit verbreitete und von den verschiedenen Kirchen über Jahrtausende hinweg gepflegte Verschwörungstheorie gegen die Freiheit des Menschen. Religion im Verständnis der Kirchen ist für Tolstoi Aberglaube;
- das, was das Christentum unter Gott versteht, ist für Tolstoi in jedem Menschen präsent und nichts Personales. Dieses Göttliche muss jedoch

32 Tolstoj, L.: Das Reich Gottes ist inwendig in Euch, Leipzig 1903

auch individuell durch Selbsterkenntnis entdeckt und gepflegt werden. Der Kern von Tolstois Gottesbegriff ist die Liebe. Sie ist die basale anthropologische und spirituelle Dimension des Lebens. Sie ist – im Sinne des russischen Anarchisten Peter Kropotkin[33] – die gegenseitige Hilfe in der Tier- und Menschenwelt. Das Göttliche ist für Tolstoi der zu entdeckende Wesenskern der Menschen, der jedoch erschlossen werden muss und der nicht von allein wirkmächtig ist;

- damit wendet sich Tolstoi auch gegen das „Glaubensprinzip“ von Kirche und Religion. Der Mensch erkennt die Wahrheit nicht durch den Glauben, sondern über die Vernunft und das Bewusstsein; so Tolstoi. Das Christentum ist im Kern eine Vernunftlehre, die allerdings von Kirche und Religion in den letzten 2000 Jahren aus Macht- und Herrschaftsinteressen zielgerichtet in eine Glaubenslehre umgedeutet wurde. Die Verbindung von Religion mit Vernunft und nicht mit Glauben und damit auch die Abkehr vom „Erlösungsgedanken“ in den Religionen, ist ein faszinierender und gleichsam blasphemischer Gedanke Tolstois. So wie man von Karl Marx sagt, er habe die Hegelsche Philosophie der Dialektik „vom Kopf auf die Füße gestellt“, so deutet viel darauf hin, dass dies Tolstoi in Bezug auf die Religion gelang: Vernunft statt Glauben und Selbsterkenntnis statt Erlösung. Tolstoi emanzipierte die Religion für die Moderne und machte sie anschlussfähig an den europäischen Aufklärungsgedanken (Anmerkung: Tolstoi verehrte Rousseau);
- das göttliche Wesensprinzip der Liebe mündet, politisch gedacht, in den Grundsatz vom „Nichtwiderstreben dem Übel mit Gewalt“. Der gewaltlose aktive Widerstand gegen Tyrannei, Ungerechtigkeit und Ausbeutung ist die Konsequenz aus einem sittlichen Leben nach dem Gesetz der Liebe;
- Tolstoi ist in diesem Sinne ein Revolutionär des gewaltfreien Widerstands und einer libertären Zivilgesellschaft ohne Kirche, Staat und Eigentum. Die zunehmende Institutionalisierung des Alltags und der menschlichen Gesellschaft, wie sie seit der Sesshaftwerdung des Menschen durch „Einrichtungen“ wie Staaten, Herrschafts-Dynastien, Religionen, Kirchen, Schulen und Militärorganisationen immer engmaschiger geworden ist, erzeugt Lebensverhältnisse, die eine freiwillige Knechtschaft befördern und die Selbsterkenntnis verhindern.

33 Kropotkin, P.: Gegenseitige Hilfe in der Tier- und Menschenwelt. Leipzig 1908

Abschließend stellt sich die Frage, wie Tolstois Lebensauffassung im Horizont seiner Reich Gottes-Schrift eingeordnet werden kann. Seit Ende des 19. Jahrhunderts wird Tolstoi immer wieder dem Anarchismus zugeordnet und hier in die Richtung eines „Christlichen Anarchismus" interpretiert. Bereits in den ersten wissenschaftlichen Studien zum Anarchismus[34] wird Tolstoi als ein Vertreter des Anarchismus beschrieben und dabei auch auf seine *Reich Gottes*-Schrift verwiesen.[35] Bis heute wird dabei der Pazifismus und die Gewaltfreiheit als prägendes Merkmal seines christlichen Anarchismus hervorgehoben.[36] Günter Bartsch spricht in diesem Zusammenhang von einem „Anarcho-Pazifismus" bei Tolstoi[37] und Marian Machinek interpretiert Tolstois Lehre als einen „religiösen Anarchismus"[38] und sieht diese im engen Zusammenhang mit seiner Schrift *Das Reich Gottes ist inwendig in euch*. Der Slawist Jens Herlth setzt bei seiner Diskussion ein Fragezeichen hinter dem „Religiösen Anarchismus" Tolstois und lässt dies offen.[39]

Vom Theologen Emil Blum wird Tolstoi als „religiöser Sozialist" beschrieben.[40] Und auch im Selbstbild der anarchistischen Bewegung zählt Tolstoi als einer ihrer Vertreter. Immer wieder wird Tolstoi auch in Anthologien mit Quellentexten zum Anarchismus aufgenommen.[41]

---

34 Z. B. Eltzbacher, P.: Anarchismus, 1900 (1977); Zoccoli, H.: Die Anarchie – Ihre Verkünder – Ihre Ideen – Ihre Taten. Leipzig-Amsterdam 1909, Reprint Berlin 1976

35 Zoccoli, H.: Anarchie 1909 (1976), S. 377; besonders ausführlich bei Eltzbacher, P.: Anarchismus, 1900 (1977), S. 197-243

36 Z. B. Woodcock, G.: Anarchism. A History of Libertarian Ideas and Movements. London u. New York 1962; Marshall, P.: Demanding the Impossible. A History of Anarchism. London 1992; Kalicha, S. (Hrsg.): Christlicher Anarchismus. Facetten einer libertären Strömung. Heidelberg 2013

37 Bartsch, G.: Kommunismus, Sozialismus, Anarchismus. 6. überarb. u. ergänzte Aufl., Bonn 1975, S. 45

38 Machinek, M.: „Das Gesetz des Lebens"? Die Auslegung der Bergpredigt bei L. N. Tolstoj im Kontext seines ethisch-religiösen Systems. St. Ottilien 1998, S. 163

39 Herlth, J.: Staat und Gesellschaft. In: George / Herlth / Münch / Schmid (Hrsg.): Tolstoj als theologischer Denker und Kirchenkritiker. Göttingen 2014, S. 457-460

40 Blum, E.: Leo Tolstoi. Schlüchtern Habertshof 1922, S. 167

41 Ahrens, H. / Degen, H.-J. / Geist, Ch. (Hrsg.): „Tu was Du willst". Anarchismus – Grundlagentexte zur Theorie und Praxis. Berlin 1980.; Degen, H.-J. (Hrsg.): „Tu was Du willst". Anarchismus – Grundlagentexte zur Theorie und

Schließlich wird Tolstois Anarchismus auch im Zusammenhang mit der internationalen libertären antimilitaristischen und pazifistischen Bewegungen als „Tolstojanismus"[42] diskutiert.

Die Einheit und Verbindung von Religion und Politik, wie sie später von religiösen Sozialisten wie beispielsweise Leonhard Ragaz, Christoph Blumhardt und Emil Blum – „Wo es um das Reich Gottes geht, da geht es immer auch um Sozialismus"[43] – vertreten wurde, ist ein Wesensmerkmal von Tolstois *Reich Gottes*-Schrift. Mit dieser Positionierung belebte er den *Reich Gottes*-Diskurs neu und bot sowohl für die Religion/Theologie als auch für die Politik neue Perspektiven für das 20. Jahrhundert.

Praxis. Berlin 1987; Tolstoi, L.: Patriotismus und Regierung. Anarchistische Texte 8. Berlin (West) 1977, 2. Aufl. 1983

42 Lange, D. de: Die Revolution bist Du! Der Tolstojanismus als soziale Bewegung in den Niederlanden. Nettersheim 2016; Jochheim, G.: Antimilitaristische Aktionstheorie, Soziale Revolution und Soziale Verteidigung. Zur Entwicklung der Gewaltfreiheitstheorie in der europäischen antimilitaristischen und sozialistischen Bewegung 1890-1940, unter besonderer Berücksichtigung der Niederlande. Frankfurt/M. 1977

43 Gollwitzer, H.: Reich Gottes und Sozialismus bei Karl Barth. München 1972, S. 7

Literaturverzeichnis

Ahrens, H. / Degen, H.-J. / Geist, Ch. (Hrsg.): „Tu was Du willst". Anarchismus – Grundlagentexte zur Theorie und Praxis. Berlin 1980.

Bartsch, G.: Kommunismus, Sozialismus, Anarchismus. 6. überarb. u. ergänzte Aufl., Bonn 1975.

Berlin, I.: Der Igel und der Fuchs. Frankfurt/M. 2009 (erstmals engl. 1953).

Blum, E.: Leo Tolstoi. Schlüchtern Habertshof 1922.

Bode, D.: Reclam. Daten, Bilder und Dokumente zur Verlagsgeschichte. Stuttgart 2003.

Diederichs, U.: Eugen Diederichs und sein Verlag. Göttingen 2014.

Böttigheimer, Ch.: Die Reich-Gottes-Botschaft Jesu. Verlorene Mitte christlichen Glaubens. Freiburg 2020.

Degen, H.-J. (Hrsg.): „Tu was Du willst". Anarchismus - Grundlagentexte zur Theorie und Praxis. Berlin 1987.

Diederichs, U.: Eugen Diederichs und sein Verlag. Göttingen 2014.

Eltzbacher, P.: Der Anarchismus. Berlin 1900 (Reprint Berlin [West] 1977).

George, M. / Herlth, J. / Münch, Chr. / Schmid, U. (Hrsg.): Tolstoj als theologischer Denker und Kirchenkritiker. Göttingen 2014.

Eugen Diederichs Verlag (Hrsg.): 60 Jahre Eugen Diederichs Verlag. Ein Almanach. Düsseldorf/Köln 1956.

Gollwitzer, H.: Reich Gottes und Sozialismus bei Karl Barth. München 1972.

Green, M.: Eine neue Ära. New Age und „Neue Lebenszentren" 1890-1920. In: Schwab, A. / Lafranchi C. (Hrsg.): Sinnsuche und Sonnenbad. Experimente in Kunst und Leben auf dem Monte Verità. Zürich 2001, S. 205-220.

Hanke, E.: Prophet des Unmodernen. Leo N. Tolstoi als Kulturkritiker in der deutschen Diskussion der Jahrhundertwende. Tübingen 1993.

Hanke, E.: „Wo ist der Ausweg?" – Die Tolstoi-Gesamtausgabe im Eugen Diederichs Verlag. In: Ulbricht, J. H. / Werner, M. G. (Hrsg.): Romantik, Revolution und Reform. Der Eugen Diederichs Verlag im Epochenkontext 1900-1949. Göttingen 1999, S. 135-155.

Herlth, J.: Staat und Gesellschaft. In: George, M. / Herlth, J. / Münch, Chr. / Schmid, U. (Hrsg.): Tolstoj als theologischer Denker und Kirchenkritiker. Göttingen 2014, S. 449-461.

Jochheim, G.: Antimilitaristische Aktionstheorie, Soziale Revolution und Soziale Verteidigung. Zur Entwicklung der Gewaltfreiheitstheorie in der europäischen antimilitaristischen und sozialistischen Bewegung 1890-1940, unter besonderer Berücksichtigung der Niederlande. Frankfurt/M. 1977.

Kalicha, S. (Hrsg.): Christlicher Anarchismus. Facetten einer libertären Strömung. Heidelberg 2013.

Klemm, U.: Volksbildung und christlicher Anarchismus. Zur Pädagogik Leo N. Tolstojs. In: Harms, J. (Hrsg.): Christentum und Anarchismus. Frankfurt/M. 1988, S. 205-226.

Kropotkin, P.: Gegenseitige Hilfe in der Tier- und Menschenwelt. Leipzig, 1908.

Kuße, H.: Tolstoj und die Sprache der Weisheit. Göttingen 2010.

Lange, D. de: Die Revolution bist Du! Der Tolstojanismus als soziale Bewegung in den Niederlanden. Nettersheim 2016.

Löwenfeld, R.: Gespräche über und mit Tolstoj. Berlin (Richard Wilhelmi) 1891; 3. Aufl., Leipzig (Eugen Diederichs) 1901.

Löwenfeld, R.: Leo N. Tolstoj – Sein Leben, seine Werke, seine Weltanschauung, 1. Teil. Berlin 1892.

Machinek, M.: „Das Gesetz des Lebens“? Die Auslegung der Bergpredigt bei L. N. Tolstoj im Kontext seines ethisch-religiösen Systems. St. Ottilien 1998.

Marshall, P.: Demanding the Impossible. A History of Anarchism. London 1992.

Publig, E.: Das Schiller-Theater zu Berlin und seine Gründung durch Raphael Löwenfeld. Dissertation zur Erlangung des Doktorgrades an der Grund- und Integrativ-wissenschaftlichen Fakultät der Universität Wien, November 2000.

Rolland, R.: Vie de Tolstoi. Paris 1911; dt. erstmals Leipzig 1922, Zürich 1994.

Rolland, R.: Das Leben Tolstois. Frankfurt/M. 1922, Zürich 1994.

Sandfuchs, W.: Dichter – Moralist – Anarchist. Die deutsche Tolstojkritik 1880-1900. Stuttgart 1995.

Städtische Museen Jena (Hrsg.): Versammlungsort modernen Geister. Der Kulturverleger Eugen Diederichs und seine Anfänge in Jena 1904-1914. Buch zur Ausstellung im Romantikerhaus Jena 15. September bis 8. Dezember 1996. München 1996.

Tolstoi, L.: Gottes Reich ist in Euch oder das Christentum nicht als eine mystische Lehre, sondern als neue Lebensanschauung. Vollständige, vom Verfasser genehmigte Übersetzung des russischen Original-Manuskripts von L. A. Hauff. Berlin o. J. (1894).

Tolstoi, L.: Worin besteht mein Glaube? Eine Studie. Leipzig 1885.

Tolstoi, L.: Bekenntnisse. – Was sollen wir denn thun? Ev. Lucä 3, 10. Leipzig 1886.

Tolstoi, L.: Über das Leben. Leipzig 1889.

Tolstoi, L.: Wo ist der Ausweg? In: Tolstoi L.: Aufruf an die Menschheit. Leipzig 1901.

Tolstoj, L.: Meine Beichte. Leipzig 1901.

Tolstoj, L.: Sämtliche Werke. Serie I: Bd. 1-12 (Sozial-ethische Schriften); Serie II: Bd. 1-2 (Theologische Schriften); Serie III: Bd. 1-19 (Dichterische Schriften). Ausgabe von Raphael Löwenfeld. Jena 1901-1911; Neuausgabe in 35 Bänden Jena 1910-1912.

Tolstoj, L.: Das Reich Gottes ist inwendig in Euch oder das Christentum als neue Lebensauffassung, nicht als eine mystische Lehre. 2 Bände. Band 6 und 7 der Ausgabe: L. N. Tolstoj: Sämtliche Werke. I. Serie: Sozialethische Schriften. Leipzig: Eugen Diederichs 1903.

Tolstoj, L.: Volkserzählungen. Bd. 16 der Ausgabe: L. N. Tolstoj: Sämtliche Werke. III. Serie: Dichterische Schriften. Jena 1907.

Tolstoi, L.: Religiöse Briefe. Übersetzt und herausgegeben von Karl Nötzel. Sannerz u. Leipzig o. J. (1922).

Tolstoi, L.: Gesammelte Werke in zwanzig Bänden. Hrsg. von E. Dieckmann und G. Dudek. Berlin (Ost) 1964-1978.

Tolstoi, L.: Patriotismus und Regierung. Anarchistische Texte 8. Berlin (West) 1977, 2. Aufl. 1983.

Tolstoi, L.: Religions- und gesellschaftskritische Schriften, 14 Bde. Neuausgabe der Serie I (Sozialethische Schriften) und Serie II (Theologische Schriften) der Edition von R. Löwenfeld (1910-11), durchgesehen, herausgegeben und kommentiert von E. Schmidt und P. Dörr. München 1990-1994

Tolstoi, L.: Krieg und Frieden. Die Urfassung. Frankfurt/M. 2003.

Tolstoi, L.: Libertäre Volksbildung. Neu herausgegeben und kommentiert von U. Klemm. Frankfurt/M. 2004.

Tschurak, G. S.: Ilja Repin und Lew Tolstoi. In: Wesenberg, A. / Hartje, N. / Werner, A.-M. (Hrsg.): Ilja Repin. Auf der Suche nach Russland. Berlin 2005, S. 44-49.

Ulbricht, J. H. / Werner, M. G. (Hrsg.): Romantik, Revolution und Reform. Der Eugen Diederichs Verlag im Epochenkontext 1900-1949. Göttingen 1999

Weber, M.: Die protestantische Ethik und der Geist des Kapitalismus. Tübingen 1934.

Woodcock, G.: Anarchism. A History of Libertarian Ideas and Movements. London u. New York 1962.

Zoccoli, H.: Die Anarchie – Ihre Verkünder – Ihre Ideen – Ihre Taten. Leipzig-Amsterdam 1909, Reprint Berlin 1976.